# Tire Os Seus Óculos

Fernando Lanzer

Publicado com o apoio de
LCO Partners BV
Meester F. A. van Hallweg 23
1181ZT – Amstelveen
Holanda


Primeira impressão Abril 2014


ISBN-10: 1497552370
ISBN-13: 978-1497552371

Desenho da capa feito por Bruna Pereira de Souza

**Comentários feitos sobre a versão em inglês**

"Achei o livro excelente, talvez a melhor explicação de minhas ideias, em linguagem comum, escrita até agora"
*Professor Geert Hofstede (Universidade de Maastricht, Holanda)*

"Penso que o livro é ótimo, você é diferente porque você realmente diz o que precisa ser dito. Muita gente simplesmente tem medo de "sacudir o barco", especialmente aqui nos Estados Unidos, e é por isso que muitas falácias sociais e culturais continuam sendo promovidas e validadas. Gosto muito do ensaio 'Os Estados Unidos da Europa e a União Americana".
*Cosmin Gheorghe (Synergies Counselling, Coaching & Consulting, EUA)*

"Obrigado por me passar uma cópia. "A Democracia na China" é o melhor artigo que já vi sobre Distância de Poder e esclareceu muita coisa para mim também. Já morei em vários países de alta Distância de Poder e acho que esse artigo resumiu muito bem as atitudes dos cidadãos desses países.
Concordo com você que devemos lembrar sempre que devemos evitar juízos de valor e que não deve haver "bom" e "mau" nas escalas culturais, apenas "diferente". No entanto, é muito difícil chegar a esse nível de distanciamento, mesmo quando se compreende muito bem as culturas: somos todos prisioneiros da nossa própria educação cultural!"
*Marvin Faure (Mindstore, Suíça)*

"Obrigado por me enviar isso, eu realmente gostei muito. É o melhor resumo de Distância de Poder (conciso, claro, bem-humorado) que já encontrei. Espero que você não se oponha, vou passar o texto adiante para outros profissionais meus conhecidos que estão trabalhando com clientes a respeito de questões resultantes de percepções divergentes sobre Distância de Poder."
*Michael Newman (Enablers Network, Inglaterra)*

"Por sinal, li e gostei do seu artigo sobre Democracia na China. Faz muito sentido. Eu nunca havia encarado as coisas sob essa perspectiva de alta ou baixa DIP. Depois de viver 30 anos na Venezuela e observar a situação atual, consigo ver sem dúvida como a cultura e a DIP influenciam tudo."
*David Charner (ERC Consultants, EUA e Venezuela)*

"Li esse artigo com muito interesse quando você me enviou (e depois visitei a China e testemunhei essas coisas pessoalmente). Entretanto, agora meu interesse aumentou ainda mais, porque estou na Itália dando um curso para 21 estudantes do Mediterrâneo, vindos da Síria, Egito, Tunísia, Jordânia, Iraque, Algéria e Palestina. O conceito de DIP na cultura árabe está se mostrando diariamente diante de mim, com alunos inteligentes e motivados. Também vejo isso ao retornar ao meu quarto, de noite, assistindo a BBC, Aljazeera, Press TV e CCTV. Em todas essas redes me chama a atenção que a BBC perdeu o contato com a nova realidade, o que parece ter acontecido também com o Ocidente em geral. Obrigado por ter me enviado esse ótimo texto."

*Professor Sayed Azam Ali (Universidade de Nottingham, Campus da Malásia)*

"Vindo de Hong Kong, apesar de toda a liberdade de que desfruto, faço eco ao que você diz sobre o poder, o prestígio e a responsabilidade estarem vinculados a certas posições. E acredito pessoalmente que isso deveria continuar sendo assim, aqui. Na verdade, acho que a alta distância de poder funciona melhor com o capitalismo, devido à sua natureza meritocrática."

*Victor Wong (AIESEC Hong Kong)*

"Muito obrigado por ter enviado seu artigo. É muito interessante e concordo com suas conclusões. A democracia está funcionando de maneira diferente na China e está funcionando muito bem. A liderança coletiva na China tem um plano de sucessão bem planejado e funciona sem problemas. Eles não precisam gastar enormes somas de tempo e dinheiro em eleições. Um partido único domina a política, mas eles têm planos muito bons para desenvolver a economia e a sociedade. Alguns erros podem acontecer, bem como a opressão de opiniões diferentes, mas pelo menos eles melhoraram significativamente as condições de vida até aqui, acho que estabeleceram um bom modelo para países em desenvolvimento. Portanto, percebi depois que as culturas diferentes nos países em desenvolvimento necessitam de sistemas democráticos diferentes dos países ocidentais.

*K.R. Yoon (Du Pont, Coréia do Sul)*

Dedicado a

Minha esposa, que me inspirou a escrever

Meus pais, que me inspiraram a publicar

Minhas filhas, que me ensinaram a viver

Meus chefes, que desenvolveram minha paciência

Meus clientes, que me deram alegria

# Índice

Prefácio ..................................................................9

1.Tire os seus óculos ........................................11
2. Os óculos da mídia internacional.....................19

3.Gestão de pessoas cruzando culturas .............29

4.Orgulho De Ser Mestiço.................................41

5. Os Estados Unidos da Europa Versus A União
Americana ....................................................47

6.Estamos Num Barco Ou Somos Parte De Um Centro
Comercial? ...................................................59

7.O lado humano dos bancos .............................65

8.A briga dos bônus.........................................73

9.Já Estamos Chegando?...................................81

10.Uma Crise De Burrice.................................85

11.Ajudando As Pessoas A Lidar Com Mudanças...........91

12.O Modelo Brasileiro De Gestão.....................101

13.Parcerias.................................................105

14.A Primavera Árabe Mal-Entendida.............119

15.O Egito Precisa De Tempo.........................125

16.Tumulto Em Londres.................................133

17.Democracia Na China.................................139

18.Linguagem E Cultura.................................145

19.Guerras Culturais.....................................151

20.Meu Vizinho Para Presidente ........................................157

21.A Escolha Do Comandante Americano......................163

22.Fobia De Freud...............................................................169

23.Piratas De Talento Cruzando Culturas ....................175

24.Seis Visões Diferentes ..................................................185

25.Conversa De Bar Parte 2...............................................191

26.Paraninfos ......................................................................197

27.Gerando Empregos........................................................203

28.O Sentido Da Vida .........................................................211

29.Os Próximos 100 Anos ..................................................221

30.Bolas De Cristal.............................................................227

 Referências ...................................................................235

Sobre o autor..................................................................237

# Prefácio

Antes de mais nada, é preciso esclarecer que este livro não é apenas a tradução para o português de "Take Off Your Glasses", que escrevi em 2012. Os capítulos têm os mesmos títulos, mas o texto foi adaptado para o público brasileiro. O primeiro deles, por exemplo, que dá o nome ao livro, está agora voltado para os vieses culturais típicos dos brasileiros ao lidar com estrangeiros; na versão em inglês, o texto abordava o viés anglo-americano que se percebe na mídia escrita e falada em inglês. Os casos e exemplos desse capítulo são distintos. O livro contém trinta capítulos, um a mais do que a versão em inglês.

Estes artigos e crônicas foram escritos como comentários sobre acontecimentos do nosso tempo. Quando digo "acontecimentos" me refiro a coisas que são relevantes para pessoas com alguma consciência sobre o mundo que existe lá fora, muito além da sua rua, do seu bairro, da cidade em que moram e trabalham, da cultura na qual foram criadas.

Quando digo "do nosso tempo" me refiro a todos nós que temos um interesse por essas coisas: política, cultura e questões da vida no sentido lato.

Espero que você goste desses artigos e que sua leitura provoque alguma emoção: alegria, desprezo, raiva... Espero provocar também algumas reflexões, despertar curiosidade e talvez um desejo de fazer alguma coisa em relação àquilo que é importante para você: quer seja brincar com seus filhos ou protestar pelas ruas em passeata; ser um gestor mais eficaz ou incrementar seu profissionalismo. Pensar e sentir são coisas importantes, mas acreditar em valores e **agir** com base nesses valores, nas suas emoções e no seu raciocínio é o que ajudará a fazer desse mundo, um mundo melhor.

Em última instância, foi por isso que escrevi esses artigos: para compartilhar com você, na esperança de que agreguem algum valor. Talvez o valor agregado seja apenas um sorriso, aqui e ali—se isso acontecer, me darei por satisfeito. Sorrir é algo que todos deveríamos fazer com mais frequência!

# 1. Tire os seus óculos

Todos nós desenvolvemos um "viés cultural" desde a primeira infância: tudo aquilo que consideramos como sendo semelhante aos nossos próprios valores culturais, percebemos como sendo "bom" ou "certo". Tudo o que percebemos como sendo diferente dos nossos valores culturais, consideramos que é "mau" ou "errado".

Enxergamos o mundo através de óculos de sol, coloridos, que distorcem nossa visão. Vemos tudo usando esses óculos escuros, sem nos dar conta de que os estamos usando e que isso "colore" nossa percepção. Cada cultura tem seus próprios óculos coloridos e os integrantes de cada cultura usam o mesmo tipo de óculos, distorcendo sua percepção de forma semelhante. Esse fenômeno já foi amplamente documentado através de pesquisas em vários países, inclusive no Brasil; não se trata apenas de um conceito teórico.

Se você quiser entender o mundo que existe fora da sua própria cultura, primeiro terá que se dar conta do seu próprio viés cultural. Você terá de perceber que você está usando óculos coloridos e terá de aprender a tirá-los para poder enxergar as outras culturas como elas realmente são.

Os geradores de conteúdo na mídia brasileira tendem a acentuar o colorido dos nossos "óculos culturais". Isso significa que tudo o que aparece na TV, jornais, rádio e notícias via internet está distorcido pelos óculos culturais de quem redigiu o conteúdo. É importante sabermos disso, pois não se trata de uma visão objetiva da realidade. Como são esses óculos coloridos que usamos no Brasil?

## Óculos Culturais Do Tipo "Pirâmide Social"

O modelo 5D de dimensões culturais de Hofstede revelou em pesquisa que a cultura brasileira é do tipo "Pirâmide Social", ou seja: hierárquico, coletivista, levemente mais orientado para a qualidade de vida do que para o desempenho, voltado para evitar a ambiguidade e mais relativista do que normativo. Em outras palavras, ao comparar a cultura brasileira com cerca de uma centena de culturas pesquisadas no mundo inteiro, os dados revelam que a cultura brasileira é:

a) Mais hierárquica do que igualitária: existem diferenças na distribuição de poder na sociedade e isto é aceito como um fato. "Manda quem pode e obedece quem tem juízo".

b) Mais "coletivista" do que "individualista": as pessoas procuram se afiliar a grupos e seguir as opiniões desses grupos; zelam por manter a harmonia dentro de cada grupo e evitam conflitos; protegem seus colegas de grupo e excluem quem não faz parte do grupo. "Aos amigos, tudo; aos inimigos, os rigores da lei".

c) Mais voltada para a qualidade de vida do que para o desempenho. Estes dois aspectos têm um relativo equilíbrio na cultura brasileira, com leve tendência em favor de "cuidar dos outros" e "qualidade de vida", em detrimento do desempenho. A comparação com outras culturas pode ajudar a esclarecer este aspecto: o desempenho é claramente mais valorizado na Alemanha, nos EUA, na China e no Japão (do que no Brasil); a qualidade de vida é claramente mais valorizada na Holanda e nos países escandinavos.

d) Controle da ambiguidade: este aspecto se revela no Brasil pela religiosidade e pela superstição, mecanismos sociais utilizados para evitar a incerteza e a ambiguidade. A expressão das emoções também é uma forma de controlar a ambiguidade, ao revelar os sentimentos de cada um. Outra característica é a profusão de leis e regulamentos (mesmo que não sejam observados).

O Brasil, é claro, não é a única cultura do tipo "Pirâmide". Este tipo de cultura é encontrado, com variações, em toda a América Latina, na África, no mundo árabe e em alguns países da Ásia e da Europa. Cada cultura tem suas idiossincrasias, mas todas as culturas "Pirâmide" têm em comum as quatro características descritas acima.

O que nos interessa aqui é identificar as situações típicas nas quais nossos óculos de "Pirâmide" distorcem nossa percepção do que realmente está acontecendo em outra cultura.


**Frieza versus calor humano**

Ao conversar com brasileiros que viajam ao exterior, quer seja a trabalho ou por lazer, quer seja por poucos dias ou para morar fora durante muitos anos, todos falam que sentem saudades do "calor humano" do Brasil e relatam uma certa mágoa pelo que consideram a "frieza" dos estrangeiros.

Isto ocorre porque comparamos nossa livre expressão de emoções, cheia de caras e bocas, alto volume e profusão de gestos, com o comportamento das pessoas de culturas em que todos foram educados a não expressar suas emoções em público. Isso não significa que os ingleses, ou os escandinavos, não sintam a mesma dor ou a mesma alegria que sentimos. Significa que foram ensinados a guardar essas emoções dentro de si e fazem isso com naturalidade, pois aprenderam esse comportamento desde crianças.

Para nós, parece que lhes deve custar grande esforço guardar as emoções, mas pensamos isso devido a nossos "óculos culturais". Julgamos os outros de acordo com nós mesmos e sem objetividade.

Também ocorre, muitas vezes, que o que é percebido como "frieza" é apenas respeito à privacidade de cada um. Nas culturas individualistas a privacidade é muito valorizada e respeitada. Nas culturas coletivistas (como as do tipo "Pirâmide") as pessoas respeitam menos a privacidade, logo se tornam "íntimas" de gente que acabaram de conhecer e aprofundam relacionamentos com rapidez. Para um "individualista" essa intimidade toda é invasiva e desrespeitosa e ele reage tentando manter uma distância afetiva que considera adequada.

Nem sempre a "frieza" se verifica com culturas individualistas. Pode ser, também, que a "frieza" percebida se deva ao fato de que você não foi percebido como "fazendo parte daquele grupo" ao visitar outra cultura "Pirâmide". Nas culturas "Pirâmide" se valoriza o que é "exclusivo", ou seja: só quem faz parte de determinado grupo tem acesso a determinada coisa. Todos que estão "excluídos" daquele grupo, independente da nacionalidade, podem perceber essa exclusão como "frieza".

**Frieza ou nobreza de espírito?**

Ainda outros motivos por trás da "frieza" percebida podem ser a orientação ao desempenho, a universalidade na aplicação das leis ou a disciplina no cumprimento das regras.

O brasileiro tem a expectativa de que sua própria necessidade de ser ajudado seja motivo suficiente para que alguém deixe seu trabalho de lado para ajuda-lo. Entretanto, nas culturas voltadas para o desempenho, completar uma tarefa é prioridade. Num intervalo de trabalho, ou nas horas de lazer, as pessoas estarão mais abertas a prestar ajuda. Durante o trabalho ou em meio a uma tarefa, quaisquer outras questões terão de esperar.

O brasileiro considera, também, que a amizade e o relacionamento justificam exceções na aplicação das leis. Tipicamente, a lei pode ser reconhecida como válida e que deva ser respeitada. Mas, em certos casos, é lícito esperar que um amigo ou conhecido não aplique a lei com rigor, para "preservar a amizade". Ora, nas sociedades individualistas, o conceito de que a lei deve ser aplicada a todos, indistintamente, é um conceito muito forte. Não existe sequer a distinção entre aplicar a lei com rigor ou sem rigor: existe apenas a aplicação da lei. Especialmente em casos onde existe uma relação de amizade, as pessoas veem uma oportunidade de reafirmar a universalidade na aplicação da lei. Ao fazê-lo, estão demonstrando que a lei deve estar acima de qualquer coisa, inclusive das amizades.

Ligado a esse conceito existe o da disciplina. Em muitas culturas isso é visto como essencial para o respeito mútuo e para a convivência social. A lei deve ser aplicada a amigos e inimigos igualmente; deve ser aplicada simplesmente para reforçar que todos estamos igualmente subordinados a um pacto social que exige o cumprimento de regras promulgadas como parte desse pacto. Descumprir a lei é um desrespeito ao pacto, a si mesmo e a todas as pessoas que dele fazem parte. As pessoas aplicam a lei e esperam que você a aplique também. Isso reforça a coesão social entre todos. O brasileiro, com seus "óculos de "Pirâmide", acha que "Pô, quando precisei, meu amigo alemão/americano/sueco me deixou na mão..." Na cabeça do amigo, aplicar a regra também a um amigo é uma coisa natural e ele espera o mesmo de você. Não aplicar a lei seria um ato frio, de egoísmo, que nega a amizade subjacente a todos os integrantes da sociedade.

### A criatividade do "jeitinho"

A grande maioria dos brasileiros que eu conheço fala do "jeitinho" brasileiro com muito orgulho. Consideramos que "dar um jeitinho" para conseguir fazer algo que inicialmente parecia impossível é uma qualidade bastante positiva: denota criatividade, capacidade de improvisação, disposição de ajudar.

Para muitas culturas, no entanto, o "jeitinho" é visto como desonestidade, corrupção e favorecimento. O "jeitinho" só é válido se for oferecido a todos, não apenas "aos amigos". E se implica em descumprir uma regra, então isso é desonestidade, é um crime que deve ser punido como tal. A improvisação é geralmente admirada em outras culturas também, mas vem também a pergunta: "por que não se pensou nisso antes?" O pressuposto é que planejamento bem feito não precisa de improvisação para resolver questões imprevistas.

### "Chama o síndico!"

Por trás desta jocosa expressão popular brasileira, existe um conceito bastante profundo e sério, que diz respeito `a responsabilidade. Quem é o responsável pela aplicação e cumprimento das regras? No inconsciente coletivo brasileiro, existe uma autoridade que é responsável: alguém, numa sociedade do tipo "Pirâmide", tem o poder, a autoridade e a responsabilidade por fazer cumprir as normas.

Nas sociedades de baixa distância de poder, igualitárias, a responsabilidade é de cada integrante da sociedade. O responsável não é "o síndico"; são todos os moradores do condomínio. Cada morador tem o dever de cumprir as normas e de fazê-las cumprir: deve admoestar quem descumpre uma regra e exigir o cumprimento, com a mesma autoridade que numa sociedade "Pirâmide" se atribui a um síndico, à polícia ou a um juiz.

Quando acontece um desabamento de um prédio, no Brasil, é comum culpar "a falta de fiscalização". O "fiscal" é aquela pessoa que está imbuído de autoridade para fazer cumprir regras. O brasileiro não se dá conta que, agindo dessa forma, está até certo ponto eximindo de responsabilidade os engenheiros que fizeram o prédio.

Nas sociedades igualitárias, qualquer um é "fiscal". Todos fiscalizam, pois todos têm a mesma autoridade e a mesma responsabilidade. Se um prédio desaba, a crítica recai sobre as pessoas que fizeram a obra (não apenas o "responsável técnico"). O fiscal será também criticado, mas será "o último da lista".

Muitos brasileiros, em viagem ao exterior, se surpreendem ao serem admoestados por quaisquer pessoas, passantes na rua: por estarem atrapalhando o caminho, por estacionarem em local proibido, por jogarem lixo no chão. Essas "contravenções", numa sociedade "Pirâmide", são passíveis de admoestação apenas por figuras de autoridade. Nas sociedades igualitárias, todos os indivíduos têm a autoridade e a responsabilidade de admoestar quem descumpre normas sociais.

## Separação de lazer e trabalho

Por vezes os brasileiros se surpreendem com a dedicação ao trabalho e a seriedade que percebem nos americanos, alemães e ingleses. Depois se surpreendem de novo, ao perceber que fora do trabalho aquelas mesmas pessoas sérias se revelam igualmente alegres e divertidas.

Isso acontece porque nas sociedades "Pirâmide" o trabalho e o lazer se misturam com facilidade. Nas sociedades do tipo "Competição" (anglo-saxões) e do tipo "Engrenagem" (germânicos), existe uma clara distinção entre momentos de trabalho e momentos de lazer. Na hora do trabalho, não se brinca. Na hora de lazer, ninguém liga para você com o objetivo de discutir assuntos de trabalho. Cada coisa no seu tempo e no seu lugar.

O "chefe" de um departamento é respeitado como "chefe" durante o horário de expediente; fora daquele horário, ele é um colega como todos, mas não tem aquela autoridade que lhe é atribuída na empresa. As relações de trabalho ocorrem apenas no local de trabalho e durante o horário de trabalho.

## Obediência e insubordinação

Muitas gestores brasileiros têm dificuldade em desempenhar com a mesma eficácia ao serem transferidos para filiais no exterior, especialmente se passam a trabalhar em sociedades igualitárias. O que acontece é que nessas sociedades se espera que as pessoas confrontem seus chefes sempre que necessário, para discutir e resolver questões de trabalho. As opiniões divergentes devem ser expressas com total liberdade, visando argumentar de parte a parte e encontrar a melhor solução.

Esse comportamento é visto, nas sociedades "Pirâmide", como falta de respeito e insubordinação... Para discordar do chefe você precisa de muito tato, pedir licença, pedir desculpas e escolher as palavras com muito cuidado.

Um gerente brasileiro no exterior precisa aceitar a confrontação como parte normal do dia-a-dia. Sua opinião "de chefe" tem o mesmo peso de qualquer outro empregado e ele precisará persuadir seus subordinados com bons argumentos para convencê-los a seguir suas instruções. Se ele não souber argumentar, será visto como "fraco". Se ao invés de argumentar ele der "uma chave de galão", na base do "quem manda aqui sou eu", será visto como autoritário e prepotente.

Na prática, o gestor brasileiro precisa se dar conta que a "Pirâmide" não existe da mesma maneira nas sociedades igualitárias. Ele terá de tirar seus óculos e enxergar as demais culturas com objetividade.

**Use bronzeador, mas tire os óculos**

Anos atrás, um vídeo circulou na internet distribuindo conselhos de vida e terminando por dizer algo como "Você pode não seguir todos os conselhos deste vídeo, mas siga pelo menos um deles: use bronzeador para se proteger do sol!"

Em termos de cultura, a ênfase está não no bronzeador, mas nós óculos escuros; e não se trata de usar óculos, mas sim de tirá-los para enxergar melhor. O uso de óculos escuros do tipo "Pirâmide" faz mal à visão e leva a grandes mal-entendidos sobre o que está acontecendo realmente em outras culturas.

Esse é um problema em todas as culturas, não apenas em quem usa óculos do tipo "Pirâmide". Para melhorar o entendimento mútuo de uma cultura para outra, precisamos todos tirar nossos óculos. Isso é mais importante do que usar bronzeador ou não.

## 2. Os óculos da mídia internacional

Os geradores de conteúdo para a mídia internacional em inglês geralmente usam óculos culturais da cultura de "Competição". É importante notar, portanto, que as principais redes de divulgação de notícias globais (as TVs CNN, BBC, Fox, Sky e os jornais e revistas como New York Times, Financial Times, The Economist e outros) estão necessariamente vendo a realidade através de um filtro que distorce sua percepção. Nós todos, como leitores e telespectadores, precisamos estar conscientes disso, de que aquilo que estamos assistindo/lendo foi produzido com um preconceito cultural que distorce as notícias. Vejamos como são esses óculos que esses jornalistas usam e como o mundo que eles relatam seria diferente se não estivessem usando esses óculos.

### Óculos Culturais do tipo "Competição"

O modelo 5D de Hofstede revelou através de pesquisa que a cultura anglo-saxônica ("Competição") é igualitária, individualista, voltada para o desempenho, relativamente confortável com ambiguidade e "normativista". Sabendo isso, podemos concluir o tipo de "óculos culturais" tipicamente usados pelas pessoas dessa cultura. Os óculos que essas pessoas costumam usar afeta a sua percepção, portanto afeta o conteúdo da informação gerada e disseminada por elas na mídia. Seguem-se algumas das questões que tipicamente acabam distorcidas e/ou exageradas por jornalistas que usam óculos culturais do tipo "Competição".

### Privacidade

Seguidamente vemos na mídia (TV, internet, jornais, revistas) que "a privacidade" é uma questão de grande importância. As pessoas estão preocupadas com as câmeras de segurança em locais públicos e semi-públicos, com a escuta telefônica, com o uso de um número unificado de identificação para todos os documentos, porque essas coisas todas representam uma ameaça à privacidade. Elas implicam numa potencial invasão da privacidade e essa é uma questão crucial.

Pois bem, na verdade, não é... Ou melhor, é sem dúvida uma questão crucial nas culturas de "Competição" e também em outras culturas individualistas. No entanto, essas culturas representam menos de 15% da população mundial. Isso quer dizer que 85% das pessoas no planeta não ficam tão preocupadas assim com essa questão. Não estou dizendo que a privacidade não seja uma questão que mereça atenção; estou só dizendo que não é uma questão que seja tão importante para a maioria do público mundial: sua importância é grande em certas culturas e as pessoas dessas culturas acham que o mesmo ocorre no mundo inteiro, o que não é verdade.

Quando a BBC faz uma reportagem sobre como "a invasão da privacidade" é uma questão primordial no Oriente Médio ou na Ásia, eles estão na realidade falando do seu próprio viés cultural (britânico) ao observar o que acontece naquelas regiões. A indignação da repórter pode ser autêntica, mas não é necessariamente a indignação das pessoas que moram naquele local. Está tudo nos olhos de quem vê e se "quem vê" enxerga tudo através de óculos culturais (também o público assistente em Londres ou em Nova York), o quadro descrito parece a todos como sendo verdadeiro, mas não é verdadeiro para as pessoas que estão sendo retratadas nesse quadro.

Nas culturas "coletivistas" as pessoas não estão muito preocupadas com a privacidade; elas falam com facilidade sobre sua vida particular com pessoas que mal conhecem, coisa inconcebível para pessoas de uma cultura individualista. A reação mais comum dos "individualistas" diante dessas "confidências" é do tipo: "Epa! Isso é mais do que eu queria saber! Não preciso disso!" Para os coletivistas, eles estavam apenas puxando conversa e a reação individualista é percebida como "grosseira" e "fria".

Mensagem aos individualistas: se vocês fazem parte de uma cultura de "Competição" ou de qualquer outra cultura individualista, queiram remover seus óculos culturais antes de "fazer um auê" sobre questões de privacidade fora da sua própria cultura. Para a maioria das pessoas do planeta, essas questões não são TÃO importantes assim. Elas estão mais preocupadas com ter mais intimidade com os outros e não com a proteção da sua própria privacidade.

## Polarização

Nas culturas de "Competição" existe uma tendência a perceber sempre a existência de duas forças opostas em confrontação mútua. As questões tendem a ser vistas como sendo "dialéticas" ou "bi-polares", ou seja: existe sempre uma tese e uma antítese que se opõe à primeira. Nessas culturas, se dá um valor menor ao pensamento multilateral: a coexistência de muitas forças e opiniões distintas em relação a determinado assunto. A cultura de "Competição" utiliza amiúde expressões como "você é contra ou a favor", "é nós contra eles" e "tem dois tipos de pessoa no mundo".

Isso acaba levando a uma simplificação exagerada de algumas questões que são, na realidade, muito mais complexas. A situação da Europa é um bom exemplo de uma questão de grande complexidade que geralmente é subestimada pela mídia americana e britânica ao reportarem o que lá acontece. Para os americanos e britânicos, os líderes europeus são simplesmente incompetentes, por serem incapazes de decidir entre duas alternativas diante de um problema.

Já os líderes europeus, ao se defrontarem com uma questão, percebem a existência de várias opções diferentes, ao invés de uma confrontação entre "A" e "B". Por definição, uma perspectiva multilateral é mais complexa do que uma perspectiva bilateral; não admira que as discussões são mais extensas e que é mais difícil chegar a uma conclusão. É preciso formar alianças para conseguir maioria, o que leva mais tempo, além do que a formação dessas alianças termina por aumentar a complexidade.

Se você, como brasileiro, imagina que a situação na Comunidade Europeia não é tão complicada assim, imagine traduzir essa situação para o cenário brasileiro: imagine um Brasil onde em cada um dos 26 estados se fala uma língua diferente; não existe um presidente eleito, mas sim um comitê central para coordenar os interesses dos estados. A cada seis meses, os governadores se encontram por três dias para tentar costurar alguns acordos. Cada estado tem seu próprio sistema tributário, tem previdência social diferente e tem leis independentes. A única coisa em comum é que todos usam a mesma moeda, mas Alagoas está mal de finanças e ameaça optar por sair do Real e voltar a usar o Cruzeiro... Não há dúvida que a situação da Europa é complicada!

Essa "distorção polarizada" se aplica também a outras questões em outras partes do mundo. A cultura de "Competição" enxerga dois opostos em confrontação o tempo todo, em toda parte: são "capitalistas contra comunistas", "progressistas versus conservadores", "machistas contra feministas", etc. Em outras culturas, tais como a holandesa e as culturas escandinavas, bem como as latino-americanas e africanas, essas mesmas situações são vistas como "multilaterais".

Essa diferença é claramente evidente na política partidária: nas culturas do tipo "Competição" existem tipicamente apenas dois partidos fortes, enquanto que em outras culturas existem vários partidos com força distribuída entre eles e se torna necessário fazer coalisões para governar. Não é tão evidente, mas ainda visível, em outros aspectos da vida. Por exemplo, questões de gênero não são "apenas" sobre homens e mulheres, mas envolvem também homossexuais, lésbicas, seus simpatizantes, pessoas que acham que a igualdade de gênero na verdade depende mais da idade, ou da natureza do papel social em questão, e assim por diante. As questões religiosas não são vistas como se reduzindo a "Cristãos versus Muçulmanos" e sim envolvendo as múltiplas seitas protestantes, africanas e islâmicas, bem como os budistas, hinduístas e outros.

## Meritocracia

Os livros de administração parecem considerar a meritocracia como um valor indiscutível, mas tendemos a esquecer que a maioria desses livros são produzidos em culturas de "Competição", que são claramente orientadas para o desempenho. Nas culturas mais orientadas para a qualidade de vida e para "cuidar dos outros", as pessoas se declaram defensoras da meritocracia (para concordar com os livros) mas na prática agem de maneira muito diferente.

Nessas culturas a meritocracia é preterida, no dia-a-dia, pelo cuidado com os outros. As pessoas são promovidas não por desempenho, mas porque estão há mais tempo na empresa, ou porque são de uma família influente, ou porque são ex-alunos de uma faculdade de prestígio. As culturas de "Competição" olham para essas situações e expressam sua indignação. Pensam que os integrantes da cultura local sentem a mesma indignação. Na prática, eles podem até reclamar quando se sentem prejudicados por uma decisão específica em que foram preteridos, mas decidirão usando exatamente o mesmo critério criticado, quando estiverem em posição de decidir numa situação parecida.

Não se afobe em promover a meritocracia e criticar outros critérios—examine primeiro o contexto, tire os óculos e procure entender qual seria a melhor abordagem em determinada situação.

## Urgência

Nas culturas "Competição" a velocidade é muito valorizada: agir com presteza, decidir com rapidez. As pessoas têm grande senso de urgência, o tempo é um fator importante. Quando as decisões demoram, as pessoas ficam ansiosas. Ao observar os processos decisórios em outras culturas, seguidamente as pessoas de culturas do tipo "Competição" ficam irritadas quando as coisas não acontecem com a velocidade por elas esperada. O conceito de que "tempo é dinheiro" é muito arraigado numa cultura orientada para o desempenho e na qual se pode avaliar esse desempenho com relativa facilidade medindo o tempo dispendido e a receita conseguida em termos monetários.

No entanto, nas culturas do tipo "Rede" como a holandesa e as culturas escandinavas, a urgência é preterida diante de outros fatores: assegurar que todos os interlocutores foram envolvidos e ouvidos é mais importante do que decidir com rapidez. Os prazos nem sempre são cumpridos com rigor, mas isso não é considerado importante, se o motivo foi o de assegurar a qualidade do resultado ou a satisfação de todos os "stakeholders".

A mídia produzida nas culturas de "Competição" geralmente reporta que atrasar um prazo ou adiar uma decisão representam sinais de fracasso (vide as discussões na zona do Euro). Entretanto, as pessoas envolvidas no processo em si, se são integrantes de uma cultura de "Rede", não consideram que os atrasos sejam necessariamente um problema. Podem simplesmente achar que a satisfação dos interlocutores é mais importante do que o cumprimento dos prazos. O que é retratado como fracasso, numa cultura, pode ser visto como sucesso, numa outra cultura.

### Direitos das mulheres

A mídia das culturas "Competição" é repleta de matérias sobre os direitos das mulheres. Chega a parecer, às vezes, que o único motivo da presença de forças da OTAN no Afeganistão é para defender as mulheres da opressão do Taliban... Entretanto as questões de igualdade de gênero são geralmente vistas sob outro prisma por mulheres de outras culturas. Sempre achei curioso que algumas culturas olham para os Estados Unidos e consideram que se trata de um matriarcado, uma cultura onde as mulheres dominam os homens... Para as feministas americanas isso não faz o menor sentido, mas todos precisamos tirar nossos óculos culturais e enxergar outras culturas com mais objetividade.

Como as culturas de "Competição" são orientadas para o desempenho, cuidar da família tem menor importância, é uma atividade menos valorizada. As grandes reuniões familiares, como no Dia de Ação de Graças, são frequentemente retratadas como ocasiões desagradáveis. Onde as famílias se reúnem "por obrigação". As feministas lutam principalmente por igualdade no ambiente de trabalho, pois esse ambiente é mais valorizado do que o doméstico.

Já em algumas outras culturas a qualidade de vida é mais valorizada do que o desempenho. As mulheres têm menor interesse no trabalho e também os homens têm menor interesse no trabalho. As discussões sobre igualdade dos sexos se concentram em cobrar dos homens maior participação no cuidado com a família e nas tarefas domésticas; o foco é dirigido na igualdade dos papéis no lar, mais do que no trabalho.

Gostei de ler num jornal americano que uma mulher na Líbia estava festejando a queda do Coronel Kaddafi porque ele havia proibido as mulheres de usarem a "burca", o traje que cobre a mulher totalmente dos pés à cabeça, deixando apenas uma "janelinha" para os olhos. Essa mulher estava comemorando o fato de que agora ela tinha a liberdade de usar a burca, como sempre quis...

As feministas das culturas de "Competição" tendem a pensar que as mulheres do mundo inteiro lutam pelas mesmas coisas. Na verdade, a igualdade dos sexos tem conotações e sentidos diferentes em culturas diferentes e isso precisa ser considerado com muito cuidado. Dependendo da cultura, os objetivos da igualdade entre os sexos serão perseguidos de diferentes maneiras, com mudanças nos papéis sociais tanto de homens como de mulheres, de formas que sejam consistentes com cada cultura. As mulheres também ambicionam coisas diferentes de uma cultura a outra.

### Democratização

Winston Churchill disse certa vez que "a democracia é a pior forma de governo, exceto todas as outras formas que foram experimentadas." Esse é um ponto de vista totalmente anglo-saxão, é claro, e como tal foi difundido amplamente pela mídia anglo-saxônica. As pessoas de outras culturas podem concordar, especialmente se integram uma cultura igualitária, de baixa Distância de Poder. Todavia, o mesmo não acontece nas culturas hierárquicas, de alta DIP, nas quais a maioria das pessoas têm a opinião de que uma forma de "despotismo esclarecido" é preferível à democracia de estilo inglês.

Isso é totalmente indesejável numa cultura de "Competição". As pessoas nessas culturas tendem a entender mal os protestos que observam nas culturas hierárquicas contra o governo vigente. Tendem a ver esses movimentos como exigindo mais democracia, quando na verdade o que as pessoas querem é que os governantes sejam substituídos por outros mais capazes e não necessariamente com uma mudança de regime.

Os exemplos abundam. Os mais evidentes estão na Rússia e na China, ambas sociedades hierárquicas. Ambos os países têm uma longa história de despotismo, durando vários séculos. Em ambos aconteceu de os déspotas serem depostos por revoluções comunistas, no Século 20. Os líderes comunistas passaram a governar com tanta ou mais autocracia como seus antecessores, com o apoio da maioria da população.

Ainda em ambos os países, chegou-se a um ponto em que os regimes comunistas foram contestados. Na Rússia o comunismo foi substituído por uma república capitalista; entretanto, o mesmo governante (Putin) vem dirigindo o país há quase 20 anos, de forma autocrática e com o apoio da maioria. Na China a economia está gradativamente se tornando capitalista, enquanto que o regime de governo continua sendo comunista (e autoritário). Em ambos os casos podemos dizer que está havendo uma certa democratização, mas de forma muito diferente do que se vê na Inglaterra e nos Estados Unidos. A democratização, se é que se pode chamar assim, está ocorrendo de forma diferente em cada um desses países, de forma consistente com sua respectiva cultura.

As pesquisas mostram que é o povo que "faz" um ditador. Uma cultura hierárquica pede governantes fortes com poder absoluto, independente do regime político. Uma cultura igualitária gera governantes menos autoritários, pois a autocracia simplesmente não é aceita.

A mídia das culturas de "Competição" olha para as sociedades hierárquicas e enxerga um povo oprimido pela força, almejando um regime democrático. Na verdade, os governantes desses países só conseguem se manter no poder enquanto tiverem o apoio do povo.

Ao perderem esse apoio, os ditadores são depostos e substituídos por outros governantes, igualmente autoritários.

Todos os ditadores contam com o apoio de grande parcela da população, geralmente da maioria. A mídia dos países de "Competição" pode achar que os ditadores são detestáveis, mas nas sociedades hierárquicas a maioria do povo acha que um governante autoritário é necessário para manter a ordem. O que eles querem é um governante forte e que seja também competente e carismático.

## Igualdade

Subjacente ao conceito de democracia está o conceito de igualdade, a noção de que todas as pessoas são iguais e devem ter a mesma quantidade de poder numa sociedade. As culturas de "Competição" estão alicerçadas na noção de que a vida é uma competição, na qual todas as pessoas devem ter igual oportunidade de "vencer" essa competição através do seu desempenho, observando regras claras e "jogando limpo", sem que ninguém seja beneficiado indevidamente. Qualquer noção diferente desses conceitos incomoda muito aos integrantes das culturas de "Competição".

Ocorre que as pesquisas de Hofstede revelaram que apenas 9% da população mundial vive em culturas "igualitárias" (basicamente os anglo-saxões, germânicos, holandeses e escandinavos). Todos os outros povos do mundo vivem em sociedades hierárquicas. Nessas sociedades, a noção predominante é a de que existe sempre uma distribuição desigual de poder em qualquer comunidade, seja grande ou pequena. A vida é simplesmente assim, essa é a realidade que nos cabe aceitar como tal.

Isso não quer dizer que as pessoas gostem dessa realidade; apenas consideram que essa realidade é inevitável. Portanto, muitos concentram sua energia em escalar a hierarquia social, tentando chegar ao topo, ou pelo menos chegar no ponto mais alto possível. Essas pessoas podem se opor aos seus governantes e chefes atuais, mas se tiverem a chance de assumir essas posições de poder, pode apostar que irão exercer o poder da mesma maneira que antes criticavam e tentarão manter a mesma distribuição desigual de poder que sempre houve.

É um erro pensar que os integrantes de culturas hierárquicas querem mais igualdade; geralmente o que mais querem é melhorar sua própria posição na hierarquia.

## A supremacia da razão

Nas culturas de "Competição" existe uma noção de que as pessoas devem ser racionais e que as emoções são um aspecto "menor" da condição humana. As emoções interferem com a eficácia e a eficiência de um processo decisório racional, portanto devem ser reprimidas. Os valores, por sua vez, são considerados um aspecto "etéreo" demais, que conflita com os aspectos mais práticos da vida. A discussão sobre valores apenas adia o que necessita ser feito concretamente; portanto, essas discussões devem ser evitadas e deixadas de lado.

Em outras culturas, como na América Latina e no Oriente Médio, as emoções são tão ou mais importantes quanto a razão. Muitas decisões são tomadas por motivos emocionais. As pessoas que agem assim muitas vezes são admiradas por isso ao invés de "manter a cabeça fria". Ter "sangue quente" é considerado uma qualidade e não uma fraqueza ("eu não tenho sangue de barata!"). Quando a mídia das culturas de "Competição" critica certas pessoas por serem demasiado "emocionais", deveriam perceber que em muitos lugares do mundo esse comportamento é estimulado e elogiado.

Quanto às discussões sobre valores, o pragmatismo muitas vezes é usado como desculpa para a falta de ética. A necessidade de agir com rapidez jamais deveria ser invocada para escolher ações anti-éticas (e rápidas) ao invés de dedicar mais tempo para considerar as implicações éticas de qualquer decisão.

A crise do mercado financeiro desencadeada em 2008 aconteceu justamente porque os agentes financeiros deixaram a ética de lado e se concentraram em análises "racionais". Além disso, deixaram de considerar os motivos emocionais que dirigem o comportamento econômico. As culturas que dão importância apenas relativa aos aspectos racionais e que consideram esses aspectos tão importantes quanto os aspectos éticos e emocionais (e não mais importantes que esses últimos) podem estar melhor posicionadas para lidar com as questões complexas que precisaremos enfrentar no Século 21. Sentir-se à vontade com emoções e valores é tão importante quanto sentir-se à vontade com a análise racional.

## A mídia brasileira

Infelizmente, grande parte da mídia tupiniquim tem vergonha de ser tupiniquim e gostaria de ser americana ou europeia. Os jornalistas brasileiros, que fazem parte de uma elite intelectual num país desprovido de educação, cometem o engano de imitar o estilo do "New York Times" e da BBC, sem se dar conta do viés cultural que impera nessa mídia. Ao fazê-lo, rejeitam os valores da sociedade brasileira sem uma análise consciente, mas por pura imitação do que é estrangeiro e parece mais glamoroso.

Precisamos de um debate mais amplo e mais profundo sobre os valores da cultura brasileira, para desenvolver a cultura que desejamos por opção consciente e não por imitação inconsequente de outras. E se quisermos mudar nossa cultura, evitemos copiar as falhas de outras e concentremos nossos esforços em mudar a educação brasileira, antes de mais nada.

# 3. Gestão de pessoas cruzando culturas

Caros gestores de todo o mundo: preparem-se para enfrentar muitas dificuldades, agora que estamos diante da primeira recessão verdadeiramente global. A gestão de negócios num mercado global já é difícil para muita gente; a gestão de negócios durante uma recessão mundial é duas vezes mais difícil. Pela primeira vez, estamos sentindo na própria pele a verdadeira interdependência dos mercados em todo o mundo, de todas as formas. Nunca antes nesse planeta (parafraseando o ex-Presidente Lula) se viu isso.

As pessoas falam que "o mundo é plano", que estamos numa "economia global", há mais de dez anos, mas somente agora, em meio à nossa primeira recessão (ou será que já é tecnicamente uma "depressão") verdadeiramente global é que se torna evidente essa interdependência, de forma contundente e dolorosa.

A crise nos mercados financeiros se espalhou por todo o mundo em poucos dias e transbordou para os mercados de consumo, de trabalho e para todas as cadeias produtivas de todos os setores que se possa imaginar; afetaram todo mundo de Araraquara a Abu Dhabi, do Zimbabwe a Zurique e inclusive Europa, França e Bahia... Ninguém escapou.

Os desafios da gestão de negócios se multiplicaram, pois estamos operando em mercados globais interdependentes: isso significa trabalhar simultaneamente em cenários totalmente diferentes. A globalização não implica em padronização, como dizem alguns; significa, na verdade, vender produtos e serviços para pessoas muito diferentes em lugares mais diferentes ainda; e exige gerir pessoas muito diferentes nas cadeias de produção e distribuição espalhadas pelo planeta.

A essência dos desafios de gestão continua a mesma, entretanto: se refere a gerir pessoas, de forma eficaz. A gestão de pessoas é a principal responsabilidade de qualquer gestor. Alguns diriam até que essa é a **única** responsabilidade de um gestor. E a maior dificuldade em cumprir com essa responsabilidade começa quando ela é negada... Muitos gestores ainda têm a ilusão de que a gestão de pessoas não é responsabilidade sua, que isso cabe a um departamento ("Aqueles abobados do RH é que tem que resolver isso! Eu estou ocupado demais tocando o negócio!")

Pois é, eu sinto muito se estou incomodando e estragando o seu belo sonho escapista, mas a verdade é que a gestão de pessoas não é atribuição do RH. Isso é responsabilidade sua, como gestor e de ninguém mais. O pessoal do RH tem por função ajudar você, fornecendo diretrizes, políticas, ferramentas e aprendizagem, para que você se torne melhor e mais capaz de enfrentar seus desafios. Se esconder embaixo da cama não vai adiantar nada, o desafio continua lá esperando você...

Eu sei bem que esse negócio é difícil, lidar com pessoas é muito mais difícil do que resolver equações de engenharia, é mais difícil do que mandar um foguete pra lua ou fazer cirurgia cerebral. É mais difícil do que qualquer desafio científico ou tecnológico que estamos acostumados a ver mencionados como sendo "os grandes desafios da nossa civilização". Não estou querendo dizer que a neurocirurgia é fácil. Só estou dizendo que lidar com pessoas, na prática, é ainda mais difícil, pois exige capacidade intelectual E TAMBÉM capacidade emocional. Exige inteligência racional E inteligência emocional. A maioria das pessoas (inclusive eu) foi educada (erradamente) a pensar que o que você precisa para ter sucesso é ser racional. Não é nada disso. Para fazer tarefas exclusivamente racionais existem máquinas, computadores e robôs e consultores de informática dos anos 90. Mas para fazer com que tudo se encaixe e funcione de maneira integrada, precisamos de gestores com inteligência racional e emocional. Portanto, é bom dar uma olhada no que um gestor precisa saber fazer para funcionar melhor como gestor de pessoas.

Para começar, vamos encarar uma questão meio assustadora que costuma enxotar os gestores de volta pra debaixo da cama da negação, bem quando eles já estavam juntando coragem para sair de lá e enfrentar o pesadelo da gestão de pessoas: me refiro à questão da diversidade cultural. ("Essa não! Já chega você dizer que a gente tem que gerir pessoas e tratar dessas coisas totalmente subjetivas e emocionais que ninguém pode calcular, medir ou prever; agora você vai dizer que as pessoas são totalmente diferentes umas das outras e que elas têm noções diferentes do que é certo e errado, dependendo de onde elas vêm? Como é que é pra eu conseguir que elas trabalhem direito, se cada uma tem uma noção diferente do que é 'trabalhar direito'?")

Tá certo, eu sei que eu estou enchendo o saco e deixando você ainda mais deprimido do que torcedor do Bangu, (dói ainda mais numa crise financeira) mas se você não sair debaixo dessa outra cama, só vai demorar mais ainda pra resolver essa crise toda e consertar a economia mundial. Eu deixo você comer a sobremesa em seguida.

Vamos ver como é possível gerenciar pessoas muito diferentes, vindas de culturas diferentes, no mundo inteiro, e fazer a economia mundial rodar de novo, com mais eficácia e eficiência.

### Gestão de pessoas não é fácil, mas é simples

Na vida muitas coisas são difíceis de fazer, apesar de serem fáceis de entender. O problema é que nós todos temos a tendência de complicar as coisas na hora da execução. A gente sempre tem orgulho de resolver um problema complicado. Portanto, a gente acaba descrevendo uma coisa simples como se fosse uma coisa muito complicada. Assim fazendo, podemos dar uma de "especialista" quando resolvemos um problema que parecia não ter solução. Esse é o desafio de manter as coisas simples na sua versão mais simples. A simplicidade não é valorizada, enquanto que a complexidade é.

Isso é ainda mais verdade no Brasil, onde se valoriza a linguagem rebuscada e as palavras compridas, mesmo que o resultado final seja desastroso (vide o personagem Odorico Paraguassu da novela "O Bem Amado").

Precisamos resistir à tentação de complicar as coisas para valorizar a nossa intervenção. Precisamos manter o foco em fazer o que precisa ser feito da maneira mais simples e evitar as discussões intermináveis em torno do assunto, que só servem para adiar o que precisa ser feito.

Muitas vezes ocorre que aquilo que precisa ser feito, e que é simples, é também desagradável ou assustador, coisas que a gente preferia não ter que encarar. Portanto, a complicação surge como falsa solução, como uma forma de evitar o essencial. Complicar as coisas é uma forma de usar o raciocínio como defesa contra as consequências emocionais de uma decisão simples. Assim, se evitam essas consequências emocionais e se adia a decisão.

Portanto, voltemos à abordagem mais simples. A gestão de pessoas se faz simplesmente seguindo um roteiro de cinco passos e repetindo o processo o tempo todo. Se espera que você vá pegando o jeito e melhorando cada vez mais, cada vez que repete o roteiro. Você aprende com a experiência, se adapta e melhora continuamente.

Gosto de lembrar desses cinco passos usando um acróstico formado pelas letras iniciais de cada passo: RETAR.

1. Recrutar (conseguir as pessoas que você precisa, pra começar)
2. Estabelecer metas (dizer às pessoas o que precisam fazer)
3. Treinar (ensinar as pessoas a fazer o que precisa ser feito)
4. Avaliar (dar "feedback" sobre o andamento do trabalho, corrigir a direção, etc.)
5. Recompensar (arranjar consequências, positivas e negativas, para reforçar o comportamento desejado e evitar a repetição do comportamento não-desejado)

Não parece complicado, não é mesmo? Mas é muito mais difícil de fazer, justamente por ser tão simples... Vale lembrar que o mais difícil é manter as coisas simples!

Existe um "comitê de complicação" à espreita em todas as organizações e seus integrantes logo observariam que as coisas na verdade são muito mais complicadas do que esses cinco passos sugerem. Diriam que tudo começa antes ainda, ao se definir "o que precisa ser feito". Tudo bem. Eu posso aceitar essas observações e mesmo assim manter as coisas simples. Vamos começar "no princípio".

"No princípio"... havia o nada e então surgiu um Cliente e expressou uma Necessidade (direta ou indiretamente). Alguns dizem que "o cliente é o rei!". Gosto de pensar que "o cliente é Deus", no sentido de que o Cliente é o princípio e o fim de todas as coisas. Queiram desculpar minha blasfêmia, perdoem meus pecados e fiquem comigo por mais um pouco.

Ao expressar uma Necessidade, o Cliente leva o empreendedor a agir para satisfazer essa necessidade e organiza uma empresa para satisfazer essa necessidade. Essa empresa pode ser pequena, formada apenas por ele próprio, ou pode se tornar uma multinacional com milhares de empregados em vários países. De qualquer forma, independente do tamanho, o ciclo "R-ETAR" se aplica.

A organização (vamos imaginar que seja uma empresa de menos de 100 pessoas, um tamanho que representa a maioria das empresas no mundo inteiro) faz um plano rudimentar para realizar as atividades que irão satisfazer a Necessidade do Cliente: organiza o trabalho, distribui tarefas e tudo se resume a alguns gestores que se tornam cada um responsável por fazer alguma coisa, para o que necessitam conseguir as pessoas que vão executar o que precisa ser feito, seguindo os cinco passos do ciclo "R-ETAR".

O resultado de cada ciclo "R-ETAR" é um produto ou serviço (ou um pedaço) que tem o propósito final de satisfazer a Necessidade do Cliente. A Satisfação do Cliente é o final do ciclo. Com isso, o ciclo se completa. Se você preferir, pode inclusive mudar o ciclo para "R-ETAR-S", onde o "S" final representa "Satisfação". Mas aí já se começa a complicar...

É claro que cada passo nesse ciclo, na verdade, encerra um verdadeiro universo de coisas e nós todos adoramos brincar com todos esses universos, a tal ponto que muitas vezes nos perdemos neles e perdemos de vista o "Todo", esquecendo que fazemos parte desse "Todo" e nossa ligação com o dito é o que dá sentido à nossa vida e a tudo que fazemos. Vale notar que nosso cliente último é "a humanidade" como um todo. Tudo o que fazemos na vida tem como finalidade última fazer desse mundo um mundo melhor para a humanidade e para as próximas gerações, mas essa já é uma outra história, vamos deixar isso pra outro dia.

Por enquanto, fiquemos com a tarefa simples e difícil de gerenciar pessoas usando o ciclo "R-ETAR". Vejamos cada um dos cinco passos com um pouco mais de detalhe.

**Recrutar** pode ser subdividido em vários aspectos diferentes interligados, formando um conjunto altamente sofisticado numa multinacional que opera em 20 países diferentes. Pode incluir "posicionamento" da sua "marca de empregador" (Employer Brand), através de diferentes "estratégias de recrutamento" e/ou "sourcing" para contatar e atrair as pessoas que você precisa e depois disso você tem todo um "processo seletivo" com diferentes "critérios seletivos" e "ferramentas", "políticas", procedimentos" e diferentes graus de envolvimento de diversas pessoas na empresa de vários níveis hierárquicos. É preciso começar isso tudo descrevendo um "perfil do cargo" (ou um formulário equivalente com o nome que você quiser) que irá disparar o processo todo.

Tudo isso, no fundo, se refere apenas a "conseguir as pessoas que eu preciso" para fazer o que precisa ser feito. Como gestor, você pode sair a fazer tudo isso você mesmo; ou você pode pedir que o RH faça isso tudo por você, ou você pode contratar uma empresa de recrutamento (e se eles se auto-denominam de "executive search" então vai custar uma pequena fortuna, só pra você se convencer de que eles agregam algum valor – "Eles devem ser bons demais, estão cobrando um horror!").

**Estabelecer metas** pode ser travestido de "Planejamento Estratégico", "Desenvolvimento Organizacional", "Re-estruturação", "Downsizing" (em inglês impressiona mais), "Rightsizing" (é mais moderno) ou "Wrongsizing" (quando você fez tudo errado!). Tem também "Delegação", que hoje se chama "Empowerment", definição de "Padrões de Desempenho", "SMART Objectives", "Equipes de Auto-Gestão" e outras bobagens e modismos. Tudo isso se refere a "todo mundo sabe o que tem que fazer?" ou "todo mundo sabe o que se espera de cada um?"

**Treinar** significa ensinar as pessoas a fazer o que precisa ser feito. Se elas já sabem, você pula esse passo e vai para o próximo. Na empresa típica dos dias de hoje, "treinamento" é uma palavra mal-vista. As pessoas preferem falar em "Aprendizagem" e "Desenvolvimento", ou ainda "Desenvolvimento de Carreira", "Gestão de Talentos" (que nada mais é do que aplicar o ciclo "R-ETAR" nos seus melhores empregados), "Coaching", "Mentoring", "Gestão de Mudanças" (que é simplesmente ensinar as pessoas a fazer coisas diferentes de um jeito diferente), tudo para que nos transformemos numa verdadeira "Learning Organization". E viva a falsa novidade...

**Avaliar** implica em corrigir o rumo, dando retorno ao funcionário para melhorar seu desempenho. Só que no Brasil ninguém fala "retorno", só se fala em "feedback". Um erro muito comum nas organizações é pensar que se faz avaliação de desempenho para julgar se as pessoas estão indo "bem" ou "mal". Com isso, se rotula as pessoas como "bons" ou "ruins". Na verdade, a finalidade da avaliação do desempenho é apenas melhorar o desempenho. Nunca esqueça disso. Pode-se travestir essa atividade como sendo "Avaliação 360", "Avaliação de Performance", "Coaching de Desempenho" ou qualquer outro modismo; ou você pode simplesmente conversar informalmente com cada pessoa da sua equipe sobre como estão indo no trabalho. Quanto maior a frequência dessas conversas, melhor.

**Recompensar** é a tradução do termo da moda "Reward" em inglês. Se refere a garantir consequências ligadas ao desempenho, que tanto podem ser financeiras como não-financeiras. As consequências financeiras incluem o próprio salario, aumentos de mérito, bônus, planos de incentivo, premiações, participação nos lucros e coisas semelhantes. As consequências não-financeiras se referem principalmente a diferentes formas de reconhecimento, como a escolha do "empregado do mês", do "negócio do ano", "prêmio da presidência", receber um relógio de ouro ao completar 25 anos de serviço, ou simplesmente receber um elogio (em público ou em particular).

Também se refere a consequências negativas, para evitar a repetição de comportamentos indesejáveis. Essas consequências são, por exemplo: advertências verbais ou escritas, suspensões, transferência para uma função de menor prestígio, ou demissão.

O importante, aqui, é lembrar sempre que as pessoas fazem aquilo pelo que são recompensadas e não necessariamente fazem o que se lhes pede para fazerem. Muitas empresas, por incrível que pareça, esquecem disso. Essas empresas pedem para que as pessoas façam uma coisa (como, por exemplo: que colaborem com seus colegas e ajudem a vender produtos de outros departamentos da empresa) mas recompensam as mesmas pessoas por fazerem coisa diferente do que pediram (dão bônus apenas sobre as vendas de seus próprios produtos e sobre a administração das despesas de seu próprio departamento).

Este componente de "Recompensa" geralmente é o que acaba estragando todo o ciclo, por falta de alinhamento com os demais e falta de coerência com a empresa como um "Todo".

Parece tudo bastante simples e direto, não é? Pois na verdade é mais fácil na teoria do que na prática, ainda mais quando se tenta fazer essa "prática" em culturas diferentes...

### A tal de cultura

Gerenciar pessoas já é difícil (embora simples) quando todos fazem parte da mesma cultura, ou seja: quando todos possuem a mesma noção do que se considera "certo" e "errado", do que se aceita como "conduta adequada" e do que se considera "inadequado" ou "inaceitável". Quando pessoas na mesma equipe têm antecedentes culturais diferentes, ou quando os antecedentes culturais do gestor são diferentes daqueles dos integrantes da equipe, é aí que mora o perigo.

Já começa no **Recrutamento**. O que é "um bom candidato"? Nas sociedades Individualistas, é alguém que seja assertivo e que expresse opiniões contundentes. Nas sociedades Coletivistas, é alguém que seja relativamente modesto e demonstre ser "bem relacionado". Nas sociedades ditas "Masculinas" é alguém que tem uma atitude confiante do tipo "deixa comigo, que eu sou mais eu". Numa sociedade dita "Feminina", é alguém que evita o destaque pessoal e que faz perguntas inteligentes, sem ser crítico demais.

Dá pra perceber que se a pessoa que estiver recrutando vem de uma cultura diferente daquela do candidato, é fácil se enganar e preterir um bom candidato que não corresponde à expectativa e ao viés cultural do recrutador.

Como você deveria se posicionar como empregador? Nos EUA isso é uma coisa; na Holanda e na Escandinávia é outra muito diferente. Dependendo de dimensões culturais como "Distância de Poder", "Individualismo" e "Masculinidade" a postura do empregador pode ser totalmente distinta.

Como você deve se posicionar na China? Será preciso levar em conta que a China é uma cultura de alta Distância de Poder e baixo Individualismo, mas como é que você se posiciona então, na prática? É fundamental levar em conta a influência da cultura nos recrutadores e nos candidatos que se apresentarem para entrevistas. Até a forma de escrever os currículos é influenciada pela cultura.

**Estabelecer metas** pode ser duas coisas muito diferentes na Holanda e na Bélgica, dois países vizinhos que têm pouca coisa em comum além de uma fronteira mútua. Deixar de reconhecer diferenças culturais tão significativas entre países vizinhos já acarretou inúmeros fracassos em fusões e aquisições, notadamente há poucos anos quando o ABN AMRO da Holanda foi comprado pelo Fortis belga, resultando quase que na imediata falência do Fortis (o nome não ajudou) e terminando com a estatização de ambos os bancos pelos seus respectivos governos.

Nas culturas "Femininas" como a Holanda e os países escandinavos, as metas são negociadas entre chefes e subordinados, ao invés de serem determinadas pela chefia e são constantemente rediscutidas diante das circunstâncias dos mercados, que mudam. Nas sociedades "Masculinas" como a Inglaterra e os Estados Unidos, as metas são determinadas pela chefia e percebidas pelos subordinados como um belo desafio a ser superado com muita motivação. Na Inglaterra, negociar metas é um fator de desmotivação. Na Escandinávia, metas determinadas pelo chefe são vistas como um abuso de poder (e portanto, fator de desmotivação). Como você definiria metas na Suíça? Como você delega autoridade na Índia? É preciso adaptar os processos a cada cultura, se não você logo fica perdido na poeira.

Vejamos o **Treinamento** (e todas as suas versões mencionadas anteriormente). O ensino nas sociedades de alta Distância de Poder acontece centrado na figura do instrutor. Nas sociedades com baixa Distância de Poder é o inverso: a aprendizagem é centrada nos alunos, com muita interação, discussões estimulantes e estudos de caso. Nas sociedades de alta Distância de Poder, os alunos tendem a participar menos nas discussões com o instrutor, evitando confrontá-lo e esperam que o instrutor lhes diga o que fazer.

As expectativas em termos de Desenvolvimento de Carreira e Gestão de Talentos são muito diferentes quando se comparam organizações norte-americanas e latino-americanas. O que acontece quando uma empresa americana tenta implantar na Guatemala o seu processo global de Gestão de Talentos, exatamente do mesmo jeito que funciona tão bem em Chicago? O sucesso não vai ser o mesmo, na melhor das hipóteses...

Pode ser até que o tiro saia pela culatra e leve muita gente a pedir demissão, provocando a reação contrária ao que se pretendia. Isso não quer dizer que não se possa ter programas de Gestão de Talentos na Guatemala. O que ocorre é que esses programas precisam ser adaptados e posicionados de maneira diferente, para que tenham o efeito desejado. Caso contrário, serão contra-producentes.

**Avaliação** é outro processo que demonstra bem a necessidade de adaptar modelos norte-americanos antes de levá-los a outras culturas, para evitar enormes fracassos. A maioria da literatura existente sobre gestão é produzida nos Estados Unidos, Canadá e Inglaterra, sendo produto da cultura anglo-saxônica desses países. Dar "feedback" direto, com toda a franqueza, é um procedimento amplamente alardeado como sendo "a melhor forma" de melhorar o desempenho, em qualquer parte do mundo. Na verdade isso funciona muito bem em culturas "Masculinas", Individualistas e de baixa Distância de Poder, à semelhança de Inglaterra e EUA. Porém essa noção de "feedback" direto é considerada uma falta de respeito e um abuso moral nas culturas "Femininas", Coletivistas e de alta Distância de Poder, que predominam na maioria dos países do mundo.

Como se pode dar "feedback" nessas culturas sem parecer insensível, abusivo e grosseiro? Como engajar as pessoas para que melhorem seu desempenho? Na verdade, é mais fácil engajar as pessoas na maioria dos países da América Latina e da Ásia, em comparação com os EUA e com o Norte da Europa, mas a abordagem tem de ser completamente diferente.

A **Recompensa,** o componente que tem o potencial de "melar" tudo, o que seguidamente acontece, é totalmente sensível à cultura. Os planos de bônus baseados no desempenho individual são alardeados nos EUA e Inglaterra como sendo a única maneira de motivar as pessoas a trabalhar mais, no mundo inteiro; esses mesmos planos fracassam rotundamente ao serem aplicados em culturas mais "Femininas", nas quais os maiores motivadores são as promoções para cargos de maior prestígio, com mais responsabilidade, maior território e maior número de subordinados. Esses fatores são mais importantes em comparação com prêmios em dinheiro, que são considerados aspectos "mercantilistas" "reducionistas" e "bitolados", especialmente quando todos na empresa já ganham um salario fixo confortável.

Não seria ótimo se a gente pudesse resolver todos os problemas de motivação e engajamento simplesmente pagando mais, em qualquer lugar do mundo? Se isso funciona na Inglaterra e nos Estados Unidos, por que não haveria de funcionar em outros lugares?

É preciso adaptar, mais uma vez. Planos de bônus podem funcionar também em outras culturas, mas precisam ser acompanhados de outras coisas. Em certas culturas um bônus por equipe funciona muito melhor do que um bônus individual.

Procure descobrir mais sobre a cultura na qual você vai trabalhar, antes de pressupor que aquilo que funcionou bem na cultura "A" vai funcionar igualmente bem na cultura "B".

### A solução global

Não existe. O que existem são várias soluções diferentes para culturas diferentes, ao invés de um modelo único que funciona em qualquer lugar. Você pode gerenciar pessoas aplicando o ciclo "R-ETAR" em qualquer lugar do mundo, mas vai ter que adaptar o ciclo em cada cultura. Cada uma exige ferramentas diferentes usadas de forma diferente para cada passo do ciclo.

Para ser mais eficaz, comece pesquisando quais são os valores da cultura (ou culturas) em que você vai trabalhar ou com que vai interagir. De onde vêm as pessoas da sua equipe? Quais são os antecedentes culturais dessas pessoas? Não improvise, capriche na preparação antes de começar.

Conheço um gestor que fez um belo trabalho numa fábrica do Leste Europeu, levando-a do prejuízo à lucratividade, simplesmente aplicando, na prática, seus parcos conhecimentos sobre o modelo de 5 dimensões de Hofstede. A diretoria da empresa concluiu que esse gestor era um verdadeiro "fazedor de milagres" e logo o transferiu para o México, para assumir uma outra fábrica cheia de problemas.

E poucos meses depois... aleluia! Novo milagre! O sujeito mais uma vez aplicou o que sabia do modelo (numa cultura diferente, usou uma abordagem diferente) e como num passe de magia, a fábrica se tornou viável e lucrativa.

Em ambos os casos, seus antecessores eram bom gestores, mas que só funcionavam bem no seu ambiente original (que, nesse caso, era a França). Nosso herói simplesmente tirou um tempo para ler um pouco sobre a cultura para a qual estava sendo transferido e adaptou seu estilo de trabalho para ser mais facilmente compreendido pelo pessoal que iria liderar. Com isso, ganharam todos.

Você pode fazer a mesma coisa na sua organização, com a sua equipe (atual e futura). Em tempos de crise (como agora), as pessoas ficam mais tensas e tendem naturalmente a regredir para comportamentos que deram certo no passado. Elas "se escondem embaixo da cama" porque isso funcionava quando eram crianças. Elas repetem o que fizeram há cinco anos atrás e que resultou numa promoção. Não faça isso agora. Na situação atual, o que antes deu certo pode ser uma grande besteira.

Procure encarar a situação que você irá enfrentar, mantendo a mente aberta. Qual é a cultura predominante no local? Quais são os seus próprios antecedentes culturais? Essas coisas combinam? Você entende que lhe ensinaram um jeito de gerenciar como sendo "o" jeito, mas que isso tem sempre um viés (preconceito) cultural? Nenhum estilo de gestão é melhor do que os outros em si; um estilo pode ser o melhor em determinada cultura e não funcionar em outra.

Comece por compreender sua própria cultura, seu próprio viés cultural. Fazendo isso, será mais fácil entender outras culturas e outros preconceitos e será mais fácil "fazer pontes" para diminuir as diferenças. Se nós todos tivéssemos um melhor entendimento das culturas uns dos outros e da influência que isso tem na maneira de administrar negócios e pessoas no mundo inteiro, talvez não estivéssemos nessa crise que nos assola...

# 4. Orgulho de ser mestiço

Será que estamos vivendo o início do fim do mundo? Estamos começando a realizar as profecias de Nostradamus sobre o Apocalipse, que se daria através de uma guerra entre o Oriente e o Ocidente? Chegamos ao ponto em que uma "charge" dum cartunista em algum obscuro jornal da Dinamarca tem o mesmo poder explosivo dos ataques terroristas de 11 de setembro? Ou será que estão todos exagerando?

As manchetes da mídia são cada vez mais preocupantes: parece que estamos caminhando para uma radicalização crescente, tanto à direito como à esquerda, e a humanidade parece estar retrocedendo bastante, ao invés de progredir rumo a um maior entendimento e maior harmonia.

Na tentativa de resolver o conflito entre o Leste e o Oeste, que tal dar uma olhada no Sul para ter uma perspectiva diferente?

Sou um brasileiro vivendo na Europa há mais de doze anos. Vi com preocupação o crescente debate sobre a globalização, os choques entre culturas distintas no mundo inteiro e, mais recentemente, os choques entre Oriente e Ocidente, especialmente em várias partes da Europa. A mídia tem retratado esses choques como envolvendo alemães contra turcos, franceses contra marroquinos, árabes contra europeus, muçulmanos contra cristãos, etc.

Parece que ao incluir cada vez mais novos membros, a União Europeia acabou tocando numa ferida sensível. Muitas vozes se ergueram contra a admissão da Turquia na União Europeia alegando que "os turcos não são europeus". "Eles têm uma cultura diferente da nossa".

Antes de mais nada, cabe lembrar a todos os envolvidos que a União Europeia não é uma questão de cultura. Se trata essencialmente de uma união de cooperação econômica e isso é uma coisa bem diferente. Muitos americanos estão até hoje prevendo erradamente o fracasso da União Europeia porque "é impossível unir todas essas culturas tão diferentes." Pois bem, acontece que não se trata da unificação de culturas e sim de cooperação econômica!

A "globalização", um termo que é usado indiscriminadamente com referencia a muitas coisas diferentes, também não diz respeito a cultura e se refere, isso sim, a interdependências econômicas. As culturas nacionais e regionais permanecerão diferenciadas ( na verdade, elas tendem a se diferenciar ainda mais do que hoje). Muitos autores têm destacado isso, mas vou citar apenas dois: Geert Hofstede e Alvin Toffler, que vêm dizendo isso há mais de trinta anos! Será que ninguém na mídia está escutando?

Existem duas questões diferentes nisso tudo: uma é a cooperação econômica; a outra é a coexistência da diversidade cultural.

A cooperação econômica precisa continuar se expandindo. As barreiras ao livre comércio precisam continuar sendo reduzidas. A Turquia precisa ser admitida na União Europeia, pois acredito que as vantagens econômicas dessa admissão superam em muito as suas desvantagens econômicas. É claro que isso vai ser muito discutido e vai levar muito tempo (anos) até que o assunto seja acordado.

Vejamos a questão, no entanto, pelo aspecto da coexistência cultural. Esse é o aspecto que toca nas emoções das pessoas e vende mais jornais.

Acredito que a globalização vai continuar e que eventualmente tudo vai se arranjar, de um jeito ou doutro. Lutar contra a globalização é inútil. A humanidade está evoluindo rumo à globalização desde a Idade da Pedra; caso contrário, estaríamos até hoje vivendo em tribos e batendo uns nos outros com machadinhas e lanças. A globalização não vai acarretar uma unificação de culturas e sim um aprendizado de coexistência, cada um respeitando a cultura do outro, sendo que estas serão cada vez mais diferentes entre si.

Todavia, ao olhar à minha volta hoje em dia, me dou conta de que não evoluímos tanto assim... temos tribos maiores e as machadinhas e lanças são mais sofisticadas, mas a discriminação e o preconceito continuam muito parecidos com o que eram há 3.000 anos atrás. Uma foto no jornal de um policial à cavalo vestindo um capacete e brandindo um cassetete, atacando um grupo de protestantes em Israel, parecia saída do filme "Kingdom of Heaven", de Ridley Scott, sobre as cruzadas do século 12 na mesma região.

Continuo acreditando nos benefícios da globalização, mas precisamos fazer alguma coisa sobre esse processo e precisamos começar a gerenciar as mudanças deliberadamente, ao invés de considerar que somos meras vítimas do processo e com isso restringir nosso papel a ficar resistindo e nos defendendo. Precisamos imprimir um estilo e um formato diferentes à globalização, caso contrário ela pode acabar realmente não funcionando para o benefício de todos.

Einstein certa vez alertou sobre os perigos de "subestimar a burrice da humanidade". Realmente, como espécie, nós humanos ainda temos a capacidade de sermos tão burros a ponto de nos matar uns aos outros até extinguir nossa própria espécie. Precisamos nos dar conta das ameaças e das oportunidades que temos diante de nós e precisaremos todos fazer certas escolhas corajosas para direcionar as mudanças num sentido mais positivo.

Em meio a todas essas discussões, assisti a debates sobre diferentes "modelos" de integração cultural adotados por diferentes países para integrar (ou tentar) imigrantes nas suas comunidades de destino. Li artigos sobre a maneira como os Estados Unidos têm abordado essa questão. Na verdade, não chamaria essa abordagem de "integração" e sim de "adquiram os valores anglo-saxões ou fiquem restritos a um gueto por várias gerações".

Os ingleses têm uma abordagem muito parecida, o que não é de admirar, pois os americanos e ingleses são muito mais parecidos entre si (em termos de antropologia e filosofia) do que gostariam de admitir.

Os alemães estão discutindo se a sua abordagem tradicional deveria mudar para se aproximar mais do estilo americano de "ame-o ou deixe-o". Os franceses, por sua vez, defendem seu próprio estilo, mas as arruaças nos arredores de Paris demonstram que suas políticas não foram tão bem sucedidas assim até agora.

Queiram desculpar o meu viés cultural brasileiro (todo mundo tem um viés cultural, sem exceção) e permitam-me convidá-los a dar uma olhada no "modelo brasileiro". Talvez nem devesse ser chamado de "modelo", porque o que aconteceu no Brasil durante o Século 20 não foi realmente planejado, mas é possível tirar algumas lições do ocorrido e essas lições podem até fazer a diferença entre a evolução global e a sua destruição.

A sociedade brasileira está muito longe de ser perfeita. Na verdade, está cheia de problemas sérios que não cabe reproduzir nem imitar. Não estou defendendo o Brasil como exemplo, de maneira nenhuma. O que quero dizer é que vale a pena examinar como aconteceu a integração dos imigrantes na sociedade brasileira e verificar se é possível aprender alguma coisa com esse processo não-planejado.

A integração cultural dos imigrantes no Brasil não correu às mil maravilhas. Houve muito preconceito e discriminação contra os "estrangeiros" que chegaram. Ao olhar para trás, no entanto, se pode dizer que o que aconteceu foi muito mais suave do que aquilo que se viu nos Estados Unidos e na Europa. E hoje existem menos conflitos étnicos no País, comparando com "o mundo desenvolvido". O que aconteceu, afinal?

O que aconteceu foi... sexo! (Uma resposta bem brasileira, devo admitir, confirmando o estereótipo vigente no exterior de que somos todos maníacos sexuais, como se vê no carnaval do Rio). Uma resposta mais "europeia" seria dizer que a integração aconteceu ao nível da célula familiar, a base de construção de qualquer sociedade. Os imigrantes começaram a casar com pessoas "de outras tribos" diferentes das suas e a formar novas famílias "inter-tribais", ao invés de ficarem restritos aos seus relacionamentos dentro de cada gueto.

As pessoas começaram a se mesclar cruzando antecedentes culturais e étnicos, criando uma sociedade mais integrada do ponto de vista étnico. Os brasileiros de hoje em dia não são os que provocaram a integração; eles são o produto dessa integração.

Quando um muçulmano sírio-libanês casou com uma portuguesa católica (apenas um exemplo fictício) antes da II Grande Guerra, o conflito cultural foi trazido para dentro dessas duas famílias de forma bastante concreta. Provavelmente, no inicio isso foi um processo desagregador e dolorido para todos os envolvidos, mas eventualmente tiveram que lidar com a situação, de um jeito ou de outro. No começo o jovem casal deve ter sido rejeitado por ambas as famílias e tiveram que enfrentar todo o tipo de discriminação na comunidade. Foi difícil e demorado estabelecer-se como família respeitada nas comunidades em que conviviam. Pode ter levado anos e mesmo gerações até que fossem aceitos plenamente.

Entretanto, os filhos dessa nova família "inter-tribal" foram criados num ambiente familiar diferente, não mais "puro" (ou melhor: "limitado a") em relação aos padrões de uma única tribo, e sim enriquecidos pela combinação dos valores de ambas as tribos. O nascimento de um neto seguidamente aproximou as duas famílias ainda mais, definindo um novo ambiente familiar para criar esses netos. Independente dos seus antecedentes, os avós possuem uma tendência a serem muito mais tolerantes com os seus netos do que jamais foram com os seus filhos.

Essa nova geração de netos tipicamente cresceu para mais uma vez casar com pessoas de outras "tribos" como, por exemplo, os descendentes de japoneses, descendentes de índios, ou descendentes de africanos. Com quatro ou cinco gerações de cruzamentos étnicos, se formou uma sociedade muito mais rica na sua diversidade e muito mais aberta à integração do que eram as culturas originais. Existem ainda muitas questões a resolver e sem dúvida essas questões incluem o preconceito e a descriminação que ainda se notam; mas é inegável que a sociedade brasileira atual está mais perto da integração total do que qualquer outra sociedade na Europa ou na América do Norte.

O que poderiam os líderes europeus e americanos aprender disso tudo? Em primeiro lugar, parem de "forçar" os imigrantes a se integrarem, parem de exigir que "é preciso abandonar as suas raízes e abraçar os valores da sua nova pátria!" Isso não é tão simples. A integração cultural é uma via de duas mãos. A cultura do país-anfitrião também é afetada pela presença dos imigrantes. Quanto antes esse fato for reconhecido e aceito como tal, mais fácil será para todos formar uma "nova" cultura, resultante da mistura das culturas anteriores. O resultado será melhor do que a tentativa de impor uma cultura sobre a outra. O que é realmente preciso é simplesmente ter fé no processo da verdadeira integração. Essa é a lei natural da evolução, não só das espécies na natureza, mas também das sociedades humanas em termos políticos e sociais.

Em segundo lugar, comecem a promover a riqueza da "nova" cultura. A diversidade é boa para todo mundo. Desenvolvam a capacidade das pessoas entenderem que perceber as diferenças entre elas é apenas um passo no caminho para perceber as semelhanças que existem por trás das diferenças aparentes na superfície. A maneira como uma mãe expressa seu amor por um filho pode ser diferente de uma cultura a outra, mas a força desse sentimento é a mesma. Uma cultura capaz de abrigar várias maneiras diferentes de expressar amor será muito mais gratificante para seus integrantes do que uma cultura que só aceita uma única forma de expressar amor.

Em terceiro lugar, comecem a promover a integração na "célula familiar", a forma mais básica de organização social. Fomentem bairros comunitários mesclados, escolas mescladas, a prática de "sleep-overs" (deixar que seus filhos pequenos durmam uma noite na casa de um coleguinha, para vivenciar os hábitos de outra família). Organizem eventos comunitários que reúnam pessoas de diferentes comunidades, ao invés ficarem no "Clube Alemão", na "Sociedade Espanhola" ou na "Sociedade Beneficiente Portuguesa", que tendem a excluir pessoas de outras origens. Congreguem as pessoas em torno de valores comuns e de iniciativas que transcendam os antecedentes culturais, como mutirões para ajudar as vítimas de uma enchente, programas de consciência ecológica ou atividades esportivas (mas sem promover competições com bases étnicas, como "os negros contra os judeus").

Os grupos étnicos sempre continuarão a existir. Não estou propondo que se proíba o "Clube Alemão" de existir, nada disso. As pessoas precisam se manter ligadas ao seu passado, à sua história, mas olhando também para o futuro. Isso faz parte da natureza humana. As crianças precisam de apoio e consolação, tanto quanto precisam de estímulo, para crescerem e se desenvolverem.

As culturas funcionam de maneira parecida. É preciso deixar um espaço para a tradição, para o sentimento de identidade, de segurança e conforto que deriva do reconhecimento do passado de cada um. Mas assim como as crianças precisam ser encorajadas e estimuladas para crescerem e se desenvolverem, também as culturas necessitam de estímulo e encorajamento para aprender e ampliar seu repertório, através da interação com outras culturas. Toda cultura necessita trabalhar seus ideais e sua visão do futuro, transcendendo seu passado. As lideranças políticas precisam colocar mais ênfase na construção do futuro e menos na manutenção do passado.

Portanto, meus caros líderes políticos: estimulem as pessoas a sentirem orgulho de serem mestiças, ao invés de sentirem-se envergonhadas disso. Estimulem as pessoas a sentirem orgulho da mistura, ao invés de orgulho da "raça pura". Aprendam alguma coisa com as estórias de Harry Potter. Procurem ser lembrados no futuro como aqueles que levaram seu povo ao progresso e ao desenvolvimento social e não como aqueles que tentaram manter seu povo acorrentado ao passado.

Lembrem, no entanto, que a integração cultural é um processo bastante demorado e muitas vezes doloroso. Não acontece da noite para o dia. Enfrenta resistências de muitos grupos conservadores, que existem em todas as culturas, principalmente naquelas que se sentem ameaçadas. Será preciso muita paciência e persistência. Mas vale a pena.

O futuro do planeta, o futuro dos nossos netos, depende da nossa capacidade de mudar a maneira como encaramos culturas diferentes; depende da nossa capacidade de desenvolver uma nova sociedade global, que seja mais justa para todos, respeitando o passado, mas criando um futuro melhor do que os limites impostos por qualquer cultura isolada no passado.

# 5. Os Estados Unidos da Europa versus a União Americana

O chamado "G20" está prestes a começar mais uma reunião de negociações e vejo muitas discussões na mídia sobre "o estilo americano" e "o estilo europeu" para tirar o a economia mundial do atoleiro. Alguns jornalistas falam de "recessão econômica", outros falam de "crise". No Brasil, nós adoramos "a crise", a tal ponto que inventamos uma sempre que não exista... Até o "best-seller" de Tom Peters, que se chamava "Em busca da excelência" ("In Search of Excellence") no original americano, foi traduzido no Brasil como "Vencendo a crise", mesmo que não tratasse de crise nenhuma...

Tem muita gente que precisa arranjar um "demônio" que seja culpado de todos os males do mundo. Antigamente (há uns 3.000 anos atrás) era ainda mais fácil: se podia colocar a culpa em alguém se chovia demais (ou de menos), se a colheita era ruim, se as manadas de antílopes migravam para outra região, se o sistema financeiro entrava em colapso. A aldeia inteira ia para a casa do pajé / feiticeiro / sacerdote / comentarista econômico e perguntavam: por que isso aconteceu? O que fizemos para merecer isso? Logo agora que eu ia comprar aquela lança nova com cabo de prata? E o cara levantava as mãos e respondia: "Nós despertamos a ira dos deuses porque existe entre nós alguém que os ofendeu!"

O feiticeiro apontava para alguém na multidão, geralmente alguém que ofendeu a ele e não aos deuses, e lançava uma acusação trovejante: "Foi o Lehman, bróders! Ele foi possuído pelo demônio! Ele ofendeu aos deuses e agora os deuses estão nos castigando por isso! Vamos nos livrar do Lehman e nossos problemas vão desaparecer! A colheita será farta, os antílopes voltarão e os juros vão baixar!"

Então o Lehman era queimado na fogueira e as coisas melhoravam e todo mundo pensava "ainda bem que temos um feiticeiro tão bom, alguém capaz de analisar a economia e avaliar quem é bom e quem é ruim e que explica tudo pra nós!"

Se as coisas não melhoravam, a tribo voltava a procurar o pajé e ele tinha que inventar um outro culpado, talvez a tribo grande do Norte ou a tribo que morava do outro lado do Rio da Prata. A única coisa que o pajé jamais podia fazer é devolver o problema para a tribo, dizendo: "Vocês querem saber por que está tudo indo de mal a pior? É simples: os antílopes sumiram porque vocês depredaram a manada, mataram mais do que o necessário e eles fugiram; a colheita foi ruim porque vocês plantaram muito tarde e não cuidaram da plantação como deviam; o clima está ficando maluco por causa do desmatamento; e a economia vai mal porque vocês elegeram um governo corrupto que não investe em infraestrutura!"

O pajé sabia que se dissesse isso, ele é que seria queimado na fogueira; então ele inventava uma estória diferente e dizia alguma coisa do tipo: "A culpa é da tribo do Norte! Nós vivemos numa economia globalizada e ELES assustaram os antílopes, ELES desmataram as florestas, ELES prejudicaram a nossa exportação com tarifas alfandegárias e ELES é que estão corrompendo nossos governantes pagando propinas!"

*NOTA: 3.000 anos depois, ainda não entendo como é que os nossos problemas econômicos no Brasil são provocados por outros países e não por nossa própria incompetência e corrupção, mas é isso que os pajés modernos dizem na mídia todos os dias.*

Ao nos aproximarmos de mais uma reunião do "G20", fico pensando que essa "reunião dos caciques" segue a mesma dinâmica de 3.000 anos atrás.

Muita gente nos Estados Unidos ainda está procurando um bode expiatório e "a bola da vez" parece ser a Europa e sua moeda, o Euro. Até o "New York Times" deu para endossar esse ponto de vista e pergunta por que "a Europa não é capaz de resolver seus problemas de forma decisiva", implantando um pacote de estímulo ao crescimento econômico como fizeram nos Estados Unidos?

A resposta curta para essa pergunta é: "sim, a Europa é CAPAZ de agir decisivamente para resolver seus problemas econômicos, porém a Europa NÃO QUER agir com rapidez nesse caso."

"Pelo amor de Deus, por que não?" pergunta o americano desesperado. "Porque a questão aqui não é agir com rapidez e sim agir de forma consistente", responde o europeu perdendo a paciência com o americano. A Europa tem uma noção diferente sobre as causas da crise econômica e sobre o que é preciso fazer para resolvê-la.

É uma questão de diferença cultural, como bem disse o Professor Geert Hofstede, o holandês que foi o pioneiro da pesquisa intercultural e que foi considerado "um dos vinte pensadores mais influentes no mundo dos negócios" pelo "Wall Street Journal".

Portanto, até os analistas econômicos deveriam prestar atenção no que Hofstede diz. Eu disse "ATÉ OS ANALISTAS

ECONÔMICOS SENTADOS NA ÚLTIMA FILA DEVERIAM LARGAR OS SEUS BLACKBERRIES E PRESTAR ATENÇÃO! Obrigado.

A cultura é a noção subjetiva do que é considerado "certo" e "errado" para um grupo de pessoas, quer seja um grupo de trabalho, uma tribo ou um país. Todos nós temos um "viés cultural", ou seja: tudo o que é parecido com o que é "aceito" ou "certo" na nossa cultura, nós consideramos que é "bom". Tudo aquilo que é diferente da nossa cultura nós consideramos que é "errado" ou "mau". Todos nós aprendemos isso na infância, a partir dos nossos pais, família, escola, vizinhos. Nossa "tribo" nos ensina a nossa cultura.

Na verdade, em termos de cultura, não existe "certo" nem "errado" em termos absolutos, só existe "diferente". Se formos capazes de compreender as diferenças, seremos também mais capazes de nos entender uns aos outros e buscar juntos uma "terceira via", uma alternativa que não seja simplesmente uma escolha forçada entre "o meu jeito" e "o seu jeito" de fazer as coisas; devemos ser capazes de encontrar um "jeito" que seja aceitável para ambas as culturas.

O Professor Geert Hofstede desenvolveu um modelo de cinco dimensões para descrever as diferenças entre as culturas, com base na análise fatorial de pesquisas feitas com amostras comparáveis de pessoas de diversos países. A fim de manter um tanto de simplicidade e para não nos alongarmos em demasia, vejamos apenas uma dessas dimensões, aquela que trata da importância dada ao desempenho e ao prestígio obtido graças a um bom desempenho (os Estados Unidos têm um escore mais elevado nessa dimensão em comparação com outros países) versus a importância dada à qualidade de vida e ao carinho com outras pessoas (a Holanda e os países escandinavos todos têm um escore do lado oposto ao dos Estados Unidos nessa escala.) Muitas outras pesquisas encontraram os mesmos resultados; portanto, não é mais necessário discutir a pesquisa inicial de Hofstede especificamente. A essa altura temos tantos estudos independentes que chegaram aos mesmos resultados, que essas conclusões são aceitas como um dado de realidade.

A Europa, é claro, não deve ser considerada como tendo uma cultura em todo o continente. Falar de uma "cultura europeia" é um erro, um engano típico de quem não conhece a enorme diversidade de culturas encontradas na Europa: nenhum outro continente é tão culturalmente diverso quanto a Europa. Isso tem sido comprovado em todas as pesquisas desenvolvidas nos últimos 40 anos. Nessa dimensão, por exemplo, que prefiro chamar de "Orientação Para o Desempenho", mas que Hofstede chamou originalmente de "Masculinidade", a Inglaterra tem um escore alto, parecido com o dos Estados Unidos, enquanto que as nações escandinavas e a Holanda têm escore muito mais baixo.

Examinemos um pouco mais de perto as diferenças entre os Estados Unidos e a Holanda, já que, há poucos dias atrás, na mesma página do International Herald Tribune, se viam publicados dois artigos defendendo pontos de vista totalmente opostos. Um artigo foi escrito por um jornalista americano e o outro artigo foi escrito por um holandês e uma alemã (para ser mais exato, os autores foram Jan Pieter Balkenende, primeiro ministro holandês e Angela Merkel, Chanceler alemã).

O artigo americano pedia medidas urgentes da Europa para criar um "pacote" substancial de estímulos financeiros ao crescimento econômico. Balkenende e Merkel, ao contrário, pediam uma revisão profunda das normas internacionais de funcionamento dos bancos. Os dois artigos representavam um diálogo de surdos, pois cada um se baseava num conjunto distinto de valores culturais como pressuposto.

O que quero dizer, em termos práticos, é que as pessoas nascidas e criadas nos Estados Unidos aprendem um conjunto de princípios (o "American Way", ou "jeito americano") que por sua vez é totalmente diferente do conjunto de princípios ensinado às crianças holandesas (o "jeito holandês"). Ninguém está "certo" nem "errado"; nenhum dos dois é melhor do que o outro. São apenas jeitos diferentes de ser e agir.

### O jeito americano

Nos Estados Unidos tudo se resume a duas forças opostas que se defrontam e cujo resultado é uma terceira força decorrente desse choque. O mundo é visto como sendo feito de tese, antítese e síntese. "Vocês estão a meu favor ou estão contra." É nós contra nossos inimigos. Dois partidos políticos. Vencedores e perdedores. Os "mocinhos" contra os "bandidos". Preto e branco.

A cultura americana valoriza a competição, que deve acontecer seguindo regras percebidas como justas e imparciais, e valoriza o "vencedor". Quem realiza um bom desempenho e "vence" recebe muita atenção e prestígio, percebidos como merecidos e decorrentes diretos do bom desempenho. Tudo o que é "grande", maior e mais rápido é valorizado. Ganhar dinheiro é um sinal de sucesso, é uma forma clara e visível de diferenciar os "vencedores" dos "perdedores". Os vencedores se tornam heróis e são idolatrados. Ter destaque é bom. "Se exibir" é aceitável, desde que seja em função de alguma coisa que foi bem feita, que você alcançou através de uma competição justa e portanto da qual você está plenamente justificado em sentir orgulho.

Realizações individuais são mais valorizadas do que aquelas realizadas por grupos ou equipes; o desempenho é mais valorizado do que o esforço. Existe uma predisposição para agir, decidir, assumir responsabilidade individual e por "fazer acontecer". Os desafios são benvindos, são estimulantes e motivadores.

A cultura se expressa de várias formas e uma delas é através de ditados e expressões populares, tais como: "o tempo é dinheiro", "o segundo colocado é o primeiro perdedor"; "o vencedor leva tudo"; "se você é bom, não tenha vergonha de aparecer"; "o que interessa é o resultado"; "the buck stops here" (essa é uma expressão que não se traduz para o português e que significa "o problema termina aqui", ou seja, "eu assumo a responsabilidade por decidir essa questão".

O grande valor atribuído ao desempenho nas competições tem como consequência uma grande importância dada à observância de regras consideradas justas. Isso se traduz no conceito de "igualdade de oportunidade para todos" e nas expressões "qualquer pessoa tem a possibilidade de fazer sucesso nos Estados Unidos" e "o 'Sonho Americano' é para todos". Significa também que é preciso have um critério claro, transparente e mensurável para definir quem é o "vencedor". Daí vem a importância de ser "o mais rápido" (porque isso é uma coisa claramente mensurável), "o maior" (fácil de medir), "o mais rico" (o dinheiro pode ser somado e contado).

Também por isso, os símbolos visíveis de prestígio como carros grandes, casas grandes, barcos grandes, são muito valorizados; é preciso ter muito dinheiro para comprar essas coisas e se alguém tem tanto dinheiro é porque desempenhou melhor ou foi mais esperto do que os outros.

Se você ganhou porque fez trapaça (como Maddoff) então você deve ser execrado em público, usado como exemplo, algemado e acorrentado, fotografado numa penitenciária, para que todo mundo veja o que acontece com quem quebrou a regra. Os heróis são idolatrados. Os bandidos são demonizados. Não se deixa muito espaço para meio-termo, ambivalência ou ambiguidade. Não há "zona cinza".

51

Não estou dizendo que Maddoff não devesse ser punido. Quero apenas assinalar que numa outra cultura sua punição poderia até ser mais severa, mas provavelmente seria menos visível e dramática.

A mídia americana foi sempre abundante em listas dos "homens mais ricos", as "500 maiores empresas" (medidas em termos financeiros). Recentemente surgiram ainda mais listas, do tipo "as estrelas de cinema mais 'sexy'", os "melhores carros", mas a questão dos critérios de escolha é sempre importante, pois os critérios devem ser percebidos como sendo justos. Às vezes pode ser aceitável o uso de um painel de jurados, mas eles precisam ser reconhecidamente conhecedores do assunto e devem usar critérios justos.

Ser rápido é bom. Comida rápida ("fast food") é valorizada (fácil de medir "rapidez"). A qualidade da comida é menos importante do que a rapidez do atendimento. O tamanho das porções é mais importante (fácil de ver). A qualidade da comida, o sabor, são coisas mais difíceis de avaliar. O gosto é uma coisa subjetiva. Alguns gostam de "ketchup", outros não. Logo, a ênfase é colocada naquilo que é mensurável (tamanho, tempo) em detrimento daquilo que não é.

Os carros são grandes, quanto maiores, melhor. É impossível "ganhar" uma discussão sobre um estilo de automóvel... É totalmente subjetivo! Portanto, a competição não pode ser decidida de maneira indiscutível. O tamanho é mensurável; esse passa a ser o critério melhor.

Até mesmo assuntos mais subjetivos como as relações interpessoais, o amor, ou as relações sexuais, são transformados em concursos com resultados mensuráveis. Um pênis mais comprido, seios de tamanho maior. Ter uma bunda grande é considerado feio tanto nas mulheres como nos homens, mas é sempre uma questão de tamanho (mensurável) e não de formato (preferencia subjetiva). Um filme é considerado "erótico" pela quantidade de pele exposta.

(Lembro que há muitos anos li uma crítica de cinema publicada na revista "Time" na qual o autor não conseguia entender o sucesso internacional de "Emanuelle", um filme erótico francês que se tornou um marco de sucesso de bilheteria, quebrando todos os recordes do gênero. "O filme não tem mais nudez do que qualquer filme pornô de terceira categoria!" denunciava o crítico, que não conseguia aceitar a subjetividade do que é erótico e o que não é. "Será que para ser erótico você precisa ser francês?" ele perguntava. A resposta curta a esse crítico seria: "Precisar, não precisa, mas ajuda!")

As questões de diferenças entre os sexos são descritas como "a guerra dos sexos" (uma competição), enquanto que os franceses preferem dizer "vive la difference!"... Os hinos "de guerra" das mulheres passam a ser canções como "Love is a battlefield" (O amor é um campo de batalha), sucesso de Stevie Nicks e "I will survive" (Eu hei de sobreviver), um "hit" de Gloria Gaynor. O foco do movimento feminista é "igualdade de oportunidades para as mulheres", "remuneração equivalente para trabalho equivalente". A ênfase é colocada no desempenho e em seguir regras "justas", que permitam às mulheres receberem os mesmos salários que os homens recebem, quando seu desempenho é equivalente ao dos homens.

A mentalidade litigiosa que existe nos Estados Unidos, em que qualquer desavença é motivo para mover uma ação judicial, é justamente decorrente do fato de que as pessoas ficam extremamente indignadas quando concluem que "essa situação não é justa" ou que alguém agiu "contra a regra" para levar vantagem e "vencer". O que você faz nessas situações? Você entra na justiça contra os infratores. Você se queixa para o árbitro (nesse caso, um juiz) da competição que é a vida. E você recebe uma compensação em dinheiro, algo tangível, o que é muito mais importante do que um simples pedido de desculpas.

Como "o tempo é dinheiro", quero tudo "agora mesmo" e não depois. Tudo deve ser "pra já". Fazer alguma coisa, qualquer que seja, é melhor do que não fazer nada. "Atire primeiro e pergunte depois". As empresas publicam seus balanços a cada três meses e se o desempenho cai, o preço das suas ações despenca. "A GM precisa fazer mais e mais rápido" foi a manchete do New York Times .

Na CNN, um operador da bolsa de valores estava sendo entrevistado sobre a prática de "short selling" ("vender curto"), operar no mercado futuro de opções, apostando que o preço de uma determinada ação vai cair. O entrevistador estava criticando essa prática, argumentando que o operador estava desejando que a empresa em questão viesse a "quebrar", pois com isso ele ganharia muito dinheiro às custas do fracasso da empresa e isso era moralmente condenável. "E as centenas de pessoas que vão perder seus empregos?" perguntou o repórter. O operador argumentou que "no final das contas, o que interessa é o resultado. Afinal, se a gente não faz isso pra ganhar dinheiro, então qual é o sentido?"

Para um holandês, fazer as coisas só para ganhar dinheiro não tem sentido.

## O jeito holandês

Na Holanda, a vida é composta de várias forças diferentes que fazem pressões em direções distintas e que precisam ser acomodadas de um jeito ou de outro. Diversos partidos políticos. Governar com coalisões entre partidos. Expressar sua opinião, mas ser capaz de conviver com algo um pouco diferente, para acomodar todas as opiniões divergentes. "Precisamos encontrar uma maneira de coexistir, todos nós." Ninguém ganha. Tudo tem um lado bom e um lado ruim. Tons diferentes de cinza, nada é puramente "preto" ou "branco".

O negócio é chegar num consenso do grupo, considerando os diferentes interesses individuais, ao invés de deixar que uma pessoa sozinha tome a decisão. As pessoas trabalham para melhorar seu padrão de vida, mas sem exagero. O trabalho é apenas um meio para chegar a um fim: aproveitar a vida. Os holandeses acham que os americanos são viciados em trabalho e não sabem aproveitar a vida. Percebem os americanos vivendo para trabalhar, como se o trabalho fosse a finalidade da vida, ao invés de trabalhar para poder aproveitar melhor a vida. "Isso é burrice", dizem os holandeses, no seu jeito tipicamente grosseiro (como percebido por outras nacionalidades).

O "nivelamento" entre as pessoas é mais importante do que o destaque pessoal ou do que ser o "vencedor". Existem conflitos, como nos Estados Unidos, mas o desfecho desejado é uma espécie de empate honroso, ao invés de acabar com um "vencedor" e um "perdedor". As pessoas não se intimidam. Podem ser bastante persistentes e teimosas, até obstinadas. Mas o que buscam é conquistar o respeito dos adversários, não necessariamente derrota-los de forma a se destacar no grupo como claro "vencedor", acima dos restos do seu oponente caído.

Existe muita simpatia por quem está "por baixo", a tal ponto que os próprios "vencedores" se sentem um pouco culpados e ficam com pena dos derrotados. Na política, muitas vezes o candidato mais agressivo não consegue tanto apoio. O outro candidato, que sofreu os ataques e críticas contundentes, que se conduziu de maneira mais educada e respeitosa, é visto como tendo qualidades morais superiores e portanto sendo merecedor de apoio que o leve a ser eleito. O candidato agressivo é visto como sendo "o bandido". Vejam como isso é diferente da realidade nos Estados Unidos, onde até mesmo aqueles que apoiam Barack Obama o criticam por não ser **suficientemente** agressivo.

Os holandeses são pragmáticos, o que se reflete na sua atitude em relação a temas altamente controvertidos, como as drogas, o sexo, abortos, eutanásia, imigração. Eles olham para a realidade à sua volta e dizem: "isso está acontecendo, é inegável. O que podemos fazer, na prática, para melhorar uma situação existente?" O que acontece então é que a prostituição é legalizada como profissão e é sujeita a imposto de renda e contribuições para o equivalente ao "INPS". As profissionais do ramo recebem assistência médica e assistência social, e com isso se mantêm as doenças venéreas sob controle. As drogas "leves" são permitidas nos "coffee shops" licenciados, num ambiente mais seguro. Como resultado, o abuso de drogas é muito menor do que na Inglaterra e na França, que ficam ao lado. O aborto e a eutanásia são corriqueiros. Não são mais notícia de jornal. E os imigrantes ilegais recebem assistência médica, mantendo a saúde pública da Holanda num nível muito alto, entre os melhores do mundo.

Na Holanda se espera que você aproveite a vida, de maneira simples, humilde e digna, como todo mundo. Todos têm o sagrado direito de aproveitar a vida, algo que é mais importante do que o bom desempenho no seu trabalho ou carreira. Portanto, quando o relógio bate cinco horas, todo mundo sai imediatamente (para ir para casa, para encontrar os amigos, fazer compras, para "gozar a vida"). As pessoas discutem com frequência a questão do "equilíbrio entre a vida e o trabalho", que são vistas como duas entidades diferentes e conflitantes. Isso pode parecer estranho para os brasileiros, pois estamos acostumados a considerar que o trabalho faz parte da vida e não é uma coisa separada da vida. Na Holanda, na prática, as pessoas já param de trabalhar 15 minutos antes do encerramento do expediente, de tal forma que quando o relógio marca 5 horas, as lojas e escritórios já estão fechados e as pessoas estão pegando suas bicicletas... Muitas vezes me aconteceu de estar numa loja alguns minutos antes do horário de fechamento e escutar os funcionários anunciando em voz bem alta para todos "vamos encerrar o expediente agora!". Os presentes (turistas estrangeiros, porque os holandeses já estão acostumados) se surpreendem com o anúncio. Uma senhora pergunta: "mas faltam 10 para as seis, vocês não fecham às seis?" A resposta que ouve é "Sim, mas nós também temos que viver, não é? Agora é nossa hora de sair!" A verdade é que o conceito de que "o cliente sempre tem razão" simplesmente "não colou" no varejo holandês...

A ostentação é muito criticada. É percebida como sinal de arrogância e antipatia. Essa atitude contrária ao ato de exibir sua própria imagem, suas posses, sua aparência, é resumida em ditados como: "seja normal, isso já é loucura suficiente" e "quem estica a cabeça para aparecer, acaba com a cabeça cortada."

As questões feministas enfatizam a necessidade dos homens serem mais "femininos" (sensíveis, ajudando a cuidar dos filhos, da casa), tanto quanto garantir igualdade de oportunidades para as mulheres desempenharem papéis tradicionalmente "masculinos" no mercado de trabalho. Muitas mulheres fazem a opção de trabalhar apenas três ou quatro dias por semana, ou decidem não perseguir uma carreira gerencial que as leve a subir na hierarquia das empresas. "Não quero ser uma viciada em trabalho" , elas dizem. "Posso viver muito bem e me sentir realizada fazendo outro tipo de trabalho, como profissional liberal ou dona do meu próprio negócio. Não quero passar o resto da vida presa num escritório!" Maridos que trabalham em casa e cuidam dos filhos são muito mais comuns por aqui do que nos Estados Unidos.

Ser rápido e veloz é sinônimo de ser superficial e raso, para os holandeses. Os relacionamentos de longo prazo são mais importantes do que os resultados de curto prazo. A Holanda já comemorou 400 anos de relações comerciais com o Japão, sendo o único país do Ocidente que conseguiu isso (O Japão fechou os portos à navegação estrangeira no século 19, exceto à Holanda e à China). As empresas não são avaliadas por resultados trimestrais e sim por seu potencial de longo prazo e por seu histórico de estabilidade.

As reuniões de trabalho periódicas, nas empresas, acontecem a cada duas semanas e não a cada semana. Quando um cliente pede um artigo para "entrega imediata", recebe o artigo em duas semanas. A vida tem uma certa cadência (aparentemente, uma cadência de duas semanas) que precisa ser respeitada sempre.

Quando os americanos dizem "precisamos de um pacote econômico de estímulo ao crescimento e precisa ser implantado imediatamente", os holandeses contestam "Espere aí! Decidir uma coisa dessas às pressas seria irresponsável! Decisões apressadas nos levaram a uma recessão mundial; vamos examinar essa questão com todo o cuidado, para evitar um problema maior ainda. Precisamos discutir isso muito bem e envolver todos os setores afetados até chegar num grande consenso. Se vocês inventarem de fazer uma coisa na pressa, vão se arrepender depois! Vamos ver bem o que precisa ser feito, para ter certeza de que não será preciso um segundo pacote e depois um terceiro pacote e no fim a emenda fica pior do que o soneto."

Os americanos, é claro, pensam que "esses holandeses são um desastre! Ficam só discutindo, enquanto isso o tempo vai passando e não fazem nada!"

Os holandeses, por sua vez, dizem que "os americanos não são 'seres humanos' eles são 'fazeres humanos'! Eles querem sair correndo, pular num cavalo e cavalgar desesperadamente em cinco direções diferentes! Eles precisam fazer pontaria antes de atirar, ao invés de fazer tudo 'nas coxas'."

Na Holanda, "ser" é mais importante do que "ter". Nos Estados Unidos, as pessoas perguntam: "como assim: 'ser'? O que você está querendo dizer com isso?"

Tenho um amigo brasileiro que foi expatriado nos Estados Unidos e, alguns anos depois, foi expatriado na Holanda. Ele me contou que ao chegar nos Estados Unidos a primeira coisa que fez foi comprar um Mustang vermelho. Para ele, aquilo era um símbolo de "ter sucesso nos Estados unidos". Quando ele mudou para Amsterdã, anos depois, eu encontrei com ele lá e perguntei: "Então, que carro você comprou aqui na Holanda? Um Mustang deve ser largo demais para dirigir nessas ruazinhas estreitas..." Ele disse "Já estou aqui há uns oito meses e ainda não comprei um carro. Acho que não vou comprar nenhum... Tenho uma bicicleta e viajo muito de trem. Meus colegas de trabalho, nenhum deles tem carro. O estilo de vida é completamente diferente."

## A reunião do G20

Os americanos querem um pacote econômico de estímulo ao crescimento, para implantação imediata. Os holandeses querem esperar mais um pouco, para avaliar o impacto do último pacote sobre a economia. Eles acham que é preciso mais alguns meses para avaliar esse impacto. É mais ou menos como beber cerveja: leva um tempo para você se sentir meio "tonto". Se você beber demais e rápido demais, quando começar a se sentir "tonto" já vai se sentir "bêbado" e em seguida vai se sentir mal. Você para de beber, mas já passou da conta e agora é tarde. Você vomita, desmaia. Uma noite agradável com os amigos termina num pronto socorro em coma alcoólica. Para que tudo isso? É melhor beber mais devagar e aproveitar a noite. Nada de aumentar a liquidez muito depressa, o efeito acaba sendo pior.

Os holandeses temem que o excesso de dinheiro em circulação acaba gerando inflação, um problema maior do que a recessão, pois implica em concentração de renda, "vencedores" e "perdedores", numa cultura em que o "nivelamento" e a igualdade são mais importantes. Consideram que reformular a regulamentação dos bancos é mais prioritário, para evitar uma nova crise. Isso vai demorar até ser consensado e implantado, portanto é melhor começar essa discussão agora, para evitar problemas no ano seguinte. Colocar mais dinheiro em circulação nesse momento não resolve o problema e gera um problema maior, mais adiante.

Os americanos acham que "a Europa está à deriva, sem direção". Os europeus se acham "estáveis e com destino certo, no longo prazo". Acham que os americanos estão fazendo um zigue-zague, ora à direita, ora à esquerda, mudando de direção a cada mês.

Ambas essas abordagens estão ao mesmo tempo "certas" e "erradas". O que acontece é que são simplesmente diferentes. Elas decorrem de mentalidades diferentes.

Você jamais irá convencer um holandês usando argumentos "Americanos", assim como você também nunca vai convencer um Americano usando argumentos "holandeses". É preciso encontrar uma "terceira via" para reconciliar esse conflito de ideias. Talvez os brasileiros ou os indianos tenham algumas sugestões interessantes na reunião. Antes de mais nada, as pessoas envolvidas terão que entender seus próprios preconceitos culturais e os vieses culturais uns dos outros. Só depois disso terão disposição para considerar uma "terceira via."

# 6. Estamos num barco ou somos parte de um centro comercial?

Kishore Mahbubani, reitor da Faculdade Lee Yuan Kew de Políticas Públicas, da Universidade de Singapura, escreveu um artigo no "International Herald Tribune" intitulado "Um mundo sem leme" . Nele, o autor descreve o mundo como "...pessoas vivendo em mais de 190 cabines diferentes a bordo de um navio transatlântico. Cada cabine tem um governo próprio, encarregado de administrar os assuntos da cabine, mas o navio segue adiante sem ter capitão nem tripulação."

De acordo com o Prof. Mahbubani, "a necessidade de uma liderança global nunca foi tão grande. O mundo está totalmente perdido, tentando encontrar um rumo para sair dessa crise." De minha parte, gostaria de oferecer uma perspectiva diferente.

### Quem precisa de liderança?

A necessidade de liderança é determinada pela cultura. Culturas diferentes expressam necessidades diferentes por líderes de estilos diferentes. Dados de pesquisa revelam que em Singapura o respeito pela autoridade e a hierarquia são bem mais valorizados do que, por exemplo, na América do Norte e no Norte da Europa. Para cada pessoa de Singapura que pede uma liderança forte para "dirigir o barco", existe um integrante do movimento "Tea Party" americano pedindo menos liderança e mais liberdade e autonomia para cada pessoa diferente morando nas 190 cabines do navio. A "necessidade de liderança" precisa ser melhor qualificada.

Margaret Thatcher disse certa vez que "Essa tal de 'sociedade' é uma coisa que não existe. As pessoas precisam cuidar de si mesmas." Um belo exemplo de pensamento individualista e de baixa Distância de Poder, pensamento que predomina na América do Norte e no Norte da Europa. As pesquisas revelam, também, que a grande maioria da população mundial vive em culturas "hierárquicas", de alta Distância de Poder. Fora da América do Norte e do Norte da Europa, quase todo o mundo vive em culturas "hierárquicas", totalizando 91% da população mundial. Somente 9% da população mundial vive em sociedades "igualitárias", que incluem ainda a Austrália, a Nova Zelândia e a Costa Rica.

Se o nosso planeta fosse organizado como uma única democracia global, provavelmente escolheríamos uma liderança forte, como o Prof. Mahbubani está pedindo. A realidade, no entanto, é que esses 9% de "igualitários" que vivem no Noroeste do planeta produzem cerca de 36% do PIB (Produto Interno Bruto) do mundo. A sua parcela de produção é muito maior, proporcionalmente, do que os demais países e isso significa que esses países tem também muito mais força política.

Apenas os Estados Unidos, sozinho, já tem um orçamento militar maior do que todos os outros países somados. Isso já inclina a balança consideravelmente para o Noroeste. Todavia, nos últimos 20 anos a conectividade entre os mercados aumentou enormemente e a fatia do PIB em poder do "Noroeste" diminuiu (ela era ainda maior em 1970) à medida que os mercados emergentes aceleraram seu crescimento (especialmente a China e a Índia, entre outros). Daqui para a frente, o desequilíbrio entre "o Noroeste" e "o resto" deve diminuir, mas não é provável que desapareça totalmente.

O Prof. Mahbubani destaca que "a geo-economia requer um consenso", mas acrescenta que "a geo-política mundial está indo num rumo contrário ao da geo-economia". Ele conclui que "o mundo está à deriva". É exatamente nesse aspecto que acredito ser necessário examinar a situação a partir de um outro ângulo. A necessidade de liderança é diferente, dependendo de onde você está, se na Ásia ou na América do Norte. E se é verdade que a geo-economia exige a formação de um consenso, talvez seja necessário utilizar uma analogia diferente como referencia.

### Barco ou Centro Comercial?

A metáfora de estar a bordo de um navio sem capitão, sem alguém que diga aos tripulantes o que fazer para administrar o navio e para "cuidar" dos passageiros nas cabines é claramente hierárquica. Ela pressupõe que todas as partes envolvidas compartilham dos mesmos valores hierárquicos, mas esse não é o caso. A metáfora também desconsidera a noção de soberania dos países. Está certo que essa noção de soberania está desatualizada, na prática. E deverá ser substituída por uma nova ordem política. Entretanto, esse processo será bastante lento, devendo levar pelo menos 20 ou 30 anos, se não mais.

Nossa situação no mundo atual é mais parecida com a de 190 proprietários de lojas num centro comercial. Nós formamos uma espécie de condomínio que precisa ser administrado, mas o gerente do centro comercial não tem a mesma autoridade que tem um capitão de navio. Os donos das lojas podem nomear um administrador do "shopping", mas cada um tem total autonomia para administrar sua própria loja. De tempos em tempos é preciso haver uma assembleia dos proprietários das lojas para decidirem certos assuntos de cunho mais amplo, como os horários de abertura, serviços gerais compartilhados como limpeza, segurança, recolhimento de lixo, uso de água e luz. Essa analogia com o planeta Terra é mais fiel à realidade do que a metáfora de um navio.

O gerente desse "shopping" Planeta Terra precisa ser, antes de mais nada, um coordenador e não um capitão. O Prof. Mahbubani argumenta que Barack Obama é "o melhor candidato para ser escolhido como líder global". Eu concordo, mas ele teria que renunciar à presidência dos Estados Unidos... E quem assumiria? Sarah Palin? Hillary Clinton? O gerente-geral do "shopping" não pode simultaneamente administrar o "shopping" como um todo e seguir como gerente da maior loja do centro comercial.

Alguém poderia argumentar que o "gerente-geral do shopping" na verdade é o Secretário Geral das Nações Unidas. Eu diria que a ONU se tornou burocrática demais e perdeu muito da sua legitimidade. Está precisando ser substituída por outra entidade, com uma finalidade semelhante mas com um mandato diferente. Precisamos de uma instituição renovada, com outro modelo de governança, talvez com um Conselho Econômico formado pelo G20 e uma revisão completa do Conselho de Segurança.

A ironia nisso tudo é que Obama quase não conseguiu se reeleger nos Estados Unidos, pois os americanos preferem um líder que seja mais agressivo, decisivo e audaz. Eles querem uma cruza de "cowboy" do Texas com um intelectual de Boston. Esses dois arquétipos raramente se concretizam na mesma pessoa. Pressionados a decidir entre um e outro, muitos americanos preferem o "cowboy" meio burro ao invés do intelectual meio "broxa". Se a eleição fosse uma escolha global, Obama teria vencido fácil.

## A Democracia em crise

O prof. Mahbubani pergunta: "Será que as democracias de hoje se tornaram disfuncionais?" Eu diria que a resposta curta e grossa é: "Sim. Mas apenas temporariamente e só em determinados lugares muito específicos do mundo." As democracias anglo-saxônicas se tornaram disfuncionais, notadamente nos Estados Unidos e na Inglaterra. Por quanto tempo, ainda não se sabe.

O governo americano está praticamente paralisado devido ao seu modelo cultural de "Competição", que joga os Democratas contra os Republicanos numa polarização interminável. Eles estão precisando de uma terceira força para resolver o impasse. A Inglaterra tem uma crise semelhante, pois o modelo cultural também é semelhante, baseado em dois partidos fortes engajados em eterno combate. No caso inglês a crise foi piorada pelo fato de que nem o Partido Conservador nem o Partido Trabalhista conseguiram maioria para governar; foi preciso fazer uma coalisão entre os Conservadores e os Democratas Liberais e os ingleses detestam coalisões. O fato é que a coalisão teve grandes dificuldades em lidar com a crise econômica e a recessão se agravou e se alongou.

Entretanto, não se deve julgar a situação na Europa olhando apenas para a Inglaterra. E certamente não se deve julgar a Europa olhando pelo ponto de vista dos ingleses. A União Europeia é regida por coordenação, pela tentativa de chegar a um consenso entre seus países-membros. Isso é profundamente irritante para quem defende o modelo anglo-saxão de liderança decisiva. Também é irritante para todos no mundo que vivem em sociedades hierárquicas, pois estes preferem um líder forte, com muita autoridade, mesmo que possam não estar satisfeitos com o seu líder atual.

Todavia, a Europa não é hierárquica e não é anglo-saxônica. Ela tem enorme diversidade de valores culturais e de modelos de governança; e isso exige um modelo diferente do simples "de cima pra baixo" das sociedades hierárquicas e também diferente do modelo "decisivo" valorizado na Inglaterra e nos Estados Unidos.

As democracias do Noroeste precisam de renovação, sem dúvida. A má notícia para os defensores do modelo anglo-saxão e para os defensores do modelo hierárquico é que num mundo multilateral em que haja uma distribuição mais equilibrada de poder entre os Estados Unidos, a China, a Europa e mais uma ou duas forças políticas, o estilo de liderança mais adequado seja o do tipo "coordenador", ou seja: o "gerente de shopping" ao invés do capitão de navio.

As culturas escandinavas e a cultura holandesa têm usado exatamente esse modelo de governança (de coordenação) há mais de cem anos. Esses países têm os melhores índices de Desenvolvimento Humano do planeta; logo, alguma coisa eles devem estar fazendo que está certo... Precisamos examinar esses modelos com mais atenção; talvez esteja aí a melhor alternativa para uma governança mundial, de agora em diante.

# 7. O lado humano dos bancos

Sempre pensei que o papel de um banco na sociedade é o de recolher recursos (financeiros) escassos e redistribuí-los na forma de empréstimos, para financiar os projetos (pessoais e empresariais) mais capazes de gerar retorno positivo. Como pagamento pelo serviço de colher depósitos e investimentos, analisar a validade, o risco e o potencial de retorno de diferentes propostas de financiamento, e decidir quais dessas propostas devem ser financiadas com empréstimos, os bancos têm direito a receber  taxas de serviço e juros. Em outras palavras, a finalidade social da existência dos bancos é a de gerar valor para a economia fazendo gestão de riscos. Quando cumprem esse papel à contento, os clientes remuneram aos bancos em quantidade suficiente para cobrir seus gastos com pessoal e infraestrutura, bem como gerar lucro suficiente para remunerar o investimento feito pelos seus acionistas e ainda deixar algum valor que permita seguir reinvestindo na expansão dos negócios eficientes desses bancos.

Ao cumprir esse papel, um banco tem mais impacto na sociedade do que qualquer outro setor da economia, pois acaba efetivamente tocando em todos os demais setores da economia, inclusive em outros bancos. Graças a esse argumento, conseguimos recrutar muitos jovens de talento que queriam "mudar o mundo". Não há melhor maneira de "mudar o mundo" do que trabalhar num setor que tenha tamanho impacto em todos os outros setores e em todas as pessoas físicas também.

Quando um banco não desempenha bem o seu papel, acaba emprestando dinheiro para os projetos errados, não consegue retorno suficiente para remunerar seus custos e acaba "quebrando". Se um banco tem bom desempenho, mas cobra caro demais pelos seus serviços (ou cobra juros muito altos), fica com a reputação de "explorar" os seus clientes (empresas e pessoas). Eventualmente isso desperta tamanha reação desses clientes e das autoridades monetárias, que termina por "perder a sua licença" para operar, em sentido figurado (ou até em sentido muito real, com intervenção do

Banco Central). Os clientes passam a migrar seus negócios para outros bancos e a administração pode ser destituída pelas autoridades.

Durante muitos anos esse conceito estava bem claro na minha cabeça e eu o empreguei muitas vezes sempre que fiz recrutamento de talentos para os bancos em que trabalhei, especialmente no ABN AMRO em Amsterdã e no Banco Real em São Paulo.

### ...E Então Surgiram os Bancos de Investimento

Os bancos em geral são muito conservadores. Têm aversão ao risco. Não são nada inovadores. Em 1978 participei de um evento internacional sobre Renovação Organizacional, discutindo com especialistas em Desenvolvimento Organizacional vindo de vários países e de vários setores da economia. Descrevi, entusiasmado, os programas inovadores que eu estava liderando na minha empresa. Eles me ouviam com interesse. Quando revelei que trabalhava num banco, os outros quase me correram da sala... "Você está maluco", eles me disseram. "Isso nunca vai dar certo num banco! Os bancos são conservadores demais. São estruturas enormes, burocráticas, cristalizadas, avessos às mudanças e à inovação. As novas fronteiras de gestão estão nos outros setores, na química, no petróleo, no setor automobilístico, nos fabricantes de bens de consumo, mas nunca nos bancos."

Anos depois, Anthony Hourlihan, um consultor de marketing de serviços financeiros, falando para uma plateia de 200 jovens talentos de um banco internacional: "Não vou mentir para vocês. Trabalhar num banco é muito chato. Se hoje à noite algum de vocês for a um bar e encontrar uma garota linda, e quando disser a ela que você trabalha num banco ela sorrir e disser "Que bacana! Deve ser muito empolgante!", deixe eu lhe dar um conselho: não case com essa garota, ela está mentindo na sua cara! Os bancos não são empolgantes, são chatos! Pode ser que alguém se empolgue com o fato de que você pode ganhar muito dinheiro trabalhando num banco, mas eu posso mencionar 50 empresas que são mais empolgantes para se trabalhar do que num banco".

Se os bancos eram tão chatos, como é que os bancos criavam novos produtos e serviços? Eles seguiam seus clientes. Quando os clientes começaram a fazer negócios internacionais, os bancos se tornaram internacionais. Quando os clientes inventaram sistemas sofisticados para gestão do "caixa" de suas empresas, os bancos copiaram esses sistemas e passaram a oferecê-los para todas as empresas. Os cartões de crédito, caixas automáticos, ordens de pagamento internacionais, caixa-executivo, fila única, financiamento de projetos, todos esses produtos e serviços que a gente considera "serviços bancários", nenhum deles foi inventado por um banco. Na verdade, todos foram criados em outros setores da economia e depois foram adotados pelos bancos quando os clientes passaram a exigir que o fizessem, criando uma demanda. Vi empresas que desenvolveram "softwares" aplicativos de cobrança e entregaram de presente para o seu banco: "Está aqui, se vocês usarem esse "software" que eu estou lhes dando, de graça, vocês podem processar a nossa cobrança muito mais rápido e emitir os relatórios no padrão que a gente quer, muito mais útil. Vocês podem oferecer isso como produto, pois aposto como outros clientes vão se interessar também."

No final dos anos 70 e início dos anos 80, as grandes empresas começaram a buscar formas cada vez mais criativas de conseguir capital financeiro. Inventaram novas formas de conseguir capital e passaram essas ideias aos bancos. Por que isso aconteceu assim? Os bancos tinham se tornado grandes e preguiçosos, conservadores e acomodados. Não sentiam necessidade de inovar. Os clientes faziam filas às suas portas, em busca de financiamento. Se um banco não se sentia confortável com o risco em emprestar para um cliente, simplesmente dizia "não" . Havia outros clientes interessados. Por vezes, o banco dizia "sinto muito, mas nossos limites estão tomados, não temos mais como emprestar para o seu negócio".

A necessidade é a mãe da invenção. A necessidade estava com as empresas, que passaram a desenvolver formas criativas de permitir aos bancos emprestar mais do que sua capacidade aparente permitia. As empresas ensinaram aos bancos novas formas de alavancagem. Elas ainda precisavam dos bancos como veículos legais para executarem os financiamentos. Só os bancos tinham a capacidade de captar depósitos e os canais de distribuição para a venda de papéis no mercado, para lançamento de ações, para composição de financiamentos em consórcio e securitização de recebíveis.

Somente os bancos tinham autorização legal para executar algumas dessas atividades. Alguns empresários até tentaram romper o "monopólio" dos bancos e executar financiamentos sem serem instituições financeiras, mas sofreram tamanha pressão das autoridades monetárias e até boicotes pelos bancos, de tal forma que nenhum conseguiu se tornar um competidor relevante no mercado financeiro.

Alguns bancos se revelaram um pouco mais destemidos do que os outros e foram os primeiros a adotar os novos instrumentos. Isso forçou os demais a tentar fazer o mesmo, ou correr o risco de perderem seus clientes para a concorrência. Muitas vezes fui testemunha de discussões internas nos bancos em que o proponente de um produto "novo" argumentava contra os responsáveis por gestão de risco ou pela área jurídica, que contra-indicavam o novo produto. "Todos os nossos concorrentes estão fazendo esse tipo de operação! SE não fizermos a mesma coisa, vamos perder nossos melhores clientes para a concorrência!"

Os bancos de investimento cresceram exponencialmente. Os produtos criados fora das instituições financeiras trouxeram grandes resultados para os bancos e para todas as instituições envolvidas. Muita gente passou a ganhar pequenas fortunas com os novos negócios. Os jovens de talento passaram a fluir todos para as instituições financeiras, em detrimento dos setores de engenharia, manufatura e das profissões médicas.

### O Lado Humano dos Bancos (não é piada)

De repente, os bancos começaram a ficar atrativos. Os filmes de Hollywood começaram a mostrar uma nova imagem dos bancos: charmosos, glamorosos, espertos e "sexy". Filmes como "Uma Secretária de Futuro" e "Nove e Meia Semanas de Amor)mostravam gente bonita, jovem e inteligente fazendo coisas bacanas. E eles trabalhavam em bancos! Até o filme "Wall Street", em que o personagem principal era o vilão da história, foi interpretado por Michael Douglas, no auge do charme e da fama. #Psicopata Americano" era um filme de terror sobre um assassino de série, mas também pintava um panorama do mercado financeiro de Nova York e lançou Cristian Bale para a fama, usando um machado para partir o coração de suas vítimas (literalmente). O filme virou "cult".

Nos anos noventa,  os jovens da elite das universidades queriam trabalhar em bancos. Não no varejo, mas nos bancos de investimento, em finanças corporativas. Havia 10, 20 candidatos para cada vaga. Quanto mais difícil era conseguir uma vaga, mais atraente se tornava a posição para os jovens que adoravam desafios. Logo se viam 50 candidatos por vaga. Só os melhores conseguiriam a posição.

E quem eram, na verdade, "os melhores"? Eram os que se destacavam nas ciências exatas, criativos, rápidos, flexíveis, motivados (para trabalhar a noite inteira em operações complicadas e de grande valor). Naquele tempo, ninguém considerava "ética" como critério de seleção. Facilidade de relacionamento? Sim, era "desejável", mas não era pré-requisito. Muitos engenheiros largaram seus empregos na indústria mecânica, na eletrônica, na química e na produção, para trabalhar em finanças estruturadas, tesouraria e mercado de capitais.

Dentro dos bancos, começaram a surgir "guerras culturais". O pessoal do banco de investimento olhava com desprezo para a turma do banco comercial e de varejo. Eles achavam esse pessoal "antiquado", "ultrapassado". "Só sabem conversar e tomar cafezinho, não conseguem entender o 'banco moderno'. Bater papo, qualquer um faz. Eles não sabem o que é uma "curva de retorno" nem como funcionam os 'derivativos'".

O pessoal do banco comercial, por sua vez, desprezava a turma jovem do banco de investimento. Eles consideravam aqueles como "pára-quedistas", "filhos da p.. que fazem qualquer coisa para fechar um negócio, vivem sacaneando um ao outro pelas costas... Não valorizam uma parceria de longo prazo com o cliente. Não entendem que é preciso experiência para ganhar confiança, para ter um 'feeling' de risco. Ter sucesso no mercado financeiro é uma arte, você precisa 'sentir' quem é de confiança e quem não é. Essa gurizada acha que a vida é feita de matemática e operações na bolsa, não tem perspectiva histórica e nem visão de longo prazo. Não entendem que o mercado financeiro funciona todo na base da confiança."

Os bancos tentavam oferecer ambos os tipos de serviços aos seus clientes, de "varejo" e de "atacado", mas as divisões internas criavam um abismo entre as equipes, como se fossem duas empresas distintas competindo entre si. Essas guerras internas consumiram muita energia, desviada da atenção que devia ser dada aos clientes e à criação de melhores produtos e serviços.

**Lições**

Em meio à "crise" atual, os bancários "de relacionamento" estão sorrindo. Os antigos gestores de risco, que insistiam que era mais importante saber quem eram realmente os seus clientes, ao invés de se basear em fórmulas matemáticas, estão até dando risada em voz alta. Só não estão rolando no chão de tanto rir, porque eles também estão sofrendo com a crise. Não é muito consolo poder dizer "eu não falei?", quando a sua casa também está pegando fogo, envolvida pelo incêndio que começou do outro lado da rua.

A primeira lição que se pode tirar da crise dos bancos é que a experiência tem valor. Nunca se deve menosprezar o que "os velhinhos" estão falando. Os espanhóis têm um ditado que diz: "O Diabo sabe mais por ser velho do que por ser Diabo". Sempre tenho que rir quando leio "segundo as estimativas dos analistas" nos jornais, falando sobre o desempenho de uma grande empresa ou sobre as perspectivas da economia. A grande maioria dos "analistas" de instituições financeiras são garotos com menos de cinco anos de experiência. Eles têm suas fórmulas matemáticas de análise, mas ainda não desenvolveram a capacidade de "sentir" ou "cheirar" o que está acontecendo. Isso só se desenvolve com a experiência, quando acontece.

A segunda lição é desenvolver seu lado "soft" (emocional) tanto quanto seu lado "hard" (racional). O lado emocional é usado para estabelecer relacionamentos e os relacionamentos que você estabelece são parte do que você é capaz de fazer. Nos anos oitenta, John Gage, da Sun Microsystems, disse que "a rede (de PCs) é o computador", contrariando o pensamento da época, que baseava o processamento num "mainframe" ou computador central. No século 21 "a rede é o gestor". O gestor de qualquer negócio sem uma rede de relacionamentos é um gestor capenga. A sua rede amplia seu conhecimento e sua capacidade de resolver questões complicadas. A capacidade de usar sua intuição, por outro lado, é crucial para ser eficaz, tanto quanto o raciocínio. E a capacidade de inspirar confiança e de avaliar quem merece confiança (ou não) tem tudo a ver com emoção e intuição, não com a razão.

A terceira lição é que a ética é fundamental. A falta de ética levou os bancos da "destruição criativa" para a "criação destrutiva". O primeiro conceito se refere à destruição de práticas vigentes para criar práticas novas e melhores. Mas as práticas novas só são melhores se respeitarem a ética. O segundo conceito se refere à criação de instrumentos financeiros (tais como os "derivativos") que acabam explodindo no seu colo.

A última lição (talvez a mais importante) é que precisamos sempre expandir nossos horizontes, em termos de tempo (olhar para o futuro e para as consequências de longo prazo) e em termos de impacto sistêmico (pensar que tudo o que fazemos afeta toda a sociedade, em termos globais). Isso se aplica a tudo, do sistema financeiro ao meio ambiente (tipo aquecimento global).

O curioso é que os "primitivos" índios Ianomâmis têm uma perspectiva mais madura do que os executivos de Wall Street. Dizem que em Nova York os executivos dos bancos de investimento se auto-intitulavam "Mestres do Universo", numa referência aos super-heróis dos quadrinhos. Pois bem, os Ianomâmi também se auto-intitulam "mestres do universo", mas com uma diferença importante: os Ianomâmi consideram que como "mestres do universo" eles são os responsáveis por manter a harmonia do universo (no caso, a floresta amazônica). Eles não entenderiam como os "mestres" de Wall Street quase destruíram o sistema financeiro internacional.

# 8. A briga dos bônus

Confesso que tenho me divertido e às vezes até me espantado com a gritaria geral nos Estados Unidos contra os 160 milhões de dólares em bônus pagos aos diretores da seguradora AIG pelo ano de 2008, logo depois da crise financeira estourar. As emoções afloraram nas críticas e a razão foi deixada de lado, tanto pelos que acusavam a empresa como por aqueles que a defendiam. De lá para cá, o debate sobre o tamanho dos bônus para executivos tem sido acalorado e constante, mas sem solução à vista.

Acho importante examinar essa questão dos bônus com uma certa objetividade: isso pode nos ajudar a entender o que realmente está acontecendo. É claro que, se você não está interessado em entender o que está acontecendo, se você está apenas contente em saber que pode jogar todas as culpas do mundo num punhado de banqueiros, então você pode deixar a leitura por aqui; vá se juntar à multidão que está jogando tomates e ovos nos bancos e aproveite para jogar alguns tomates por minha conta. Não por causa desses bônus pagos logo depois da crise, mas por causa das distorções enormes que a gestão incompetente introduziu nos conceitos de "remuneração por desempenho", muito antes da crise estourar.

Talvez você ache que um bônus é um bônus, apenas um bônus, mas isso não é verdade. Na realidade, existem bônus e bônus.

Há muitos e muitos anos, no Século 20, os bônus foram criados como um prêmio especial para aqueles que haviam feito algo de extraordinário pela empresa no último ano fiscal. Se os resultados da empresa fossem muito bons, parecia justo separar uma pequena parte dos lucros e pagar uma gratificação como recompensa para aquelas pessoas que haviam feito algo excepcional, contribuindo significativamente para gerar aquele lucro igualmente extraordinário.

Passado algum tempo, como os lucros das empresas continuaram a aumentar através dos anos, houve um aumento gradativo também no número de pessoas que recebiam essas gratificações. Inicialmente, era apenas um "grupo seleto" de pessoas que recebiam bônus; gradativamente o grupo foi aumentando até que passou a incluir praticamente todo mundo, ou pelo menos todo mundo que pertencia a um determinado nível hierárquico ou determinadas funções nas organizações.

A prática de pagar gratificações e/ou bônus começou a se alastrar por todos os setores da economia. Os bônus mais agressivos passaram a ser pagos pelos bancos de investimento e nos anos 80 isso virou manchete no "Wall Street Journal". Eu estava lá, no meio disso tudo. Eu fui diretor de Recursos Humanos de um banco de investimento de 1982 a 1989. Eu montei esquemas de bônus, de gratificações, de pagamento por desempenho. Eu comparei nossos bônus com aqueles dos principais bancos de Wall Street. Contratei consultores especializados em remuneração de executivos para fazerem pesquisas específicas sobre os planos de bônus do mercado financeiro e para nos ajudarem a desenhar esquemas novos, criativos, capazes de atrair os melhores talentos do mercado, e que fossem ao mesmo tempo totalmente vinculados ao desempenho.

No final dos anos 80 começaram a surgir distorções no mercado. Os profissionais de bancos de investimento, especialmente os operadores de mesa, são basicamente comerciantes. Os melhores "traders" (o nome diz tudo, alguém que "faz trocas") eram ótimos para fazer negócios e péssimos gerentes. Os melhores "traders" começaram a negociar com seus gerentes e convenceram seus chefes a pré-combinar o valor do seu bônus de acordo com um cálculo matemático. Deixou de haver um elemento discricionário, de parte da chefia, no processo de definição do valor final a ser pago. O cálculo passou cada vez mais a ser vinculado ao lucro da organização, ao resultado da unidade, ou ao atingimento de uma meta específica previamente estabelecida. Para mim, isso não é mais um bônus. Isso é uma comissão sobre vendas. Essa foi a Primeira Distorção.

Depois disso as negociações começaram a acontecer antes de começar o ano, ligadas ao estabelecimento de metas. Os "traders" se tornaram muito hábeis em negociar metas mais baixas, argumentando que o mercado seria mais difícil no ano entrante. Ganharam bônus enormes em troca de fazer aquilo para o qual haviam sido contratados em primeiro lugar (fazer negócios). O bônus passou a substituir o salário, ao invés de recompensar o extraordinário. Em 1985, o Diretor Global de RH de um banco líder de mercado em Wall Street me disse que, para evitar distorções ainda maiores no futuro, a remuneração no seu banco estava adotando uma referencia "de três terços."

## O equilíbrio dos três terços

Um terço da remuneração de um profissional do banco deveria ser constituída pelo seu salario fixo (que deveria ser suficiente para que esse profissional levasse uma vida confortável com sua família e pudesse gozar de férias anuais não muito longe do seu local de trabalho). Um segundo terço da remuneração deveria ser originada por um bônus em dinheiro, vinculado ao desempenho. Isso permitiria a esse profissional duplicar a sua renda anual e passar as férias na Europa ou comprar um carro de luxo. O terceiro terço deveria ser constituído por incentivos de longo prazo ou remuneração diferida no tempo, como, por exemplo, um plano de ações. A ideia central era de que essa parte deveria ser planejada de forma a vincular o profissional ao banco por alguns anos, ao invés de pular para o primeiro navio pirata concorrente que lhe oferecesse 10% a mais de remuneração fixa ou variável.

A Segunda Distorção foi que esse conceito básico de três terços, que já era bastante agressivo, pois permitia a um operador duplicar e até mesmo triplicar a sua renda fixa anual através de planos de bônus e incentivos de longo prazo, logo foi abandonado na beira da estrada. Os "traders" passaram a negociar salários fixos mais baixos em troca de bônus ainda mais altos. O raciocínio que fizeram, logo passando para trás seus gerentes incompetentes, era o de que o banco, ao pagar um salário fixo menor, estava exposto a um risco menor de contratar um operador incompetente. O operador teria que ser realmente muito bom para justificar um bônus mais alto e poder ganhar sua sobrevivência, o que dirá uma vida confortável. Se um "trader" se mostrasse incompetente, seria punido com seu próprio salario de baixo valor. Os "traders" teriam que fazer várias transações de peso só para ganhar a vida. Passaram a ser o equivalente de um vendedor de porta-em-porta, contratado sem salario fixo e vivendo de comissões. Nos anos 90, o bônus não representava mais 100% do salario fixo; passou a representar 400%, ou até 1.000%. E se achava que isso era para melhor!...

O pessoal só se deu conta quando já era tarde: um profissional que depende totalmente do seu bônus só para manter seu nível de vida vai, começar a assumir riscos cada vez maiores, só para fechar o orçamento no final do mês. Esse profissional também passou a só fazer aquilo que estava vinculado ao seu bônus. Quando alguns órgãos reguladores internacionais começaram a exigir que os bancos tomassem medidas para evitar a lavagem de dinheiro, nos anos 90, os operadores perguntavam: "e isso vai melhorar o meu bônus?" Se não estava vinculado ao bônus, não era feito. Alguns bancos chegaram a vincular seus bônus à ética e ao desempenho com honestidade (!!), de tal forma que se você fosse ético, você recebia um bônus "x", e se não fosse, o seu bônus seria reduzido em, digamos, 10% (mas continuava recebendo bônus).

Os bônus passaram a ser pagos pelo atingimento de metas, pelo comportamento ético, por fazer tudo aquilo que você deveria estar sendo pago para fazer desde o início. Portanto, é claro que até mesmo as empresas que estavam dando prejuízo continuavam pagando bônus para seus melhores "traders". O argumento era de que se não o fizessem, perderiam seus melhores talentos para a concorrência e seu prejuízo seria maior ainda. Alguns criticaram essa prática, argumentando que isso ia contra o princípio básico de compartilhar bons resultados apenas quando a empresa tivesse lucro. Essas vozes logo foram silenciadas. Aquele princípio básico já havia sido abandonado há muito tempo, àquela altura dos acontecimentos.

A Terceira Distorção foi que no final dos anos 90 e no início dos anos 2000 em diante, os novos admitidos começaram a negociar "bônus garantidos". Eles argumentavam que, para se disporem a sair do "Banco de Investimento A", onde eles já tinham alguns negócios encaminhados e que provavelmente iriam gerar um bônus de $ 500.000 no final do ano, o "Banco de Investimento B", seu novo empregador, teria de garantir um bônus de pelo menos $ 500.000 no primeiro ano, para que a troca de emprego valesse a pena. Alguns "traders" se tornaram bastante adeptos fazendo isso, a tal ponto que trocavam de emprego a cada um ou dois anos, sempre garantindo o bônus antes da troca e sem precisar fechar um único negócio para merecer o bônus! Gerentes incompetentes lhes deram suporte, pois contratavam vigaristas ao invés de bons profissionais e premiavam esses vigaristas para fazerem cada vez mais vigarices!

Para mim, isso não é bônus, é salário fixo disfarçado. Você não recebe no final do mês, só recebe no final do ano, mas não está vinculado ao seu desempenho, você recebe o valor total bastando apenas bater o ponto!

Alguns gestores se manifestaram contra; alguns raros profissionais de Recursos Humanos levantaram um alerta dizendo que essa prática estava apenas inflacionando o mercado de remuneração dos "traders"; foram vozes vencidas pela maioria, que repetiam sempre o mesmo argumento: "se não fizermos isso, vamos perder o nosso pessoal para a concorrência e não vamos conseguir atrair novos talentos!"

O que aconteceu com a AIG (American International Group), uma das maiores seguradoras do mundo, presente em 130 países? Em 2008, quando o governo federal americano teve que intervir par evitar sua falência, eles tinham as Três Distorções alegremente estabelecidas e mais ainda uma Quarta Distorção: operar uma seguradora como se fosse um banco de investimento!

Para aumentar sua alavancagem, a AIG começou a investir seu capital em alternativas de maior risco, pouco habituais para uma seguradora, e a fazer "hedges". Para fazer isso melhor, a empresa começou a recrutar profissionais nos Bancos de Investimento de Wall Street, empregando também práticas de remuneração de Wall Street.

A verdade pura e simples é que os tais 160 milhões não eram realmente bônus. Eram salario fixo, disfarçado de bônus. Eram gratificações contratuais. Faziam parte do contrato de trabalho da mesma forma como o salario combinado entre as partes. A ironia disso tudo é que, se esses profissionais tivessem os mesmos valores integrando seus pacotes de remuneração, mas com um formato típico de seguradora, com salario fixo, ninguém teria reclamado... Eles receberiam seus salários normalmente, de acordo com os valores de mercado (um pouco mais altos do que postos equivalentes em outros setores da economia, como por exemplo indústrias de produtos de consumo) e ninguém iria se queixar. O público reclamou quando viu a palavra "bônus". Eles acham que isso ainda está vinculado a "ter um bom lucro e dar uma premiação àqueles que contribuíram de maneira excepcional à realização desse lucro tão bom." Desculpem, amigos, mas esses princípios são antiquados. Saíram de moda já há uns 30 anos (embora fossem, e continuam sendo, princípios válidos).

A multidão com as tochas de fogo e as foices nas mãos está diante do castelo errado. Estão perseguindo alguém só por ser feio. Esse cara não é o monstro de Frankenstein, ele é só feio...

Os verdadeiros monstros são os que começaram tudo isso e distorceram os planos originais de remuneração por desempenho, que eram eficazes, e os transformaram em salários inflacionados disfarçados de planos de bônus. Existem muitos culpados nessa história; muitos contribuíram para essas "Quatro Distorções" e para esses "falsos bônus" que não são mais bônus, na verdade.

O pessoal protestando na frente da sede da AIG levavam cartazes dizendo que AIG é uma sigla para "Ain't It Greed" (uma expressão idiomática que significa "não é ganância?"). Sim, realmente tem tudo a ver com ganância. Mas não se trata dos 160 milhões em bônus. Esse é apenas o epílogo de uma longa novela de ganância. Talvez os caras que receberam esses 160 milhões eram justamente os que viraram noites tentando salvar a empresa da falência, quem sabe? A ganância, em si, talvez não seja uma coisa tão ruim. A ganância é a motivação principal da cultura americana. Quando ela transborda é que ela se torna ruim, pois foi exagerada.

O que levou à derrocada da AIG foi ganância exagerada. Foi o que acabou com os bancos de investimento, também. A ganância exagerada será o fim do Capitalismo. O Capitalismo, em si, não é ruim. O Capitalismo selvagem é ruim.

O contrário do Capitalismo selvagem não é o Socialismo. É o Comunismo Tirânico. Ninguém quer nenhum dos dois. O que eu almejo é um sistema econômico baseado no mérito, no qual valores humanos como comportamento ético e solidariedade fazem parte do mérito, tanto quanto a ambição e a inovação. Precisamos dar espaço à liberdade individual, mas também respeito aos direitos do próximo. Aliás, não só do próximo como "do distante" também, num mundo globalizado. Precisamos de um melhor equilíbrio entre Individualismo e Coletivismo.

### Gandhi e a ganância

Gandhi fez uma lista própria de "Sete pecados capitais", que deveria estar afixada na parede de cada presidente de empresa como um lembrete, no mundo inteiro. Eles eram:

*Riqueza sem Trabalho*
*Prazer sem Consciência*
*Ciência sem Humanidade*
*Conhecimento sem Caráter*
*Política sem Princípios*
*Comércio sem Moralidade*
*Adoração sem Sacrifício*

A lição principal aqui é que a virtude está no equilíbrio. A crise da economia mundial iniciada em 2008 tinha a ver com o Número Seis

(Comércio sem Moralidade). A solução não está em diminuir o Comércio (isso poderia acontecer em função de um aumento do protecionismo) e sim em aumentar a Moralidade e incrementar ambos, com equilíbrio.

Os planos de bônus são uma coisa boa. Mas não devem representar mais do que um terço da remuneração anual de ninguém. Precisam estar igualmente ligados ao atingimento de metas E TAMBÉM a comportamentos adequados (como cooperação e conduta ética). É preciso que haja discernimento do gestor ao definir o valor final específico para cada indivíduo e cada equipe. (Sim! Bônus por equipe podem ser muito mais eficazes do que bônus individuais. Isso se usa muito nos esportes coletivos; porque não se usa com mais frequência nas empresas?)

O bônus não deve ser apenas o resultado de um cálculo matemático (precisam ser diferentes de comissões de vendas). E devem ser utilizados em conjunto com incentivos de longo prazo (como gratificações diferidas, planos de ações, etc.).

Planos de remuneração inteligentes serão a "chave" da recuperação da economia mundial. Precisam ser desenhados de tal forma que venham a recompensar os comportamentos desejados, evitando distorções que levem as pessoas pelo caminho errado. Está na hora de botar mais energia na construção de um mundo melhor ao invés de gastar essa energia caçando bruxas. É hora de largar as tochas e as foices e voltar ao trabalho!

# 9. Já estamos chegando?

Quando minhas filhas gêmeas tinham uns sete anos de idade, nós costumávamos fazer uma longa viagem de carro (770km), a cada verão, para passar duas semanas na praia. Repetimos o programa várias vezes, de modo que a partir da terceira vez elas já sabiam o que esperar (uma viagem longa e tediosa), entretanto elas sempre perguntavam, passados apenas 70km da partida: "Já estamos chegando, pai?"

Durante a crise econômica que nos assola, fiquei com a impressão de que a mídia tem a mesma idade mental das minhas gêmeas com sete anos de idade... Está certo que, desde o início da crise, houveram alguns jornalistas que anunciaram "estamos entrando numa recessão e ela vai ser demorada". Todavia, a cada dois dias eu li artigos que falavam de "sinais de uma recuperação" na economia mundial; outros ainda diziam que "o pior já passou" (ou seja, daqui para a frente vamos ver sinais de melhora.

Esqueçam. Acordem! A economia mundial não muda de um dia para o outro. Nem mesmo a economia americana consegue fazer isso, apesar de que muitos acreditam que ela seja capaz disso. Me parece que existe muito pensamento infantil nisso tudo, uma ideia de que se eu pensar nisso com muita força, com fé religiosa, com a força do pensamento positivo, o impossível vai acontecer. Na verdade, você pode (e deve) ter fé de que as coisas vão melhorar. "Um dia", mas não "num dia". Vai demorar, é melhor esperar sentado...

Acho que foi um humorista que escreveu há anos atrás: "É claro que você vai precisar de anos de psicanálise para se sentir melhor: pense quantos anos você levou para ficar tão pirado como está!" O mesmo raciocínio se aplica à economia.

O índice Dow Jones da bolsa de Nova Iorque atingiu o seu pico em outubro de 2007, antes da crise estourar. Chegou ao seu ponto mais baixo, durante a crise, em abril de 2009, um nível 50% abaixo do seu pico. Não há nenhum motivo para que não demore pelo menos o mesmo tempo (18 meses) para voltar até onde estava, o que nos levaria a outubro de 2010.

Historicamente, o índice tem demorado o dobro do tempo para se recuperar de uma caída severa. Isso significa 36 meses, ou seja, por volta de abril de 2012. Essa já seria uma estimativa bem mais realista. Pode ser que a recuperação econômica demore ainda mais do que isso, mas esperar que aconteça antes de abril de 2012 é algo baseado na emoção e não em uma análise racional da situação.

Na prática, o índice Dow Jones atingiu de novo o pico anterior no final de fevereiro de 2013, dez meses depois da estimativa realista.

Encontrei um consultor de marketing no Peru que afirmou que "a Economia é um ramo da Psicologia". Primeiro, achei que ele estava exagerando, mas todos os dias vejo evidências de que ele estava absolutamente certo. A noção de que a economia é racional, ou de que as pessoas são racionais, é apenas uma ilusão. O curioso é que alguns analistas experientes continuam apegados a essa ilusão. Essa atitude é tão infantil, que na verdade serve para provar justamente o oposto, ou seja: que as pessoas são movidas mais por emoção do que pela razão. Inclusive com relação às chamadas "decisões econômicas".

Os professores de Harvard e os editores senis (desculpe, quis dizer "sênior") da revista "The Economist" precisam se dar conta disso. Vide também "O erro de Descartes", de António Damásio; "Animal Spirits: How Human Psychology Drives the Economy", de Akerlof & Shiller, e "Engaging Leadership, de Parker & Marlier.

A verdade é que as emoções dirigem todas as decisões que tomamos. Não existe nenhuma decisão puramente "racional", isso é um mito. Algumas pessoas se apegam a esse mito porque têm dificuldade em controlar e lidar com suas próprias emoções. A existência de um mundo totalmente "racional" tem um apelo porque o mundo assim parece ser mais previsível, mais controlável e mais seguro. A ironia é que essa é uma visão de mundo infantil, uma visão romântica, na melhor hipótese... Por trás de cada ação que empreendemos, não importa quão simples seja, (como, por exemplo, levantar a mão) existe uma vontade emocional de realizar tal ação.

Toda escolha implica em consequências emocionais. Cada análise "racional" traz consigo as consequências emocionais ligadas a cada uma das alternativas disponíveis. Seria melhor pesquisar e estudar melhor as emoções, ao invés de subestimar sua relevância ou fingir que possam existir situações nas quais a atividade humana seja despida de emoções.

Pessoas que têm medo das suas próprias emoções (e das emoções dos outros) tendem a ter dificuldade em tomar decisões e fazer escolhas de todo tipo. Essas pessoas costumam usar a racionalidade exagerada como mecanismo de defesa contra o contato com suas próprias emoções. Elas criam um mundo de fantasia onde só existe a racionalidade pura. Elas se tornam integrantes "de carteirinha" da NESA (NErds Society of America).

O medo (essa é uma emoção) e a ansiedade (olha outra aí) levam as pessoas a desejarem uma solução rápida e indolor para seus problemas, inclusive para seus problemas econômicos. Nesse caso, a ilusão irá acarretar mais tarde muita frustração, pois uma recuperação econômica demora para se concretizar.

Por que? Simplesmente porque se forma um círculo vicioso. Durante uma recessão, as pessoas ficam mais temerosas, mais ansiosas, mais avessas a riscos, menos dispostas a investir e a gastar. Isso reduz a atividade econômica como um todo e a situação só pode piorar. O medo da recessão provoca mais recessão, aprofundando e prolongando o problema e fechando o círculo vicioso.

A recuperação só acontece quando gradativamente aumenta o número de pessoas com menos medo e com mais disposição de investir nos seus negócios; quando mais pessoas escolhem uma atitude construtiva ao invés de defensiva. Isso demora a acontecer. O medo geralmente surge muito rápido na nossa consciência. Perder esse medo demora muito mais do que o tempo que levamos para sentir medo.

"Nada temos a temer a não ser o próprio temor", disse Franklin Roosevelt sobre a Grande Depressão dos anos '30. A dificuldade está em que não basta usar a razão e a lógica para reassegurar as pessoas e dissipar o medo. Palavras inspiradoras ajudam, mas ações inspiradoras ajudam muito mais. Quando as pessoas começam a ver que outras pessoas estão investindo e ganhando dinheiro, isso dissipa seus temores mais rápido do que qualquer discurso do Ministro da Fazenda. A mídia poderia ajudar, publicando mais histórias de sucesso sobre aqueles que estão superando a crise, ao invés de ficar insistindo que a economia está desastrosa. Por outro lado, anunciar que a recessão vai terminar na segunda-feira também não ajuda.

O problema aqui é que o medo vende mais jornais do que a esperança. Portanto, é melhor esperar sentado. Tenha muita paciência. Vai demorar. Recém rodamos 70km e ainda temos mais 700km para rodar antes de chegar lá.

# 10. Uma crise de burrice

Os Estados Unidos e a Europa estão enrolados na recessão econômica mundial sem conseguir resolvê-la já há alguns anos. O mais preocupante é a epidemia de burrice que já atingiu milhares de vítimas dentre os líderes globais de ambos os lados do Oceano Atlântico.

**Uma nova ameaça global à saúde da humanidade: a epidemia do VLB-2**

Foi só recentemente que os cientistas da OMS (Organização Mundial da Saúde) conseguiram identificar uma ramificação anômala de um vírus que foi ligado à eclosão da crise econômica iniciada no final de 2008 e que persiste até hoje. Esse vírus, (batizado de VLB – sigla de "Vírus da Liderança Burra") já era conhecido há anos na sua forma menos aguda: o VLB-1, que é tão comum como a gripe e afeta muitos líderes de todos os níveis no mundo inteiro.

O VLB-1 é fácil de diagnosticar e de tratamento simples. Os sintomas mais comuns são o pensamento bitolado e de curto-prazo, geralmente acompanhados de amnésia seletiva (esquecimento de erros cometidos anteriormente e de promessas feitas há poucos dias atrás).

A terapia recomendada para os pacientes afetados pelo VLB-1 é bastante acessível e consiste basicamente de seminários e aconselhamento ("coaching", na versão importada). No entanto, se o tratamento for interrompido após apenas algumas aplicações, os sintomas geralmente retornam e se põe a culpa no tratamento. Na verdade, a cura só pode ser obtida se o tratamento perdurar sistematicamente por cerca de um ano. Nos casos mais graves será necessário prolongar o tratamento por até três anos até que se possa dizer que o paciente esteja totalmente livre do vírus.

A versão agora identificada é uma ramificação diferenciada (batizada de VLB-2) e tem características próprias muito preocupantes, muito mais perigosas do que a versão anterior:

1. O sintoma principal é uma diminuição severa da inteligência que afeta a capacidade de resolver até mesmo os problemas mais simples. Isso é facilmente verificável com o uso de testes de QI, que revelarão um impacto negativo de 30 pontos ou mais nos escores obtidos antes da infecção pelo vírus. A maior dificuldade está em convencer os pacientes em fazer o teste, uma vez infectados (vide o próximo item).
2. Essa versão é bem mais difícil de reconhecer e isolar em laboratório, pois vem acompanhada de forte negação e sentimentos de falsa certeza.
3. Afeta principalmente os líderes em posições elevadas na política, os responsáveis por política econômica e os reguladores do mercado financeiro. Curiosamente, a população com menos de 30 anos parece imune e também os profissionais de bancos de investimento. A razão da imunidade dos profissionais de bancos de investimento ainda é motivo de discórdia entre os pesquisadores: alguns afirmam que isso se deve à natureza da sua atividade profissional; outros contestam que se trata simplesmente do fator idade, (uma vez que a maioria desses profissionais tem menos de 30 anos) ou da sua idade mental (sem dúvida a maioria tem idade mental muito inferior a 30 anos). Existem ainda alguns pesquisadores que contestam os demais e afirmam que esses profissionais não são imunes; apenas parecem mais inteligentes na comparação com os reguladores profundamente afetados pelo VLB-2.
4. O pensamento de curto prazo não é tão severo quanto no VLB-1, o que pode confundir o diagnóstico. Os afetados pelo VLB-1 pensam em termos de trimestres, enquanto que os afetados pelo VLB-2 têm um horizonte gerencial de 12 meses. A patologia é determinada pela constatação de que o horizonte de 12 meses é aplicado pelo paciente até mesmo em questões que exigem um horizonte de cinco anos (ou mais), como a recuperação econômica ou a gestão da dívida pública.
5. O VBL-2 acarreta ainda cegueira seletiva em relação a dados econômicos, especialmente dados de desemprego e diminui a percepção de problemas sociais.

## O problema é a burrice

O principal problema enfrentado pelos líderes mundiais atualmente não é político, é econômico. Entretanto, o verdadeiro problema subjacente, a raiz da crise econômica prolongada, é a burrice aguda provocada pelo VLB-2. Aparentemente, o vírus também afeta a capacidade de agir com consistência e seguir por um mesmo caminho até o fim. Ao invés disso, os infectados terminam por implantar soluções parciais, incompletas e diluídas, que são insuficientes para resolver as questões; os líderes abandonam um curso de ação pela metade e pulam para outra estratégia, logo abandonada igualmente antes de produzir os efeitos necessários.

Nos Estados Unidos, as lideranças políticas tiveram grande dificuldade em decidir pela adoção de pacotes econômicos de estímulo ao crescimento e pelo aumento da liquidez monetária. Em resumo, decidiram injetar bilhões de dólares na economia quando a necessidade era maior: trilhões eram necessários para capitalizar os bancos, gerar empregos e permitir que as empresas acumulassem dinheiro em caixa (para diminuir sua dependência dos bancos).

A solução escolhida logo se mostrou insuficiente, mas como ela gerou um aumento do déficit público ("bidu!!") os políticos logo viraram sua atenção para a redução desse déficit, ao invés de aumenta-lo até que tivesse alguma influência no nível de emprego. A situação subsequente  foi a de que os bancos e as empresas têm excesso de liquidez, mas ainda não se sentem à vontade para investir na expansão dos negócios e no aumento da produção, com isso gerando empregos.

Na Inglaterra, o Partido Conservador culpou o Partido Trabalhista pela crise (uma jogada inteligente, que fizeram logo antes de serem afetados pelo vírus), ganharam as eleições com pequena margem e começaram a implantar um amplo programa de reforma econômica. Foi nesse momento que surgiu o contagio pelo VLB-2 e o programa descarrilhou. Ao invés de cortar despesas de forma inteligente, os governantes ingleses cortaram despesas em setores totalmente errados, gerando grandes protestos. Estavam totalmente infectados pelo VLB-2 (um caso triste!).

Esses sintomas são bastante parecidos com o que já encontrei em empresas privadas, onde líderes empresariais infectados pelo vírus VLB-1 comum tomaram decisões erradas quanto a investimentos (gastando capital nas coisas erradas) e depois tentaram remediar seus erros cortando despesas indiscriminadamente, aplicando o mesmo percentual de corte em todas as funções da empresa. Na prática, isso significa cortar demais em certas áreas e cortar de menos em outras. Em ambos os casos, ao invés de investir com inteligência ou aplicar a inteligência na hora de administrar custos, os líderes afetados terminaram por escolher a opção mais fácil (e burra) de gastar e reduzir despesas indiscriminadamente, em todas as rubricas e todas as funções. Quando isso acontece, as pessoas doentes acabam sendo substituídas por outras com melhor saúde, a menos que já seja tarde demais para tentar salvar a organização.

Burrice nos Estados Unidos (gastando demais, nas coisas erradas, gastando de menos para injetar liquidez, depois mudando de política e implantando cortes indiscriminados); burrice na Inglaterra (se recusando a investir na geração de empregos e implantando austeridade indiscriminadamente em todos os setores). A epidemia do VLB-2 se tornou oficialmente uma "pandemia", afetando mais de um continente.

A Europa Continental também foi afetada na sua capacidade de lidar com a crise greco-irlandesa-portuguesa-espanhola-italiana-cipriota. Os líderes políticos não conseguiram implantar um pacote econômico que resolvesse os problemas da Grécia e dos outros países europeus envolvidos. Ao invés de emitir títulos "europeus", que resolveriam todas essas questões no longo prazo, eles continuam atolados na discussão como se a região ainda fosse constituída por países soberanos. Não é, como Felipe Gozalez da Espanha já anunciou em 1982. É pena que muitas pessoas teimam em não enxergar a realidade. O futuro da Europa está em fortalecer a União Europeia como tal, mas os líderes afetados pelo VLB-2 ficaram cegos para isso.

Enquanto isso, os bancos de investimento, cujos profissionais são imunes ao vírus, estão manipulando o sistema financeiro internacional e se divertindo a valer! A cada semana que passa, eles escolhem um alvo diferente:

BI1- "Tá bom, vamos pegar a Itália na semana que vem e depois a Espanha..."

BI2 – "Não, a Espanha de novo, não! A gente pode ganhar mais se mudar o foco para outro país. Que tal os Estados Unidos?"

BI1 – "Já passou a melhor época, foi logo antes das eleições e a gente se encheu de grana! Mas agora temos que inovar... Que tal o Chipre?"

BI2 – "Grande ideia! Pô, eu tinha esquecido do Chipre..."

Até agora, a China conseguiu evitar o contagio. Alguns dizem que o seu DNA cultural é imune ao pensamento estreito e curto-prazista, mas alguns sinais de contaminação apareceram aqui e ali. Conseguirão os chineses evitar que a epidemia chegue lá? Ninguém sabe com certeza.

## The Cure

Nos anos 80, a banda "The Cure" teve uma série de sucessos sendo que um deles foi a canção "A Forest" (uma floresta). Nessa canção, "The Cure" tem a cura, que pode ser aplicada ao VLB-2.

Os líderes afetados precisam ver a floresta, ao invés de focar sua atenção numa árvore de cada vez. Na Europa, precisam olhar para o continente como um todo (incluindo a Inglaterra!), deixando de lado o conceito obsoleto e ultrapassado de "nações soberanas". Nos Estados Unidos, é preciso deixar de lado as questões partidárias e os interesses específicos de cada estado, olhando para a economia americana como um fenômeno que se estende além das suas fronteiras nacionais; a economia americana é um fenômeno global.

Em toda parte, as lideranças precisam pensar no longo prazo, como se estivessem plantando uma floresta que levará muitos anos, talvez várias décadas, para se desenvolver. Certa vez alguém fez um comentário para um homem que plantava uma árvore: "Você está plantando uma árvore? Vai levar anos até que ela cresça e forneça algum retorno sobre o seu investimento, em termos de sombra, frutas, abrigo !" Ao que o homem respondeu: "Por isso decidi fazer isso hoje mesmo, não vou esperar nem mais um dia!"

Até que se descubra um comprimido que sirva de antídoto à burrice causada pelo VLB-2, vamos lançar uma campanha inspirada por uma outra canção do "The Cure": "Close To You". Vamos todos nos aproximar de um líder que a gente conheça e vamos ajudar ele ou ela a lutar contra o pensamento bitolado e a mentalidade de curto prazo. Vamos fazer o que seja possível para influenciar essas lideranças de maneira positiva, promovendo uma visão mais ampla. Ao fazê-lo, estaremos ajudando a essas pessoas e também à sociedade como um todo, no curto e no longo prazo.

# 11.     Ajudando as pessoas a lidar com mudanças

Os atentados na Noruega no dia 22 de julho de 2011 foram um trágico exemplo de loucura viabilizada no nosso mundo moderno. Demonstraram até que ponto pode chegar a loucura de um indivíduo e da nossa sociedade e levantaram algumas questões que precisamos discutir e administrar daqui para a frente. Estou falando deliberadamente em "daqui para a frente" e não em "andar para trás."

### O povo no poder?

Todos ouvimos as palavras de ordem de dar mais poder para o povo, mais participação, "empowerment" e outros modismos oriundos do hemisfério Norte. Essas ideias são alardeadas no mundo inteiro como sendo "A" maneira de abordar as questões políticas, econômicas e a gestão de negócios, não importa onde. Não importa que, no mundo, apenas 9% da população esteja em sociedades igualitárias e 91% estejam em sociedades hierárquicas; os igualitários acham que encontraram a solução "certa" para a gestão de comunidades e organizações, todos os outros estão errados. Chegamos ao extremo de impor os valores do Hemisfério Norte ao mundo inteiro, empregando a força militar.

A verdade é que nenhuma cultura "per se" é melhor do que qualquer outra. As culturas não são "certas" ou "erradas", elas são apenas "diferentes".

Cada cultura tem um conjunto de aspectos que podem ser encarados como "positivos" ou "negativos" aos olhos de pessoas advindas de outras culturas. Esses aspectos devem ser reconhecidos como parte da realidade cultural e deve-se aprender a lidar com eles. Nenhum conjunto de valores culturais deve ser imposto a um país, por outro país.

Durante os últimos cinquenta anos o "modelo escandinavo" tem sido divulgado por muitas vozes na mídia como sendo uma espécie de utopia. Igualdade social, respeito mútuo, liberdade de expressão, uma atitude liberal em relação a drogas e ao sexo, assistência médica para todos, planos de aposentadoria generosos, educação de bom nível e acessível a todos; todas essas características foram elogiadas amplamente. Os ataques acontecidos na Noruega com o assassinato de 77 pessoas por um único indivíduo degenerado acabaram por expor, dramaticamente, o lado negativo desse modelo cultural. Essa tragédia também levanta algumas questões importantes sobre os movimentos políticos de "direita" e "esquerda"; e sobre a gestão de mudanças sociais e a integração multicultural em todas as sociedades modernas.

Os avanços da tecnologia de comunicações (a internet, as redes sociais, os celulares e computadores portáteis) trouxeram consigo uma dádiva de poder para todos os indivíduos. Graças a isso, qualquer um pode contatar seus amigos, instantaneamente, em qualquer parte do mundo. Nunca houve tamanha distribuição de poder e autonomia e isso tem sido celebrado constantemente pela mídia como sendo o auge da realização dos valores "do Norte", uma verdadeira utopia se tornando realidade: cada um tem a capacidade e a liberdade de se expressar como indivíduo.

As revoltas populares no Mundo Árabe têm sido alardeadas pela mídia como sendo "as revoluções do Facebook" e recebidas como sinais de uma mudança na direção de valores individualistas e igualitários, em detrimento de valores hierárquicos e coletivistas.

Entretanto, precisamos entender que as redes sociais não representam um valor cultural em si mesmas. São apenas ferramentas tecnológicas e como tal podem ser usadas tanto para o bem cimo para o mal. Você pode encontrar seus amigos virtualmente para fazer coisas muito pouco virtuosas, como perpetrar crimes contra a humanidade e assassinar inocentes, com a mesma facilidade com que você combina um encontro no sábado para se divertir.

Conferir tamanho poder a todos os indivíduos não é necessariamente uma coisa boa, quando significa também capacitar os malucos de Oslo e do Arizona, bem como os jihadistas do Al Qaeda. A questão não é o "Facebook" e sim a finalidade para a qual esse instrumento é utilizado.

O governo chinês tem sido muito criticado por suas tentativas de controlar a internet, mas a questão que todas as sociedades precisam discutir é: como manter o equilíbrio entre a liberdade individual e a manutenção da harmonia coletiva? E como resolver o dilema entre o respeito pela autoridade e a distribuição de poder de forma igualitária?

Todas as sociedades precisam resolver esses dilemas e cada uma tem procurado fazê-lo à sua maneira, com resultados diferentes. Esse é o foco das pesquisas e das análises subsequentes de Geert Hofstede e de todos os cientistas sociais que estudam cultura.

### O lado negro do individualismo

O dilema entre Individualismo e Coletivismo descrito por Hofstede, ou entre liberdade individual e harmonia do grupo, foi abordado por vários filósofos ao longo da história da humanidade. Esse dilema por vezes é enunciado como: "o direito de cada um vai até o limite do respeito pelo direito do próximo". As pesquisas de Hofstede conseguiram a proeza de mensurar a extensão até onde vai uma determinada sociedade na escolha coletiva entre dois (ou mais) extremos. Ele conseguiu identificar (através de análise fatorial) cinco diferentes dimensões de valores culturais, sendo que uma dessas dimensões é justamente a polaridade entre "Individualismo" e "Coletivismo).

Ao examinar essas pesquisas, se percebem os escores de uma centena de países e como se comparam entre si. Podemos facilmente verificar que as culturas que mais valorizam a liberdade individual são as culturas anglo-saxônicas, germânicas, escandinavas e a cultura holandesa. Essas são também culturas predominantemente igualitárias em comparação com as culturas encontradas na Guatemala e na Malásia, para citar apenas dois exemplos no extremo oposto desse espectro.

O aspecto que desejo enfatizar aqui é que os extremos tendem a ser disfuncionais, não importando se estejam de um lado ou de outro do espectro. Quando se está num desses extremos em termos de cultura, a tendência é achar que o extremo oposto está totalmente "errado", enquanto você está "certo". Entretanto, é muito importante examinar o aspecto negativo dessas escolhas extremas; elas trazem consequências que não podem ser ignoradas. "Ninguém pode gozar impunemente as delícias dos extremos", já dizia Lycurgo Camargo.

As sociedades individualistas e igualitárias oferecem inúmeros benefícios a seus integrantes, tais como a liberdade de expressão e uma sensação de considerável autonomia pessoal. Essas sociedades também valorizam a responsabilidade individual e o respeito à privacidade de cada um. Isso tudo é muito bom.

Todavia, existe também uma contrapartida negativa nessas culturas, expressa muitas vezes por uma sensação de isolamento do indivíduo, de "estar sozinho na multidão".

A autonomia conferida aos indivíduos nessas sociedades significa também que cada um é livre para comprar rifles automáticos e "expressar-se" atirando em outras pessoas ao acaso. É claro que nenhuma sociedade endossa esse comportamento de maneira deliberada e explícita, mas é preciso que tenhamos consciência das distorções que nossos valores acarretam.

Sempre que um maluco entra em surto destrutivo (Oklahoma, Tucson, Oslo, etc.) ou quando descobrimos subitamente que determinado indivíduo mantinha alguém como prisioneira no porão da sua casa por muitos anos (Áustria, Alemanha, Califórnia, etc.) nos perguntamos: como é possível acontecer uma coisa dessas? Como seria possível evitar que isso acontecesse? Por que não foi possível detectar esses malucos antes da tragédia acontecer?

A resposta está justamente nos valores esposados nessas culturas. A valorização extrema da liberdade individual acaba passando da conta e o respeito à privacidade se traduz em "não perceber" que o seu vizinho ao lado está mantendo prisioneiros há 20 anos. (!!!)

De maneira semelhante, um outro sujeito começa a se comportar de um jeito estranho, dá sinais evidentes de estar ficando psicótico ou de ser um psicopata, mas as pessoas ao seu redor não enxergam, ou se enxergam, nada fazem a respeito.

As pessoas não enxergam, porque foram educadas para prestar atenção no aspecto explícito da comunicação, o conteúdo, e não no aspecto implícito (a forma de falar, a linguagem corporal, o olhar, o tom de voz). As pessoas da Guatemala e da Malásia (apenas para seguir com os mesmos exemplos mencionados anteriormente) foram criadas de maneira a buscar a harmonia dos grupos de que fazem parte. Portanto, aprenderam a prestar atenção na comunicação não-verbal, nos gestos, na postura, nos sinais implícitos da comunicação. Já quem se criou na Escandinávia, nos Estados Unidos ou na Alemanha tende a desprezar esses sinais e concentrar sua atenção no conteúdo explícito das mensagens.

As pessoas não fazem nada, mesmo percebendo que alguma coisa não vai bem, por causa do respeito à privacidade alheia. Existe uma vozinha inconsciente que fala: "eu sou responsável pelo meu próprio comportamento e não pelo comportamento dos outros... isso aí não é da minha conta!"

E então a tragédia acontece.

Essa "responsabilidade individual" levada ao extremo chega ao ponto do isolamento social e até mesmo ao ponto da falta de solidariedade. Isso gera indivíduos que chegam à loucura e que se voltam contra as pessoas à sua volta.

O exemplo oposto me foi demonstrado há pouco em Singapura, onde uma palestrante chinesa enfatizou a importância de ser "consciencioso" ("mindful") ao liderar grupos de aprendizagem. Quando pedi que ela esclarecesse, explicou que se tratava de uma "consciência" sobre as pessoas que estão no mesmo ambiente com você; uma consciência sobre a situação e seus desdobramentos, manter-se atento ao que está acontecendo. As culturas coletivistas (como a cultura chinesa) estimulam as pessoas a desenvolver essa "consciência", essa atenção aos outros, desde a infância, enquanto que as culturas individualistas não enfatizam isso, valorizando mais a responsabilidade individual.

### O melhor dos mundos

Não estou querendo dizer que a cultura chinesa seja melhor do que a norueguesa. Tampouco estou dizendo o contrário (que a cultura norueguesa seja melhor do que a chinesa). Precisamos parar com essa história de achar que um determinado modelo de cultura é melhor do que outro. Podemos começar aprendendo mais sobre a nossa própria cultura e nossos próprios preconceitos. Podemos também examinar os aspectos positivos e negativos de nossas culturas respectivas e procurar entender como poderíamos moderar os extremos, em ambos os lados dessa polaridade.

Logo depois da tragédia na Noruega, repórteres da BBC sugeriram que a Noruega deveria "mudar suas políticas" em relação ao porte de armas pela polícia (os policiais em geral não portam armas) e em relação à falta de câmaras de vigilância em espaços públicos. Esses repórteres não perceberam que estavam, na verdade, pedindo aos noruegueses que "se tornassem mais britânicos", em termos de reagir ao incidente como se fossem ingleses. Não se deram conta de que estavam avaliando a situação a partir de sua própria perspectiva cultural, ao invés de adotar uma postura imparcial ou de simplesmente fazerem perguntas abertas e deixarem que as pessoas entrevistadas se expressassem com total liberdade.

Talvez eu esteja querendo demais ao desejar que repórteres de televisão parem de conduzir seus entrevistados na direção de suas próprias opiniões... Para tanto eles teriam que ter respeito pelas pessoas que entrevistam!

O que eu gostaria de ver é que todos nós examinássemos nossos valores pessoais e que discutíssemos maneiras de melhorar o modo como ensinamos a nossos filhos a noção do que é "certo" ou "errado", levando esse processo para um patamar superior, um patamar melhor do que a simples repetição daquilo que nos foi ensinado por nossos próprios pais.

A grande vantagem da globalização é que ela nos dá a oportunidade de aprender com outras culturas e explorar vários outros modelos e valores diversos. A globalização não é "americanização"; ela é um processo que possibilita explorar todas as alternativas possíveis ao longo do espectro de cada dimensão cultural e forjar um futuro diferente para cada comunidade conforme desejarem.

Isso não significa desenvolver uma "cultura global única" e sim escolher o que se quer dentre a riqueza de escolhas oferecida pela exposição a diferentes culturas, aliada a um entendimento profundo do significado daquilo que a sua própria cultura oferece. A partir disso se pode melhor desenhar um futuro desejável para cada comunidade.

### Ajudando as pessoas a lidar com mudanças

A vida é, por definição, mudança.

Os seres humanos são organismos bastante complexos e, como tal, sujeitos a muitas mudanças. Crescem, se desenvolvem, mudam, mesmo que não passem pela mesma metamorfose que uma lagarta vivencia ao virar borboleta. Entretanto, à medida que crescem e mudam, as pessoas precisam manter o seu sentimento de identidade; precisam manter-se capazes de se reconhecerem num espelho, mesmo se cresceram um bigode, pintaram o cabelo, ou ambos.

Se alguém mudou tanto, ao ponto de não mais reconhecer a si mesmo, fisicamente e psicologicamente, dizemos que essa pessoa "ficou louca" ou "perdeu a razão". Todo mundo tem um certo medo de "perder a razão" ou "ficar louco" quando acontecem mudanças demais na sua vida. Todos nós precisamos manter um certo equilíbrio entre "a mesmice" e "o inusitado", entre continuar sendo o mesmo, mantendo nossa identidade, e transformar-se numa pessoa completamente diferente, irreconhecível. Não mudar, de nenhuma forma, significa morrer. Mudar tudo, completamente, significa loucura. Precisamos crescer E TAMBÉM manter nossa identidade, mantendo esse equilíbrio dinâmico.

A aprendizagem também é mudança (uma forma de mudança). Nem toda mudança envolve aprendizagem, mas toda aprendizagem envolve mudança. Sempre que aprendemos alguma coisa, nos tornamos um pouco diferentes daquilo que éramos antes de aprender o que aprendemos. No entanto, ainda somos capazes de nos reconhecer como sendo a mesma pessoa. Precisamos também manter o equilíbrio em termos do quanto aprendemos (a ser diferentes) sem perder nossa identidade. Todos nós temos um certo medo de aprender, parecido com o nosso medo de mudar (demais). A manutenção desse equilíbrio é fundamental.

Se olharmos à nossa volta em 2013, veremos que muitas coisas estão mudando, em toda parte. Todas essas mudanças também exigem de nós, em contrapartida, muita aprendizagem. Para conseguir continuar entendendo as mudanças à nossa volta, precisamos aprender continuamente e isso significa mudar continuamente também. Tudo isso acaba sendo bastante ameaçador (para a manutenção da nossa identidade).

Quanto mais mudanças acontecem, mais as pessoas se sentem ameaçadas. O paradoxo disso tudo é que as mudanças acabam provocando uma reação conservadora. Quanto mais somos expostos a mudanças externas, mais nos sentimos ameaçados e mais nos voltamos para posturas conservadoras como forma de evitar a perda da identidade.

Quanto mais exigimos que as pessoas mudem, mais ameaçadas elas se sentem, mais elas se defendem e buscam refúgio no conservadorismo que promete maior continuidade. Para promover a aceitação de mudanças, o melhor é oferecer apoio a quem se sente ameaçado, reforçando seu sentimento de identidade. O paradoxo aqui é outro: as pessoas que têm um sentido de identidade mais sólido estão mais abertas a mudar. Elas conseguem administrar as mudanças na sua vida sem perder sua identidade e sem ter medo de perder sua identidade.

Ninguém consegue impedir que as mudanças aconteçam e geralmente não conseguimos sequer diminuir o ritmo em que acontecem. O que podemos fazer é ajudar as pessoas a fortalecerem seu sentimento de identidade, fazendo com que reflitam acerca de seus valores pessoais (que tendem a permanecer os mesmos ao longo dos anos). Quanto melhor você souber quem você é, quais são os seus valores, o que você quer, mais capaz você será de lidar com as mudanças na sua vida, sem perder sua identidade.

**O medo de mudar**

O maior obstáculo nisso tudo é manter um certo equilíbrio entre o apoio e o desafio, entre a necessidade de continuidade para manter a identidade e a necessidade de mudar para se adaptar a novas realidades. De um lado você tem os progressistas que querem mais mudanças, mais rápido, e no lado oposto você tem os conservadores, que resistem às mudanças.

Essa polaridade é um pouco diferente do que ser "da direita" ou "de esquerda" em termos políticos. Os conservadores são basicamente fundamentalistas e o chamado "choque das civilizações" entre o Oriente e o Ocidente é na verdade um choque entre os conservadores no lado Ocidental-Cristão e os conservadores no lado Oriental (ligados a outras religiões).

As correntes progressistas nada têm a ver com isso. Os progressistas promovem a integração de diferentes valores e religiões para construir um futuro melhor e diferente do passado. Os conservadores têm medo do futuro e acham que o passado era melhor, por isso seria melhor preservá-lo e tentar voltar ao passado. Os progressistas dizem "a gente caminha olhando pra frente!" Os conservadores dizem "melhor ficar na caminha, por aqui mesmo..."

Na verdade, precisamos das duas coisas: identidade e também mudança. A mesmice e o inusitado. Precisamos equilibrar as duas coisas para ir adiante sem perder a razão e cair na loucura.

Nesse sentido, as loucuras de Oklahoma e de Oslo representam um sinal de que, para certas pessoas, as mudanças estão indo longe demais, acontecendo depressa demais, cedo demais. Isso não quer dizer que devamos dar uma parada no progresso social; ou que devamos parar com a imigração, impedir a miscigenação e voltar aos tempos do nazismo e da "raça pura".

98

O que isso realmente quer dizer é que precisamos encarar a realidade e lidar com os desajustados e descontentes que se defendem usando a violência. Precisamos administrar as mudanças sociais de forma a evitar que os Felicianos de hoje se tornem os Hitleres de amanhã. Precisamos reconhecer que os conservadores radicais que existem no mundo inteiro são expressões do medo de mudar. Se esses movimentos forem ignorados eles fugirão ao controle dos seus próprios líderes originais; eles podem gerar destruição em massa, genocídio e até mesmo a destruição do planeta inteiro.

Na mídia internacional se vê muita gente falando sobre a necessidade de evitar que "governos radicais" (Irã) e "terroristas" (geralmente muçulmanos) tenham acesso a armas nucleares ou armas químicas e acabem por causar a morte de milhões de pessoas. Tenho igualmente medo de que algum maluco evangélico fundamentalista no interior dos Estados Unidos faça a mesma coisa!

As pessoas que sentem medo do progresso social podem ser muito perigosas, não importa se elas rezam numa mesquita, numa sinagoga ou numa catedral. Para evitar essa loucura, precisamos começar por reconhecer que ela existe e em seguida entende-la e trata-la. Não adianta tentar controlar essa loucura na base da força ou pela imposição de um Estado policial "Orwelliano." Precisamos, sim, lidar com isso através da educação (no sentido amplo, em termos de valores, cidadania, respeito, não no sentido "escolar"; precisamos de uma revolução nas práticas educacionais de hoje em dia, em casa e fora dela). Precisamos de mais discussão social e política, precisamos de políticas inovadoras.

Se ignorarmos a loucura do vizinho, corremos o risco de ser sua próxima vítima. Ou ainda pior: corremos o risco de nossos filhos se tornarem as vítimas da loucura social que nós deixamos de enfrentar.

# 12.  O Modelo brasileiro de gestão

O Brasil parece ser "o gigante que acordou". O que significa isso em termos de modelos de gestão? Será que o País finalmente se desvencilhou de importações americanas e europeias e criou algo que se possa chamar de autenticamente brasileiro? O que o Brasil tem a mostrar ao mundo em termos de gestão?

### Liderança Sincrética

A paisagem sociocultural brasileira é uma verdadeira mistura, na qual muitas raças e culturas realmente se mesclaram através dos séculos. Como disse a revista inglesa "The Economist", há alguns anos, "não existem brasileiros hifenados", ao contrário do que se vê nos Estados Unidos (onde se fala em "afro-americanos", "mexicano-americanos", etc.). Os Estados Unidos são mais um mosaico do que uma mistura. Os americanos "hifenados" refletem o fato de que os imigrantes formaram "guetos" ainda isolados. No Brasil só existem "brasileiros", que são resultado de misturas raciais e culturais que vêm acontecendo há mais de 500 anos e seguem acontecendo hoje. O resultado levou a certas misturas curiosas e gerou também alguns estilos mesclados de liderança.

### A história Odebrecht

Um exemplo digno de nota é o da Construtora Norberto Odebrecht (CNO), a maior empresa do gênero na América Latina, que expandiu seus negócios para outras partes do mundo. A empresa tem uma cultura organizacional muito própria e muito forte, que permeia todo o Grupo Odebrecht, incluindo investimentos significativos em petroquímica e em biocombustíveis.

A CNO foi fundada por Norberto Odebrecht nos anos '40 para pagar as dívidas da empresa do seu pai, afetadas pela disparada dos preços de matéria prima durante a II Guerra Mundial. Se pai ficou muito abalado e caiu seriamente doente, incapaz de continuar à frente do seu negócio.

Com apenas 20 e poucos anos, mal saído da universidade, o jovem Norberto criou uma nova empresa profundamente arraigada nos seus próprios valores pessoais. Ele havia sido educado por um tutor luterano alemão, contratado por sua família para lhe dar uma formação consistente no lugar em que moravam, na Bahia. O caráter de Norberto foi moldado conforme os ensinamentos humanistas do seu tutor: a valorização do ser humano como propósito da vida, se tornou o centro da sua própria existência. Agora adulto, ele desenvolveu sua empresa com o propósito de dedicar toda sua energia (e a de sua empresa) ao trabalho voltado para satisfazer as verdadeiras necessidades dos seus clientes.

Como Norberto não tinha capital de giro à disposição para pagar salários competitivos, ele criou um plano de participação nos lucros, bastante inteligente, que estava adiante do seu tempo. Conseguiu reter seus principais talentos oferecendo-lhes considerável autonomia (pela delegação e descentralização de operações) e uma significativa participação nos lucros. Sua habilidade de relacionamento lhe serviu muito bem, não apenas para negociar com clientes e fornecedores, mas também para estabelecer uma relação de confiança com seus principais colaboradores. Ao mesmo tempo, para manter total clareza e organização, Norberto introduziu "contratos de desempenho" em todos os níveis da empresa, chamando-os de "planos de ação" ("PA"). Em cada "PA" estavam pactuadas metas de realização para cada indivíduo, juntamente com os recursos necessários para atingir as metas, os lucros esperados e a repartição desses lucros com a equipe de trabalho à medida que as metas seriam atingidas. Desde que as condições básicas delineadas no PA fossem observadas, os gestores tinham total liberdade para gerir cada projeto como achassem melhor; todavia, eram responsáveis também pelo respeito aos valores do negócio, (a "filosofia do negócio") discutidos amiúde em reuniões periódicas com Norberto.

### Surge um "Modelo Brasileiro"

À medida que os negócios cresciam, a empresa Odebrecht se tornou conhecida pelo elevado padrão de qualidade, algo que se podia ligar aos antecedentes alemães da família. Por outro lado, isso ocorria em combinação com uma disposição em aceitar riscos que seus concorrentes evitavam. Os ditos "projetos difíceis" que encerravam desafios de engenharia, prazos apertados ou estruturas de financiamento sem garantias, tipicamente assustavam aos concorrentes. A Odebrecht aceitava esses desafios e enfrentava situações que outras empresas rejeitavam.

Para continuar crescendo, Norberto percebeu que precisava aumentar seu quadro de profissionais de maneira agressiva. Foi assim que introduziu uma outra prática inovadora: acrescentou metas de educação, treinamento e desenvolvimento em cada Plano de Ação. No decorrer de cada projeto, os gestores deveriam investir tempo e energia para desenvolver jovens talentos e formar novos gestores de projetos em todos os níveis. Um dos resultados mensuráveis de cada contrato passou a ser o número de profissionais formados e capacitados para assumirem funções mais qualificadas num próximo projeto.

Esse estilo de trabalho da Odebrecht se tornou uma combinação sincrética de práticas alemãs (altos padrões de qualidade, processos bem estruturados), baianas (relacionamento valorizado acima de tudo) e mais uma perspectiva de longo prazo (educação), descentralização e participação nos lucros. O resultado foi uma combinação singular, que não se encontra em outras organizações.

### O poder da mistura

A globalização resultou num mundo mais complexo, no qual há uma diversidade maior de clientes pedindo produtos cada vez mais diferenciados, os quais por sua vez precisam ser criados, manufaturados e entregues por uma força de trabalho cada vez mais diversa. Isso tudo exige cada vez mais das organizações em termos de complexidade e capacidade de resposta. As organizações de hoje precisam ser mais inovadoras e mais capazes de utilizar um repertório muito mais amplo de estilos de liderança e gestão.

Culturas como a do Brasil e também de outros países da América Latina, África e Ásia podem agora colher os benefícios do sincretismo: uma combinação rica de influências advindas de várias culturas e que resultam em abordagens ímpares.

Inicialmente as influências vinham dos imigrantes europeus combinadas com as culturas nativas e também combinadas com as influências africanas trazidas com a escravatura nos séculos 18 e 19. A partir do século 20, entretanto, a imigração também se globalizou... e os imigrantes para a América Latina passaram a incluir culturas do Oriente Médio e da Ásia. Os brasileiros também começaram a migrar para outras partes do mundo, como o Japão; os Argentinos e Uruguaios passaram a migrar para a Europa e todo mundo vai para os Estados Unidos.

Os novos estilos de liderança combinam a busca da excelência, típica da cultura alemã, com a capacidade de engajamento e o entusiasmo dos brasileiros. Combinam o foco nos resultados, típico dos ingleses, com a facilidade em desenvolver relacionamentos, algo típico das culturas latinas. Combinam a flexibilidade dos asiáticos com a disciplina conceitual dos europeus.

Essas mudanças começam a ser vistas também nos níveis mais elevados de liderança. A Renault designou Carlos Ghosn (metade brasileiro, metade marroquino) para dirigir a Nissan e recuperar a empresa; ele fez um trabalho tão bem feito que a Renault o nomeou seu CEO mundial e ele se tornou um verdadeiro "guru" na França. Enquanto isso, na Bélgica, a Inbev comprou a Ambev e levou "de inhapa" uma equipe de executivos brasileiros que logo assumiram posições-chave na organização adquirente e posteriormente a levaram a adquirir a Budweiser, tornando-se a maior cervejaria do mundo.

O que todos esses casos têm em comum é a competência desses dirigentes, que se criaram sob a influência de uma combinação de culturas distintas: parte europeia, parte latina, parte anglo-saxônica, parte norte-africana.

A segunda metade do século XX foi dominada pelos modelos americanos de gestão. Parece-me que os próximos 50 anos serão dominados por modelos mistos. Quanto mais cedo as organizações se tornarem capazes de entender esse fenômeno e utilizar esses novos modelos de maneira produtiva, mais cedo se tornarão as líderes de seus respectivos negócios no mundo cada vez mais complexo do século XXI.

# 13.    Parcerias

Há alguns anos atrás fui o Diretor de Recursos Humanos do Banco Real, que acabara de ser adquirido pelo ABN AMRO. Na época, tínhamos cerca de 23.000 funcionários e 700 agências.

O presidente do banco no Brasil era Fábio Coletti Barbosa, um líder inspirador como poucos. Fábio tem muito carisma e seu carisma deriva da sua autenticidade. Fábio não tem medo de ser autêntico, em qualquer situação, não importa quem esteja ao seu lado. Isso inclui às vezes sentir-se encabulado, ou sem jeito, e reconhecer esse fato; pode acontecer ao dividir a mesa com autoridades representando grandes potencias ou discursando para uma plateia de 1.500 pessoas. Sua autenticidade logo conquista todos que com ele interagem.

Aprendi muito trabalhando com Fábio e uma das coisas que aprendi é que ele não tem receio de pedir ajuda. Isso contradiz um estereótipo masculino que se observa em várias culturas; "homens de verdade nunca pedem ajuda"! Pois bem, Fábio pede ajuda e isso só aumenta a admiração e o respeito daqueles que o cercam.

"Pedir ajuda" inclui contratar consultores, obter conselhos de especialistas e formar parcerias com entidades e pessoas que podem agregar valor para o que você está tentando realizar. Isso deveria ser razão suficiente para qualquer um, mas a verdade é que muitos dirigentes, principalmente os machos da espécie, continuam com a impressão de que "pedir ajuda", solicitar a opinião de um especialista, ou formar uma parceria com outra organização, se tratam de iniciativas que de alguma forma irão prejudicar sua imagem de líder empresarial. Deve haver algum tipo de arquétipo masculino que exige do macho que demonstre ser totalmente autônomo e independente, capaz de fazer tudo sozinho, sem ajuda de ninguém, como o Super-homem ou o George W. Bush.

Nada pode estar mais distante da verdade, especialmente nos dias de hoje, quando todos os ramos de negócios estão interligados e são interdependentes. Charles Darwin já dizia que a "sobrevivência dos mais aptos" não se tratava da "sobrevivência dos mais fortes" e sim da "sobrevivência daqueles que são mais capazes de se adaptar às mudanças do seu meio ambiente".

Não faz tanto tempo (50 anos, se tanto) que o sucesso nos negócios era definido pela competição. As empresas capazes de vencer seus concorrentes, sendo mais rápidas, mais inovadoras, mais espertas, conseguiam excluir os concorrentes do mercado e com isso garantiam seu sucesso. Pois bem, isso mudou, como tudo na vida: já dizia a grande "guru" empresarial Nelson Ned: "tudo passa, tudo passará!"

O mundo empresarial está cada vez mais complexo e a sobrevivência no mercado global exige outras competências; antes não eram relevantes, no século passado, mas agora fazem a diferença entre o fracasso e o sucesso. Para navegar num mercado tão complexo é necessário formar parcerias; elas trazem capacidades instantâneas para sua organização e sem elas você levaria anos para desenvolver essas mesmas capacidades.

Não estou me referindo apenas ao desenvolvimento de novos produtos ou ao acesso a novos mercados ou segmentos; estou falando também do relacionamento com outros tipos de interlocutores, como universidades, escolas técnicas, autoridades governamentais e ONG's. Essas entidades todas eram praticamente irrelevantes para a maioria das empresas há 50 anos atrás. Hoje em dia elas são essenciais para o sucesso de qualquer negócio.

**No século XX era tudo diferente**

Nos idos de 1996 eu estava assistindo a um curso de executivos ("Senior Management Course") no ABN AMRO e tivemos como "palestrante convidado" um dos membros do "Managing Board" do banco, a diretoria mundial do ABN AMRO. Da plateia surgiu uma pergunta: "já que a tecnologia de informação está se tornando uma parte tão importante da atividade bancaria, o que o senhor acha de fazermos uma parceria com uma das grandes empresas de software, como a Microsoft, para desenvolver novas maneiras de prestar serviços aos nossos clientes?"

A pergunta parecia ser bastante relevante, aos olhos dos 25 participantes do curso; a resposta esperada era algo na linha de "sim, estamos negociando um acordo desse tipo com uma organização de tecnologia". Para nossa surpresa, a resposta foi bem diferente e totalmente decepcionante: "Sim, a tecnologia é importante para um banco, mas não tem sentido fazer uma parceria com uma empresa de software. Esse pessoal de tecnologia é muito diferente de nós. Não conseguiríamos trabalhar com gente que tem uma perspectiva tão diferente da nossa."

Ficamos todos chocados e incrédulos... Acho que essa resposta foi um exemplo do pensamento predominante entre os empresários mais conservadores, naquela época. Dez anos mais tarde, a realidade era tão diferente que o ABN AMRO havia desaparecido do cenário mundial, retalhado e comprado por seus concorrentes... Aquele mesmo diretor está desempregado até hoje e foi execrado na Holanda como principal responsável pela derrocada do banco.

Enquanto isso, no Banco Real, na virada do século XXI, as pessoas ouviam uma mensagem bem diferente. Desde o momento em que a aquisição do Banco Real pelo ABN AMRO foi anunciada, Fábio Barbosa reuniu seus diretores e falou de modo simples e direto: "estamos comprando um grande banco de varejo, um dos maiores do Brasil, mas nós não conhecemos o mercado de varejo. Nós somos um banco de atacado, portanto precisamos confiar no pessoal do Banco Real para que essa aquisição funcione." Ele prosseguiu e criticou abertamente todos aqueles que haviam se expressado com "arrogância de compradores" nessa parceria que se iniciava. Ele pediu que todos demonstrassem humildade, antes de mais nada, pois, de fato, o banco de varejo representava 90% da nova organização e era a parte adquirida quem detinha o "know-how" desse negócio.

Tudo isso começou a formar no novo Banco Real uma cultura de não temer a formação de parcerias para agregar valor ao negócio.

No ano 2000 Fábio organizou um grupo de pessoas mais próximas de si para discutir como o Banco Real poderia desempenhar um papel mais significativo junto às comunidades em que atuava. Naquela época, no Brasil, a noção de "Responsabilidade Social Corporativa" estava mal começando; ainda não tinha se tornado um termo "da moda". Começamos a discutir coisas como "desenvolvimento sustentável", qual deveria ser o papel de um banco em questões sociais como a pobreza, o preconceito, dar oportunidades a deficientes físicos, igualdade das mulheres, orientação sexual, e também questões ambientais como a poluição, o uso da água, o financiamento de fábricas que não tratavam dejetos.

Uma das primeiras coisas que todos reconhecemos foi o fato de que nenhum de nós conhecia esses assuntos. Todos dominávamos nossos ramos profissionais ligados à atividade bancaria: gestão de riscos, recursos humanos, controle financeiro, marketing. Tínhamos interesse em sustentabilidade enquanto cidadãos conscientes, pessoas preocupadas com uma sociedade mais justa, mas tínhamos pouco a oferecer além do nosso desejo de contribuir para esses assuntos.

A solução óbvia para nossos problemas era... formar parcerias. Decidimos procurar quem conhecia cada um desses temas e convidá-los para nossas reuniões. Começamos a formar grupos-tarefa para implantar algumas das ideias emergentes, para torna-las realidade. Em cada um desses grupos havia pessoas de fora do banco, especialistas e/ou conhecedores da matéria que se tornaram parceiros do banco de diferentes maneiras, sempre buscando agregar valor.

Formamos grupos para atacar questões de diversidade, uso da água, reciclagem de lixo, uso de energia, desenvolvimento de produtos "verdes", reforma das instalações das agências para facilitar o acesso de deficientes e para torna-las congruentes com as questões sociais e ambientais que queríamos atacar. Em cada grupo havia diferentes especialistas externos ajudando a viabilizar os projetos. Precisávamos também obter autorização governamental para certas iniciativas e isso envolvia autoridades municipais, estaduais e federais.

### Os meninos da rua ao lado

Havia um beco que passava ao lado do edifício sede do Banco Real, ligando a Avenida Paulista com a Rua São Carlos do Pinhal, com trânsito exclusivo para pedestres. Esse beco tinha um bonito nome: Alameda Rio Claro; entretanto, havia se tornado durante anos um reduto de desabrigados, viciados e traficantes. Era sujo, escuro e malcheiroso. As pessoas evitavam usá-lo, preferindo caminhar uma quadra a mais para usar a rua Itapeva, numa direção, ou a Rua Pamplona, na outra direção.

Os próprios funcionários do banco jamais utilizavam o beco. Ao perceber as pessoas maltrapilhas dormindo no calçamento e ao sentir o cheiro de feses e urina, todos evitavam se aproximar. Havia uma porta lateral do prédio que dava para essa via, exatamente a meio caminho entre a Paulista e a São Carlos. Essa porta permanecia fechada e trancada permanentemente, por segurança.

Haviam três outras entradas nos outros três lados do prédio; com o passar do tempo, todas as partes se acostumaram com a situação. O pessoal do banco fingia que o beco não existia; os viciados e traficantes usavam o espaço como "seu". A situação se cristalizou.

A sala da presidência do banco tinha uma janela com vista para o beco. Certo dia, numa de nossas reuniões sobre sustentabilidade, Fábio levantou o assunto. "Estamos aqui discutindo o que fazer para mudar o País, mas temos uma situação bem aqui do nosso lado... Temos que fazer alguma coisa aqui mesmo, no nosso prédio!"

Resolver a questão do beco se tornou um objetivo dentre as nossas iniciativas de sustentabilidade. Era um projeto concreto e a continuidade daquela situação depunha contra a qualidade de tudo o que estávamos tentando fazer em termos sociais e ambientais. Como acreditar no que o banco pretendia, se não conseguíssemos resolver a situação que existia na própria sede do banco?

Tecnicamente, a alameda era um espaço público. Não estava no terreno do banco, se tratava de uma via municipal com trânsito de pedestres. Qualquer coisa que quiséssemos fazer exigiria o envolvimento, a autorização ou a ação direta das autoridades municipais.

Antigamente, nos anos 50 ou antes disso, o banco enviaria um executivo para falar com o prefeito e exigiria que a prefeitura "limpasse" o beco. Afinal de contas, a responsabilidade era da prefeitura e nós estaríamos apenas pedindo que eles cumprissem com sua responsabilidade.

Essa teria sido a abordagem convencional. Na verdade, já havia sido feita algumas vezes pelas administrações anteriores do Banco Real e os resultados haviam sido limitados. A polícia havia surgido de surpresa e havia prendido todos os que se encontravam no beco. Uma equipe de garis surgira no dia seguinte e havia lavado a alameda em toda a sua extensão. Três semanas mais tarde, estavam de volta os frequentadores habituais: o fedor retornava ao que era antes e era como se nada houvesse acontecido.

Para evitar mais uma repetição, decidimos adotar uma abordagem diferente. Buscamos parcerias.

Visitamos as autoridades não para fazer queixas, mas para convidá-los a discutir alternativas de solução. Convidamos também certos jornalistas que tinham a reputação de escrever matérias denunciando o abuso de drogas e o descaso com os desabrigados. Convidamos sociólogos e assistentes sociais de organizações beneficentes dedicadas à reabilitação de usuários de drogas. Pedimos voluntários dentre o nosso quadro de pessoal, dispostos a trabalhar no projeto.

Queríamos envolver o nosso pessoal que encarasse esse projeto como "uma causa" e não como "uma tarefa". Garantimos a esses voluntários tempo livre para se dedicar ao projeto, durante seu horário normal de expediente. O chefe do projeto era um dos nossos executivos, mas todos os integrantes da equipe eram voluntários do banco e especialistas "externos" com interesse e conhecimento sobre o assunto.

Depois de várias semanas de longas discussões, muitas vezes frustrantes, a equipe começou a produzir resultados. Eles propuseram transformar a alameda numa espécie de "espaço público popular". Seria relativamente fácil limpar o beco, mas como fazer para que a mudança fosse realmente sustentável?

Ao invés de chamar a polícia para prender os viciados, pedimos a intervenção da equipe de reabilitação. Eles conversaram com cada frequentador do beco; ofereceram ajuda, grátis. Alguns aceitaram, outros mudaram para outro local na cidade. As coisas não aconteceram como num mar de rosas, longe disso. Mas pelo menos essa abordagem era melhor do que simplesmente bater nos viciados ou jogá-los na cadeia por uma semana.

Em seguida, começamos a mudar o aspecto visual da alameda: instalamos enormes floreiras e isso deu uma cara nova ao local. Aos poucos, as pessoas começaram a transitar pelo beco, vendo que não havia indivíduos ameaçadores e que o mau cheiro fora substituído pelas flores.

Ao mesmo tempo, conseguimos com a prefeitura que licenciassem estabelecimentos que quisessem se estabelecer na alameda. Surgiram um balcão de cafezinho com mesinhas ao ar livre; uma florista e um quiosque de sorvete. O banco construiu um estrado de madeira onde músicos de rua se apresentavam nas sextas-feiras de tarde. Instalamos bancos de parque, onde as pessoas podiam sentar para ler, tomar seu sorvete, escutar música. O beco se tornou um lugar para encontrar os amigos e após algumas semanas se consagrou como um "lugar da moda". Abrimos a entrada lateral do prédio para funcionários e clientes, criando um fluxo constante de pedestres que eram também clientes potenciais para os quiosques do beco.

Os recursos financeiros para viabilizar tudo isso vieram em parte do Banco Real e em parte da prefeitura de São Paulo. A maior parte do trabalho era de voluntários, sem remuneração.

Envolvemos uma escola próxima num projeto que havia sido sugerido por um dos jornalistas que participavam do programa. Se tratava de criar uma fileira de azulejos encrustados na calçada, ligando o prédio do Banco Real ao prédio da escola, que ficava a cerca de três quadras de distância. Cada azulejo foi pintado à mão por uma criança da escola.

Logo percebemos que não havia alunos suficientes na escola para pintar todos os azulejos necessários, seriam mais de mil. Convidamos os filhos dos nossos funcionários a participar, vindo ao salão de entrada do edifício numa determinada semana, para pintar azulejos. Todo mundo adorou. Os pais das crianças tinham grande orgulho dos azulejos que seus filhos pintaram e depois apontavam as respectivas "obras" na calçada: "Tá vendo aquele ali, com a bonequinha vermelha? Foi a minha filha que fez, ela tem só seis anos de idade!"

O programa todo durou mais de ano. Só para envolver as pessoas necessárias para começar, levamos várias semanas. Conseguir que todos concordassem sobre o que deveria ser feito, levou meses. Implantar as ideias acordadas levou ainda mais tempo. Até hoje, passados anos do acontecido, as pessoas têm orgulho da sua participação no programa e lembram daquele período com carinho. Todos aprenderam muito com o processo todo.

Desde o começo, a maneira como esse projeto se desenvolveu tornou-se um modelo para outros projetos em outras áreas. O grupo dedicado a revisar o uso de água no prédio-sede começou por engajar especialistas de ONG's focadas em questões ambientais. Esses especialistas trouxeram para a equipe uma riqueza enorme de conhecimento e sugeriram várias iniciativas que o grupo adotou.

Em paralelo, cada uma das outras equipes evoluía de forma semelhante. O grupo de "novos produtos" desenvolveu um fundo de investimento com uma carteira de empresas "verdes". Esse fundo foi o primeiro desse gênero no Brasil, seguido por muitos outros que imitaram seu sucesso.

O grupo dedicado a "instalações físicas" trabalhou nas questões de acessibilidade para deficientes físicos: fizeram botões de elevadores em Braille e reposicionaram os painéis para uma altura mais baixa, para que anões e cadeirantes pudessem alcança-los com mais facilidade (em todas as agências). Rampas de acesso para cadeirantes foram construídas em todos os prédios do banco. Mais uma vez, se formaram parcerias com ONGs e entidades governamentais para definir prioridades e adquirir o necessário conhecimento. Aprendemos com essas parcerias que era preciso utilizar móveis e utensílios especiais para possibilitar aos deficientes físicos o acesso a banheiros, pias, computadores e tudo isso foi providenciado.

O maior aprendizado para o nosso pessoal foi a parceria com pessoas ditas "diferentes" dos habituais parceiros de negócios no ramo bancário. Romperam-se barreiras psicológicas para trabalhar com ONGs e com agências do governo. Historicamente, as entidades reguladoras queriam entrar no banco para inspecionar suas atividades, descobrir algo de errado e aplicar punições. Os funcionários preferiam manter os reguladores o mais longe possível e dificultavam seu acesso a informações.

Com tudo o que aconteceu, o que se viu foram enormes mudanças de paradigmas. Os inspetores do governo se tornaram parceiros de várias iniciativas. Ao invés de buscar apenas o descobrimento de erros do banco, começaram a nos dar conselhos espontâneos para evitar erros e para melhor nos prepararmos para seguir novas normas que estavam por ser anunciadas. Se havia alguma nova legislação sendo proposta, eles nos avisavam para que pudéssemos nos adaptar com mais facilidade. Quando as novas normas eram anunciadas, já tínhamos condição de obedecê-las de imediato. Nos tornamos "modelos" para outros bancos em termos de seguir a legislação.

No começo desse processo todo, outros bancos ficaram bastante incomodados com o que estávamos fazendo. Nas reuniões funcionais da Federação de Bancos, diziam: "Como é que você pode trabalhar com aquela ONG? Eles são nossos inimigos! Eles querem prejudicar o nosso negócio!"

Depois de muitas explicações e passado algum tempo, conseguimos "educar" gradativamente o setor. Logo outros bancos anunciaram iniciativas semelhantes, cada um com seu estilo próprio. Fábio Barbosa foi eleito presidente da associação de bancos. Ele se tornou um líder formal do setor bancário, legitimando suas posições.

### Questões raciais

Eu liderava um grupo-tarefa bastante controvertido: o que tratava de Diversidade. Dizer que eu "liderava" talvez seja usar uma palavra forte demais. Eu fui inteligente o suficiente para reunir uma equipe de voluntários altamente motivados e capazes, que mergulharam de cabeça nesse tema altamente emocional. Logo nos vimos com vários subgrupos, dedicados a recrutar e treinar pessoas com deficiências físicas e mentais; a abordar questões de discriminação racial; questões de gênero; de idade. Formamos uma estrutura matricial na qual algumas equipes se dedicavam a todos esses assuntos do ponto de vista da função de RH: um grupo para recrutamento, outro para treinamento, outro para desenvolvimento de carreiras, um para avaliação de desempenho, etc.

Uma das nossas principais iniciativas era a de recrutar um número maior de não-brancos para ter um quadro de pessoal cuja distribuição racial estivesse mais alinhada com a distribuição das minorias raciais na população brasileira. Por exemplo, naquela época, menos de 2% do nosso quadro era composto de negros, enquanto que na população nacional haviam 12% de negros.

Mais uma vez, nos perguntamos: com quem poderíamos formar uma parceria para nos ajudar nisso? Como seria possível conseguir que um número maior de negros se candidatassem a trabalhar no banco? (Já sabíamos que a proporção de candidatos não-brancos era muito pequena; aparentemente, os negros tinham a expectativa de serem discriminados, portanto sequer buscavam se apresentar como candidatos).

A resposta que encontramos foi convidar todas as ONG's envolvidas com assuntos da raça negra para uma reunião onde se pudesse discutir e buscar uma solução conjunta.

A reunião foi qualquer coisa... Queria ter filmado; afinal de contas, estávamos vivendo um momento histórico. No entanto, é claro, não queríamos inibir ninguém e nem tampouco criar um palco para os radicais se exibirem diante das câmaras. Além disso, tínhamos muitas dúvidas sobre a própria reunião e seus possíveis resultados. E se a reunião fosse um desastre? E se os participantes nos botassem pra fora a pontapés? E se ninguém comparecesse?

No final das contas, tivemos 34 pessoas representando 31 entidades distintas. Havia de tudo o que você quisesse imaginar, da Associação dos Negros Evangélicos à Irmandade dos Negros Muçulmanos. Associação de Estudos Negros, de diferentes universidades. O Movimento Socialista Negro. O Instituto de História Africana. E assim por diante.

Comecei fazendo uma apresentação daquilo que o banco estava tentando fazer e por que razões o banco estava pedindo a ajuda dos presentes. Confesso que eu estava me sentindo pouco à vontade, sendo o único branco na sala, ajudado por duas mulheres brancas que faziam parte do grupo de voluntários, encarando uma plateia de 34 negros que pareciam bastante irritados.

Depois de mostrar dois ou três slides, quis estimular a participação da plateia e evitar que a reunião ficasse apenas num monólogo. Pedi a todos que falassem um pouco da sua experiência pessoal com o Banco Real e com os bancos em geral. Foi como um estouro da represa. Surgiram dúzias de histórias, aos borbotões, sobre como haviam sido pessoalmente discriminados, como clientes, como candidatos a emprego, pedindo um empréstimo, tentando abrir uma conta corrente ou simplesmente pagando uma conta de luz.

Continuei com a apresentação e num certo ponto mostrei um slide com a atual distribuição racial no quadro do banco: só 2% de negros, a maioria deles na base da hierarquia, nenhum em posição de gerência média ou superior. A distribuição por gênero (masculino e feminino) também era lamentável, era de dar vergonha. Eu disse que nós queríamos mudar essa situação, mas não sabíamos como.

Seguiu-se uma grande discussão, com todo mundo falando ao mesmo tempo. Algumas sugestões foram apresentadas por certos participantes, mas logo eram duramente criticadas pelos demais e submergiam. Parecia que isso tudo ia dar em nada.

Foi então que surgiu um momento decisivo, crucial. Uma das pessoas de maior senioridade na sala, um homem alto de cabelos grisalhos, usando uma túnica africana e um chapéu tradicional, que havia ficado cego devido a uma doença contraída depois de adulto, pediu silêncio e se levantou para falar. Até então ele escutara atentamente a apresentação e os debates, auxiliado por uma jovem assistente que lhe descrevia as imagens projetadas na tela.

"Vamos parar a discussão por um minuto" ele começou, numa voz grave. "A gente sabe que esse banco tem discriminação contra os negros, como todos os bancos tem. A verdade é que nós todos aqui também temos os nossos preconceitos, nós todos também discriminamos contra outras pessoas, por uma razão ou outra. Eu falo por experiência própria. Quando eu ainda tinha a minha visão, sofria discriminação por ser negro. Então me tornei militante, me associei `a luta contra a discriminação racial. Aí fiquei cego. As pessoas começaram a me discriminar por ser cego. Eu digo para vocês que isso foi ainda pior. Agora, aqui, esse pessoal desse banco fizeram uma coisa que nenhum empresa jamais fez: eles mostraram a distribuição racial do seu quadro. Todas as empresas escondem os números, não mostram para nós. Esse pessoal aqui estão abrindo os números, pela primeira vez. Ainda por cima, eles conseguiram colocar nós todos na mesma sala. Só isso já é uma coisa notável! Lá fora, nós somos todos inimigos. Nós estamos sempre brigando. Nós nunca vamos nas mesmas reuniões. O que nós temos aqui é uma oportunidade única e nós temos que agradecer esse pessoal por criar essa oportunidade. Nós não vamos resolver essas questões hoje nessa reunião, mas esse pode ser o começo de uma série de reuniões e talvez um dia a gente possa fazer alguma coisa de produtivo. Eu falo por mim. Eu quero fazer parte de um grupo que vai sentar com o Banco Real para continuar discutindo essas questões!"

Seguiu-se um silêncio profundo. Eu queria abraçar esse homem (que eu nunca tinha encontrado antes) e agradecê-lo por ter nos salvado. Me contive. Um murmúrio surgiu na plateia. Uma senhora eloquente, que havia sido bastante agressiva desde o início, ficou de pé e gritou a todos: "O irmão tá com a razão! Vamos deixar de ficar se queixando e vamos formar um grupo para continuar a discussão! Se a próxima reunião não der em nada, a gente sempre pode cair fora depois. Por enquanto, pode contar comigo!"

Todos aplaudiram. Voltei a respirar. Deixei de lado o restante da minha apresentação (ainda havia seis ou sete slides) e aproveitei a "deixa". Convidei a todos a se inscreverem para uma próxima reunião, cuja data seria anunciada nas semanas seguintes. Mais palmas e as pessoas se levantaram e formaram uma fila para se inscrever na próxima reunião. Alguns vieram conversar comigo, outros permaneceram na sala conversando animadamente entre si. Isso continuou por cerca de meia hora; as pessoas não queriam ir embora.

O grupo do banco fez várias reuniões com os representantes das comunidades negras. Apresentaram muitas sugestões úteis para abordar as questões levantadas, tais como fazer recrutamento nos centros comunitários, nas igrejas, espalhar a notícia de que estávamos lutando contra a discriminação e queríamos aumentar a proporção de negros no nosso quadro. Se apresentaram muitos candidatos ótimos, indicados pelos líderes presentes naquela primeira reunião. Conseguimos progredir bastante ao longo dos meses e anos decorrentes, embora eu acredite que o problema continue até hoje, só que em menor intensidade.

Meses depois, fui entrevistado pelo editor de um website sobre assuntos da raça negra. Ele me perguntou: "por que o banco fez tudo isso? Imagino que ele percebeu que poderia melhorar sua imagem diante do público em geral, que poderia conseguir mais clientes, certo?"

Minha resposta foi que "Esse não foi o motivo pelo qual fizemos tudo isso. Sim, tivemos bons resultados em termos comerciais, mas a verdadeira razão de fazer tudo foi simplesmente que havia um punhado de pessoas no banco que realmente acreditavam (e ainda acreditam) que isso era o que devia ser feito. Essas pessoas eram o Presidente, eu próprio, alguns dos meus colegas e dezenas de voluntários que integravam os grupos-tarefa e que acreditavam nisso como uma "causa" e não como um projeto. O motivo foi essas pessoas que acreditavam nisso."

### Um modelo brasileiro

O Banco Real se tornou a marca mais admirada do ramo bancário no Brasil, de acordo com as pesquisas de mercado da Greenwich. Se tornou também o banco líder em assuntos de sustentabilidade. Quando o Santander adquiriu o Banco Real em 2008, aos poucos a marca desapareceu e o trabalho em torno da sustentabilidade perdeu intensidade. Todavia, durou anos ainda dentro do Santander, pois as pessoas do antigo Real continuavam a acreditar naquelas causas.

O mais notável foi a reação dos clientes: milhares deles escreveram e ligaram para o Santander, pedindo que o trabalho de sustentabilidade continuasse. O Real conseguiu uma intensidade de relacionamento com seus clientes que até hoje é motivo de inveja; foi um fenômeno ímpar. O motivo central foi que o trabalho desenvolvido estava centrado em valores, compartilhados por funcionários, clientes, e fornecedores, corporificados na organização.

Em retrospecto, nada teria sido feito se não fosse pelas parcerias com entidades governamentais, universidades e com as ONG's (antes consideradas "inimigas").

Tudo aconteceu porque Fábio Barbosa liderou o processo, muitas vezes através do seu próprio exemplo, mostrando às pessoas-chave à sua volta que "não há problema em pedir a ajuda dos outros". Ele "deu licença" para que se procurassem pessoas "diferentes" que agregaram valor ao processo. As pessoas deixaram de ter vergonha de formar parcerias com essas pessoas "fora do comum" e perderam o medo de se aproximar dos "inimigos" (autoridades fiscais, ONG's, acadêmicos).

Com isso se criou um modelo que logo foi adotado por outras áreas da organização, em relação a atividades totalmente desvinculadas das questões de sustentabilidade. A lição que ficou foi a de que é possível fazer parcerias com outras entidades, mesmo com aquelas que anteriormente eram consideradas "diferentes" demais e gerar valor comercial com tais parcerias. Isso é possível tanto através de acordos comerciais formais, como também de maneira informal, sem contrapartidas financeiras.

Nos anos seguintes o Banco Real formou inúmeras parcerias para criar marcas afiliadas de cartões de crédito, para re-organizar os relacionamentos com diversos fornecedores de serviços (consultores, "call-centers" terceirizados, provedores de tele-marketing, construtoras que faziam novas agências, empresas de manutenção e limpeza, segurança, etc.). Produtos inovadores foram criados, financiando todo o tipo de bens de consumo, de viagens a carros usados e eletrodomésticos, produtos de gestão do fluxo de caixa foram desenvolvidos em parceria com clientes, produtos de pagamento via celular foram criados em parceria com empresas de telecomunicações.

Formar uma parceria se tornou algo corriqueiro e não se falava mais em "fornecedores", mas em parceiros. Sempre que alguém apresentava uma ideia para criar um novo produto ou serviço, a primeira reação era: "boa ideia! Com quem a gente poderia fazer uma parceria para levar isso adiante?"

Deixei o Banco Real em 2003 para mudar para Amsterdam. Deixei o ABN AMRO em 2007 para voltar a ser consultor. O que aprendi sobre parcerias no Banco Real naquele período entre 1999 e 2002 foi muito valioso. A marca desapareceu, mas as lições daquele modelo ficaram para quem quis aproveitá-las e aplicá-las em outras situações de vida.

# 14.     A primavera árabe mal entendida

A mídia europeia e americana saudou os protestos antigovernamentais no Oriente Médio e África do Norte como "uma vitória para a liberdade e para a democracia" e como "o começo de uma nova era". "Um novo mundo árabe" dizia a manchete em Paris. Antes de brindar a essa nova era e correr o risco de se engasgar com a champanhe no final do dia, seria bom colocar tudo em perspectiva e tentar entender o que realmente aconteceu.

Olhando para os acontecimentos sob o prisma da cultura, precisamos entender que o que ocorreu não foi nenhuma novidade e que não se trata, necessariamente, dos primórdios de uma transformação profunda. Desde os anos 70, Geert Hofstede assinalou que nas culturas de "Alta Distância De Poder" (Hierárquicas) as mudanças políticas acontecem "por revolução"; enquanto que nas culturas de "Baixa Distância De Poder" (ou "Igualitárias") essas mudanças ocorrem "por evolução". As pesquisas culturais revelam que as culturas árabes têm escores altos em Distância De Poder (DIP=80). Nos Emirados Árabes Unidos a DIP pode chegar a 90, enquanto que no Egito o escore pesquisado foi de 70. De qualquer maneira, estamos falando de escores altos, tanto no Oriente Médio como na África do Norte.

Vale notar que a derrubada de governantes por revoluções populares não é algo sem precedentes nas culturas Hierárquicas. Pelo contrário, isso acontece com certa frequência. Todavia, quando isso ocorre, não é porque os tunisianos, egípcios e líbios estão se tornando "mais americanos" nem "mais igualitários"; na verdade, estão confirmando seus valores básicos e suas respectivas identidades nacionais, que são diferentes daqueles encontrados nos Estados Unidos e no Norte da Europa. Estão protestando contra seus governos que não conseguiram atender suas expectativas e necessidades básicas. Seus sonhos não são "instalar uma democracia de estilo americano", nem sequer "escolher seus líderes em eleições livres e diretas"... O que querem é simplesmente empregos que lhes possibilitem sustentar suas famílias e manter um certo padrão de vida.

De certa forma, o que aconteceu recentemente nas culturas árabes não é muito diferente do que se observou na América Latina nos últimos dois séculos: líderes políticos fortes, que se mantiveram no poder por vários anos, acabando por serem depostos à força por revoluções ou golpes de estado. Os americanos inclusive cunharam o termo "república das bananas" para rotular esses governos latino-americanos que mudavam com certa frequência através de golpes de estado. Talvez as culturas árabes estejam passando por uma fase semelhante. Não existem plantações de banana na África do Norte, portanto talvez esse processo não esteja ligado às bananas em si...

Para o observador superficial, as culturas árabes e latino-americanas parecem ter muito pouco em comum: as camadas externas (visíveis) da cultura são muito diferentes. Os trajes folclóricos, os hábitos alimentares, a música, a religião e os costumes são bastante diferentes. Os valores subjacentes, entretanto, são bastante similares. Quase todas as culturas da América Latina e da África do Norte são do tipo "Pirâmide Social". Resultados de pesquisa apontam que essas culturas têm escores elevados em Distância de Poder e em Coletivismo (o oposto do Individualismo), bem como em Controle da Incerteza (CDI). Isso não é uma opinião; se trata de dados de pesquisa estatística, de estudos consistentes realizados repetidas vezes ao longo dos últimos 40 anos. Exemplos empíricos apenas confirmam aquilo que esses estudos revelaram desde os anos 70.

### A falsa "Revolução do Facebook"

A história que se vê na mídia é muito empolgante: milhões de jovens, conectados pela tecnologia do Século XXI, estão mudando o mundo para melhor. Uma história linda, que muitos de nós (inclusive eu) consome com entusiasmo. Uma espécie de "revolução hippie" do Novo Milênio, alimentada pelas redes sociais. Como dizia o Jô Soares: "melhor do que isso, só se for verdade!"

A verdade é que, realmente, a tecnologia ajudou as pessoas a se comunicarem com mais facilidade e a permanecerem conectadas o tempo todo. Mas não foi a tecnologia que fez as revoluções; pessoas de coragem fizeram as revoluções. A conectividade permanente fez com que se pudesse reunir multidões com mais facilidade no Cairo de 2011 do que na Paris de 1968. Não é só o Facebook ou o Twitter; é toda a infraestrutura de satélites, aparelhos móveis e a internet. Essa infraestrutura funciona igualmente para todas as partes envolvidas:

para os manifestantes em prol da liberdade e para as forças policiais repressoras, para os terroristas e para os militares. A tecnologia está disponível para todos e apesar de que no Egito o governo conseguiu interromper as comunicações entre os manifestantes durante algum tempo, existem tantas outras formas de evitar esses bloqueios e a economia com um todo está de tal forma dependente do contínuo funcionamento dessa infraestrutura, que se torna, na prática, impossível bloquear essas manifestações sem ao mesmo tempo bloquear a sociedade como um todo.

A tecnologia, portanto, acelerou os processos de comunicação social. Em 1968 foi preciso alguns dias para que os jovens da Sorbonne se comunicassem entre si e fossem às ruas. Isso agora pode ser feito em poucas horas. O outro lado da moeda é que as forças da repressão também dispõem de tecnologia mais avançada: a polícia usa choques elétricos, água de alta pressão, estão melhor organizados e mais capazes de mobilizar pelotões do que há 50 anos atrás.

O que não mudou, entretanto, são os valores subjacentes. Os valores que definem as dimensões culturais mudam muito pouco ao longo de tempo e em termos de culturas nacionais, 50 anos equivale a um piscar de olhos: ou seja, é preciso séculos para esses valores básicos mudarem.

As culturas do Egito, Tunísia, Líbia, Bahrein, Iêmen, Marrocos, Jordânia, Iran, Iraque, Síria e Arábia Saudita, em termos de seus valores básicos, são praticamente as mesmas de décadas atrás. O mesmo acontece nas culturas americanas e europeias. As camadas superficiais das culturas mudaram; e são essas camadas externas as que continuarão a mudar nas próximas décadas. A "verdade inconveniente" da cultura é que os valores subjacentes mudam muito lentamente, mais devagar ainda do que a mudança do clima, porque eles são determinados pela maneira como as crianças daquela cultura são educadas pela comunidade. Os valores culturais de uma nação mudam quando se muda a educação das crianças. Se as famílias e as escolas continuam educando as crianças da mesma maneira, os valores culturais subjacentes permanecem os mesmos. Como disse Belchior, "ainda somos os mesmos e vivemos como nossos pais!"

Isso não quer dizer que não se possa mudar nada. O que isso significa é que as mudanças acontecerão de acordo com os valores subjacentes de cada cultura. Os americanos continuarão sendo americanos. Os egípcios continuarão sendo egípcios. E as pessoas continuarão a perceber outras culturas de acordo com seus próprios vieses culturais respectivos. Todos nós percebemos o mundo segundo os filtros culturais que nos foram impostos por nossas respectivas culturas quando éramos crianças.

Os anglo-saxões, os holandeses, os escandinavos e os germânicos todos têm uma visão distorcida por suas próprias culturas (assim como o mundo inteiro tem visão distorcida graças a suas respectivas culturas) e enxergam um mundo ideal como sendo composto de baixa Distância De Poder, igualdade, um mínimo de hierarquia; também valorizam o individualismo e a liberdade, até mesmo ao ponto de detestarem qualquer forma de governo, de forma muito semelhante aos manifestos anarquistas do início do século passado (o movimento "Tea Party" nos Estados Unidos é um belo exemplo dessa tendência). Portanto, não é de surpreender que ao olhar para o Oriente Médio e Norte da África, essas culturas enxergam um movimento na direção de seus próprios valores de igualdade e liberdade individual.

Devo desapontá-los e dizer que a derrubada de Mubarak e Kaddafi não quer dizer que os egípcios e os líbios estão se tornando americanos ou alemães. Eles querem substituir os líderes anteriores por novos líderes, escolhidos por eles mesmos, mas continuam achando que algumas pessoas na sociedade devem continuar tendo mais poder do que outras (hierarquia) e que essas pessoas devem ter direito a certos privilégios em decorrência de arcarem também com uma parcela maior de responsabilidade.

### Autoridade e harmonia do grupo

O que derrubou os ditadores na África do Norte não foi o desejo de maior liberdade individual e menos autocracia, foi o desemprego e os preços dos alimentos. As pessoas numa "Pirâmide Social" querem um governo forte, mesmo que não seja democrático, mas que garanta a todos um padrão de vida satisfatório. Quem tem problema com as figuras de autoridade são os europeus e americanos, e não os norte-africanos. No mundo árabe as pessoas não foram às ruas protestar pela democracia, foram protestar por uma vida melhor. Quando a situação econômico-social piorar, as multidões voltarão às ruas para substituir seus ditadores por outros governantes, igualmente fortes e poderosos.

As culturas do tipo "Pirâmide Social" são, por definição, sociedades coletivistas. Isso quer dizer que as pessoas pertencem a grupos que cuidam delas em troca da sua lealdade. A opinião do grupo é mais valorizada do que as opiniões individuais e a manutenção da harmonia (dentro de cada grupo) é a prioridade "número um". Quando se consegue mobilizar uma certa massa crítica, milhares rapidamente se tornam milhões, crescendo exponencialmente como se viu no Cairo, tanto para derrubar Mubarak como para derrubar Morsi, dois anos depois. Essas multidões podem estar gritando por liberdade, mas é um estilo diferente de liberdade. Essas pessoas não estão apoiando o movimento "Tea Party" americano! Elas formaram uma multidão de milhões, unidas com o propósito de derrubar o líder vigente. Quando esse objetivo é alcançado, as pessoas revertem às suas lealdades originais, para com seus respectivos grupos e a grande multidão se fraciona em diferentes subgrupos.

O que se viu no Egito, tanto em 2011 (para derrubar Mubarak) como em 2013 (para derrubar Morsi) foi uma bela demonstração de como funciona uma sociedade coletivista. À medida que as multidões cresciam, mais e mais pessoas se juntavam a elas engrossando seus números. Quanto maior a multidão, mais gente queria se juntar a ela. A relação da multidão com os militares, em ambas as "revoluções", foi a mesma, exemplificando os valores de uma "Pirâmide Social": evitando a confrontação, a multidão pedia aos militares que apoiassem o movimento, que se juntassem ao mesmo, que se engajassem no processo coletivo. Os manifestantes comemoraram, em ambas as ocasiões, quando os militares anunciaram a formação de governos militares temporários (mostrando respeito à hierarquia). Em 2011 problema era Mubarak e não os militares em si; em 2013 o problema era Morsi, que foi inclusive criticado por "ser fraco demais."

Uma sociedade coletivista e de alta Distância De Poder não quer dizer que as pessoas gostam de se submeter ao abuso de um ditador; o que quero dizer é que as pessoas raramente expressam sua discordância de maneira individual (ao contrário do que ocorre nas sociedades individualistas). Elas manifestam sua discordância coletivamente, como opinião grupal. Tendo em vista que essas pessoas têm grande respeito pela hierarquia, elas terão maior tolerância pelos abusos de autoridade do que os integrantes de uma sociedade igualitária; mas essa tolerância tem um limite. Quando esse limite é ultrapassado, as pessoas se reúnem em grupos não apenas para "expressar sua discordância": elas fazem uma revolução e derrubam o governo, quer tenha sido democraticamente eleito ou não.

Nada disso é "certo" ou "errado". É simplesmente coerente com os valores culturais dessas sociedades.

Meus amigos do "Noroeste" do planeta podem ficar chocados, mas a verdade é que daqui a dois anos a situação política nas sociedades árabes vai estar muito parecida com o que existia antes da crise financeira internacional de 2008. Os governantes serão outros e alguns aspectos superficiais da cultura continuarão a mudar, como já vem acontecendo; todavia, os aspectos culturais mais profundos, os valores subjacentes no âmago da cultura, esses mudarão muito pouco e muito devagar. A maneira de administrar negócios e pessoas, os relacionamentos, a comunicação, a forma de negociar, tudo isso continuará acontecendo de forma coerente com os valores de cada cultura. Tudo isso só poderá mudar, lentamente, se mudar a maneira de educar as crianças em cada sociedade. Isso tudo muda muito mais devagar do que muitos de nós gostaríamos.

Realizar eleições democráticas na África do Norte será, sem dúvida, uma mudança; isso é inegável. Comparando a América Latina de 2013 com a situação de 1913, qualquer um pode ver que houve mudanças. Essas mudanças, no entanto, são mais superficiais do que pensamos. O elevado respeito pela hierarquia continua lá, muito mais alto do que nos Estados Unidos ou no Norte da Europa. No "Mundo Árabe" é provável que ocorra um processo semelhante: haverá mudanças, haverá mais liberdade. Entretanto, os valores básicos continuarão a determinar o comportamento das pessoas no trabalho, nas suas famílias, nas suas comunidades. As mudanças nas estruturas políticas são mais superficiais do que gostamos de reconhecer, em termos de cultura. Os valores centrais de uma cultura mudam muito devagar e isso exige de nós todos muita paciência.

# 15.    O Egito precisa de mais tempo

O Egito tem uma cultura de vários milênios, mas para fazer uma transição democrática precisa de mais tempo. A imprensa internacional (e alguns diplomatas infelizes) têm cobrado da nação uma transição rápida, com eleições urgentes. Nada poderia ser mais nefasto e os acontecimentos desde a revolução de janeiro de 2011 em diante comprovam essa triste realidade, de maneira trágica. Acelerar o processo democrático só interessa aos extremistas do processo político, que representam duas minorias: os militares num extremo e a Irmandade Muçulmana no extremo oposto. A grande maioria do povo egípcio não apoia nenhum desses extremos. Entretanto, os moderados precisam de tempo para se organizar como força política para conseguirem competir com os extremistas, que estão organizados há décadas.

O New York Times e a revista Time, apesar de terem a palavra "tempo" nas suas marcas, perderam a noção do tempo necessário para uma transição política de tamanha envergadura. O Brasil, por comparação, precisou de mais de uma década para passar de um governo militar a uma democracia plena; não é realista esperar que o Egito, que jamais teve um governo democrático em 4.000 anos de história, pudesse passar do autoritarismo à democracia plena em 18 meses.

A imprensa não percebeu que ao escrever sobre o Egito esqueceram de remover seus óculos culturais, que distorcem sua percepção da realidade. (Vide os capítulos "Tire os óculos" e "Primavera árabe mal-entendida"). A transição para a democracia é especialmente demorada numa cultura de alta Distância De Poder, como são o Egito e também o Brasil.

### Percepção equivocada

A distorção cultural mais evidente nesse processo é que as pessoas de culturas Anglo Saxônicas se sentem profundamente incomodadas pelo que vêem acontecer nas culturas hierárquicas e coletivistas, porque aquilo que observam vai em contrário a seus valores de igualdade e individualismo. Uma reportagem de capa na revista "Time" evidenciava essa distorção claramente, ao fazer um resumo da situação ao final de uma longa matéria (7 páginas) sobre o Egito: "na medida em que consigam re-estabelecer a linha divisória na política egípcia como sendo entre um governo militar e uma democracia civil, ao invés de entre islamitas e democratas seculares, os egípcios terão uma boa chance de progredir na direção de um Estado menos autoritário."

Os autores dessa reportagem não percebem que numa cultura hierárquica como a do Egito os militares contam com o apoio de grande parcela da população, certamente da maioria daqueles que têm melhor nível educacional e maior renda. O povo faz os ditadores; nenhum ditador se mantém no poder sem ter o apoio do povo. Os militares estiveram no poder por 60 anos porque tinham apoio popular. Os jornalistas anglo-saxões se incomodam tanto com as sociedades hierárquicas que se tornam cegos para o que realmente está acontecendo. Eles acham que o povo egípcio deveria se comportar como se fossem americanos ou europeus, mas as culturas são muito mais complexas e diversificadas do que isso.

Aos olhos dos anglo-saxões (e de alguns jornalistas brasileiros "colonizados"), os militares egípcios são "do mal" e deveriam imediatamente entregar o poder político para um governo civil, que seria sinônimo de igualdade e democracia. Na verdade, "governo civil" não significa que seja igualitário nem democrático, como se viu no Irã e em outros países também... O problema é que, para os anglo-saxões, regimes autoritários são sempre "maus", "bandidos" ou "errados". Os anglo-saxões são quem acha que a linha divisória na política egípcia está entre os militares ("maus!") e a democracia civil ("boa!"). Não percebem que o governo militar é desejado por muitos egípcios como sendo a única maneira de manter uma certa estabilidade, ordem e segurança. Nas sociedades hierárquicas, líderes fortes e poderosos são preferidos em detrimento de tipos "democráticos". O povo egípcio tem uma noção diferente sobre o que consideram ser a linha divisória entre suas facções políticas. Para eles, a divisão principal está efetivamente entre islamitas e secularistas; não acham que o seu maior problema esteja em terem um regime militar autoritário.

## O que está realmente acontecendo no Egito

O país está tentando fazer uma transição para a democracia, sim. O tempo necessário para tanto, porém, se mede em décadas e não em meses. As culturas anglo-saxônicas são orientadas para o curto prazo: tendem a pensar em termos de dias e semanas; "longo prazo" é qualquer coisa além de noventa dias. A transição política no Egito, entretanto, pode levar uma década para ser completada e o resultado final será muito diferente do que se vê na América do Norte e na Europa.

Vejamos dois exemplos recentes que são muitas vezes mencionados e comparados com o Egito: a Turquia e o Brasil.

A Turquia é mencionada com mais frequência no Egito, já que se trata também de uma cultura muçulmana e está mais próxima também do ponto de vista geográfico. Os militares na Turquia detiveram o controle do país desde Ataturk nos anos 30, que foi, basicamente, um déspota benevolente como foram também Nasser e Sadat no Egito. Até hoje o povo egípcio cultiva a imagens desses dois militares que faleceram no exercício do poder. Na Turquia os militares estão cedendo poder paulatinamente, mas esse processo já dura mais de dez anos e ainda não se encerrou. Como se pode esperar que o Egito, realisticamente, consiga fazer o mesmo em dez meses ao invés de em dez anos?

O Brasil fica mais longe em termos de geografia, mas os valores subjacentes são muito semelhantes aos da Turquia e do Egito: as três culturas são do tipo "Pirâmide Social", ou seja: hierárquicas, coletivistas, mais orientadas para a qualidade de vida do que para o desempenho, e com alto Controle Da Incerteza. O Brasil teve um governo militar de 1964 a 1985. Em 1985 tivemos uma eleição indireta, na qual o Congresso Nacional elegeu um presidente civil (Tancredo Neves, que faleceu antes de ser empossado e virou herói nacional sem ter governado).

A primeira eleição direta livre só aconteceu em 1990 e foi um desastre democrático. O candidato eleito foi Fernando Collor, um jovem charmoso e bonito, saído do modelo americano de cultura política "pop" que deu ao mundo o clã dos Kennedy. Collor era ótimo na televisão, tinha uma equipe muito boa escrevendo seus discursos e cativou milhões de brasileiros que nunca haviam votado para presidente. Acabou se revelando como o presidente mais corrupto da nossa história e acabou sendo forçado a renunciar diante de um processo de impeachment, antes de completar seu mandato. Foi somente em 1995 que tivemos nova eleição e somente então começou um verdadeiro processo de consolidação política e econômica.

Em 2011 o mundo "descobriu" o Brasil como força política e econômica, mas esse processo levou quase 25 anos. Pode-se argumentar inclusive que o início da transição política brasileira teve seu momento decisivo durante o governo do General Ernesto Geisel (75-80). Ele havia anunciado que a transição começaria com seu sucessor e foi desafiado pelo General Sylvio Frota, que se opôs a entregar o governo aos civis, que considerava "ainda despreparados e incapazes" para dirigir o país. Reza a lenda que Geisel confrontou Frota e seus aliados, exonerou-os de seus cargos e prosseguiu com a transição planejada, que incluía a nomeação do General João Figueiredo como "último militar" presidente com mandato de 1980 a 1985.

Ao longo dos anos, gradativamente os civis assumiram o poder e nossa democracia se tornou uma instituição sólida, embora muito diferente do modelo anglo-saxão. Geisel foi um tipo autoritário que usou seu estilo pessoal para garantir uma transição para a democracia civil. Isso é quase uma contradição, mas demonstra que os militares podem ser autoritários e a favor da democracia.

Quero destacar que uma revolução popular é na verdade um conceito romântico, que nunca atinge o desfecho almejado, principalmente no curto prazo. Conseguir mudanças verdadeiras desse tipo exige muito mais tempo do que a maioria das pessoas está disposta a esperar. Mesmo quando as mudanças eventualmente acontecem, o produto final é muito diferente numa sociedade hierárquica, quando comparado ao que se vê numa democracia anglo-saxônica. Muitas vezes é melhor ter um governo autoritário que zela pelos interesses do povo do que ter um bandido que foi democraticamente eleito.

### As democracias anglo-saxônicas são melhores do que outras?

A resposta simples é: não! Elas não são melhores do que outras formas de democracia e nem sequer são necessariamente melhores do que formas de governo não-democráticos. Precisamos todos nos dar conta de que existem valores culturais profundamente arraigados por trás dos regimes de governo da nossa preferencia.

Esses valores distorcem nossa percepção acerca do que seria melhor para qualquer determinado país. O que é bom para os Estados Unidos provavelmente não funciona tão bem em qualquer outro lugar, com a possível exceção de uma outra cultura anglo-saxônica como a Inglaterra ou a Austrália. Muitos europeus não consideram que os Estados Unidos sejam realmente "um país livre", pois entendem que lá existe uma forte censura e qualquer opinião dissidente é logo rotulada como "antipatriótica" ou "antiamericana". O que será melhor para o Egito terá de ser alguma coisa desenvolvida pelo próprio povo egípcio, de acordo com seus valores egípcios, sem qualquer interferência externa.

O resultado da primeira eleição presidencial, em 2012, revelou que a maioria do eleitorado não queria um governo militar e nem tampouco um governo islamita. A maioria dos votos acabou dispersa entre dez candidatos que representavam diversas facções políticas mais moderadas. A pressa em realizar eleições o quanto antes, logo após a derrubada de Mubarak, ao invés de aguardar cerca de dois anos por uma transição gradual, resultou numa vitória de dois candidatos para um segundo turno: o candidato militar e o candidato da Irmandade Muçulmana, simplesmente porque essas duas facções eram as únicas que estavam razoavelmente organizadas para uma campanha eleitoral.

Morsi ganhou o primeiro turno com cerca de 12% de apoio do total de eleitores registrados; seu oponente militar teve cerca de 11% dos votos. Mais da metade dos eleitores simplesmente não compareceram às urnas; aqueles que o fizeram preferiam "uma terceira força", mas não lograram se unir em torno de um mesmo candidato, não conseguiram traduzir sua vontade como força política coesa: precisariam de mais tempo para tanto, para formar alianças. A pressa funcionou como inimiga da democracia: favoreceu aos radicais nos dois extremos da distribuição política. As multidões da praça Tahrir foram manipuladas a apoiar uma eleição feita às pressas, que só interessava aos não-democratas.

Quando Morsi venceu o primeiro turno, por pequena margem e apenas a quarta parte dos votos válidos, muitos decidiram apoiar Shafiq, o candidato militar, no segundo turno, simplesmente para se opor à possibilidade de uma ditadura islamita liderada pela Irmandade Muçulmana. As pessoas fora do Egito precisam entender que muitos egípcios preferem ter um regime secular liderado pelos militares do que se verem num Estado Islamita.

Dentro de alguns anos (talvez daqui a menos de uma década, mas é melhor esperar sentado) talvez o povo egípcio venha a desenvolver uma democracia institucionalizada feita de acordo com seus próprios valores. O principal ingrediente para isso, que no momento ainda está faltando, é a educação. O país necessitará de enorme investimento em educação, durante muitos anos, para desenvolver uma nova geração capaz de fazer escolhas bem informadas em relação a diferentes candidatos políticos.

## Pelé tinha razão

Nos anos 80, quando no Brasil se fazia campanha pelas "diretas já" e contra o regime militar, Pelé foi entrevistado e famosamente declarou que o país não estava pronto para a democracia porque "o povo brasileiro não sabe votar". Ele foi criticado por todo o país por ter dado essa declaração, já que isso representava um endosso ao regime militar.

Na verdade, Pelé tinha razão ao afirmar que a maioria dos brasileiros não sabiam escolher os melhores candidatos. A maior parte do nosso povo era mantida na ignorância por um sistema político perverso que não oferecia educação para todos e que facilitava a manipulação das massas ignorantes por uma oligarquia de políticos safados.

Todavia, a melhor maneira de um povo aprender a votar é... votando! A melhor maneira de desenvolver uma democracia mais justa é exercitando o direito de votar, quanto maior a frequência, melhor, em todos os tipos de eleições e com muito debate político, em todos os níveis da sociedade. Uma democracia não se faz apenas com o voto e sim através da expressão de diferentes pontos de vista políticos, pela expressão de diferentes opiniões e pelas discussões dessas opiniões. Esse processo precisa começar aos poucos, devagar, acompanhado de um processo de educação sobre cidadania e civilidade. Quanto mais cedo isso começar, melhor; os resultados virão na próxima geração apenas (sim, o processo é lento...). Pelé estava errado quanto às implicações da sua declaração. O povo precisa ter o direito de votar para poder aprender a votar; com isso vão melhorar a qualidade do seu voto em cada eleição. Proibir o voto só atrasa o processo. No entanto, as pessoas precisam primeiro aprender a caminhar, para depois aprenderem a correr. Forçá-las a correr antes do tempo pode leva-las a cair de cara no chão. A construção de uma democracia consistente precisa ocorrer de mãos dadas com a educação do povo.

Enquanto nação, até que o Egito não está tão mal, diante das circunstâncias. Apesar da violência, têm conseguido evitar uma guerra civil aberta como aconteceu na Líbia e na Síria. Tiveram uma primeira eleição, mas que foi apressada demais e resultou num presidente que fechou o congresso, brigou com o judiciário e alienou o povo. Sem apoio popular, foi derrubado por um golpe militar com apoio explícito de milhões, algo nunca visto antes em tamanha dimensão.

O que se espera é que no decorrer dos próximos anos possa surgir um candidato presidencial mais moderado, capaz de representar os anseios da maioria da população. Se um candidato com esse perfil vier a ser eleito, será dado um passo importante rumo à democracia institucional. Se houver, em paralelo, um investimento maciço em educação, a sociedade egípcia continuará a evoluir na próxima década e poderá desenvolver seu próprio modelo democrático. Isso deverá gerar maior estabilidade econômica, atraindo investimentos internacionais para desenvolver a região.

O caminho será cheio de percalços e é de se esperar que haja alguns retrocessos. Será preciso que a elite da nação, que apoiou o regime militar, venha também a apoiar um processo de transição gradativo para uma sociedade mais inclusiva, pode-se ter a expectativa de que muita coisa boa venha a acontecer. Com a cara do Egito.

# 16.    Tumulto em Londres

A BBC e o New York Times disseram que as pessoas ficaram "perplexas" e "tentando entender o que provocou a súbita explosão de violência" em Londres em meados de 2011. Não se quem ficou "perplexo" foram as pessoas em geral ou mais especificamente os jornalistas que escreviam sobre os acontecimentos...

Parece claro que o que desencadeou aquele movimento todo foi a morte de Mark Duggan, um negro de 29 anos, morto por policiais no dia 4 de agosto de 2011. Houve protestos sobre o ocorrido, no próprio local, no dia 5. Somente no dia 6 a polícia informou oficialmente à família de Duggan sobre sua morte e essa demora gerou protestos ainda maiores. No dia 7 de agosto, um domingo, seria de se esperar que as manchetes dos jornais refletissem a situação, com mensagens do tipo: "Violência policial provoca revolta popular!". Estranhamente, os jornais londrinos publicaram matérias pequenas e discretas sobre o assunto. Durante a semana seguinte, os protestos se espalharam por vários pontos da cidade e geraram movimentos de apoio em outros municípios, envolvendo milhares de pessoas, saques e violência generalizada. Somente então a mídia passou a cobrir o que acontecia com a devida atenção e destaque.

Se o mesmo tivesse ocorrido na China, certamente as manchetes nos Estados Unidos e na Inglaterra teriam denunciado a censura à imprensa por parte do governo chinês. Quando isso acontece na própria Inglaterra (e nos Estados Unidos) é de se perguntar o que houve para que a mídia ignorasse a situação. Foi auto-censura? Houve uma censura informal de parte do governo inglês, ligando para os principais jornais e TVs e pedindo que "tratassem o assunto discretamente" ou que "evitassem exageros" na cobertura dos primeiros protestos?

O que deve ser preocupante não é apenas a questão da censura à imprensa; chama a atenção também a atitude generalizada de tentar minimizar a seriedade da situação de desemprego, procurando varrer a sujeira para debaixo do tapete.

Reportagens de Londres feitas nas semanas subsequentes aos tumultos relataram declarações dos conservadores lamentando que "Nosso país mudou. Perdemos alguma coisa."

BIDUU!!! É claro que a Inglaterra mudou. Sabe do que mais? Todos os países mudaram. Todos perderam alguma coisa. Se é que tinham realmente "alguma coisa" em primeiro lugar?

O New York Times reportou que as pessoas perguntavam, depois dos saques: "que fim levou o respeito e a decência?" Pois bem, o respeito e a decência já não estavam lá, para princípio de conversa, como algo devido a todos os integrantes da comunidade. Havia preconceito e discriminação racial, desde séculos atrás e continuando até hoje. Havia uma clara distinção entre "a classe dominante" e "a classe trabalhadora", também há séculos. Essas coisas, infelizmente, não desaparecem da noite pro dia... Em termos de mudança cultural, uma década não é nada.

### A culpa é dos outros

É incrível como no mundo inteiro existe uma reação automática em culpar "os outros" pelos problemas que se tem. Os favoritos para essa posição de "outros" são sempre os estrangeiros. É uma reação tribal, culpar quem não é da tribo. O curioso é notar que mesmo nas grandes capitais do mundo desenvolvido, em Paris, Berlim, Londres, Nova Iorque, ainda se vê no século 21 esse comportamento tribal. "A culpa é dos imigrantes" parece ser a resposta automática. Mais curioso ainda é notar que tanto Muammar Kadafi culpou "os imigrantes" pelo que aconteceu na Líbia, ao mesmo tempo que os líderes do Partido Conservador na Inglaterra culpavam os imigrantes pelo que aconteceu em Londres.

Até os moradores de Tottenham (bairro central onde houve grandes tumultos) disseram que "essas pessoas que estão saqueando e tumultuando não moram aqui no bairro".

Este é um problema do nosso tempo: as pessoas se movimentam... Elas se comunicam (celulares, Twitter, Facebook). Não adianta botar a culpa "nos outros", em quem "não é daqui". Não dá pra isolar os bairros. Alguém gostaria de implantar o "apartheid" em Londres? Não acho que isso resolveria coisa nenhuma, só iria agravar a situação.

O que acontece é que quando estourou a crise financeira de 2008, na Inglaterra botaram a culpa no Partido Trabalhista. A ironia dessa atitude é que a crise foi causada por especulação sem limites no mercado financeiro (bancos de investimento), gerada por gente que tipicamente vota e apoia o Partido Conservador. Portanto, os conservadores geraram a debacle do mercado financeiro, colocaram a culpa nos progressistas, ganharam a eleição para assumir o governo e logo implantaram uma série de políticas e medidas que redirecionaram o impacto da crise econômica, para longe da "classe dominante" e para cima da "classe trabalhadora". Isso não é apenas irônico, isso também é trágico.

O desemprego se multiplicou e deve continuar elevado por alguns anos, devido às políticas recessivas adotadas pelo governo conservador. Reduzir as despesas do governo imediatamente aumenta o desemprego, qualquer economista de segunda classe sabe disso. O que é mais importante ainda, no entanto, é o direcionamento dos cortes. Segundo a BBC, os programas públicos voltados para a prevenção da criminalidade tiveram cortes maiores do que os programas voltados para reprimir a violência. Será que foi só burrice e incompetência do governo ou existe alguma intenção malévola por trás de tudo, manipulando os políticos ingleses para garantir que eles tomem as piores decisões possíveis em relação às políticas sociais e econômicas?

Os conservadores agiram rápido, na base do "faça aos outros antes que eles façam em você": botaram a culpa de tudo nas políticas de integração dos imigrantes. De acordo com a visão dos conservadores, essa gente "que não é daqui" é simplesmente "gente ruim" e as políticas de integração praticadas nas últimas décadas não conseguiu transformá-los em "gente boa". A culpa desse fracasso foi jogada no Partido Trabalhista.

Integração de verdade

A menos que as políticas econômicas E as políticas de integração sejam mudadas dramaticamente, a situação vai piorar antes de melhorar. (*nota do autor: escrevi isso em setembro de 2011 e durante dois anos a situação na Inglaterra continuou a piorar*). O primeiro passo é reconhecer a seriedade da situação. A Inglaterra não está no caminho da recuperação econômica. A não ser que as políticas mudem, continuarão a ter um impacto negativo na situação de emprego e isso deve gerar mais violência social.

A prioridade das políticas econômicas deve se voltar para a geração de empregos, mesmo que isso aumente o déficit público. É preciso ter políticas mais criativas. Vide o belo livro de Schumacher "Small Is Beautiful" (O bonito é ser pequeno). Precisamos criar milhões de oportunidades de trabalho para jovens e idosos. O desemprego marginaliza milhões de pessoas e daí para o crime é só mais um passo, especialmente numa sociedade em que as figuras de autoridade estão desmoralizadas.

Nesse momento, a polícia inglesa esta desmoralizada. Atiraram em pessoas inocentes mais de uma vez nos últimos anos e ficaram apenas observando enquanto os protestos cresciam até se tornarem incontroláveis. Usaram força de menos no início e força demais quando já era tarde.

Os políticos estão desmoralizados: o escândalo das escutas telefônicas revelou muito mais do que invasão da privacidade, revelou uma enorme rede de corrupção na qual os políticos e os jornalistas pagam uns aos outros comprando e vendendo favores de ambos os lados. A polícia também está implicada nessa rede e todas as partes são culpadas de tentar esconder a situação toda, obstruindo as investigações e escondendo provas.

A Igreja também está desmoralizada, mais recentemente por novas acusações de pedofilia e por encobrir as investigações sobre o assunto.

O Primeiro-ministro David Cameron declarou ser favorável a "dar uma sacudida" na polícia inglesa. Creio que o se faz necessário é algo que vá um pouco além de uma simples "sacudida" e deve incluir também outras instituições, como o Parlamento, o Poder Executivo e o Judiciário. A reforma precisa envolver também instituições particulares, como as empresas de comunicação de massa e ainda todo o sistema educacional. Estamos vivendo uma crise de valores e isso quer dizer que a questão é mais ampla e mais profunda do que costuma ser descrita. Ainda é possível resolver a situação, mas serão necessárias medidas mais amplas e profundas, não apenas o "panis e circensis" de sempre.

As políticas de integração social precisam mudar para promover integração de verdade. Isso exige transformar gradativamente uma sociedade que é produto de várias forças sociais agindo simultaneamente. Não significa transformar a Inglaterra numa sociedade muçulmana, mas também não significa transformar todos os muçulmanos em anglicanos. É preciso transformar a Inglaterra numa sociedade pluralista na qual a diversidade de antecedentes culturais é vista como sendo uma força e não como algo a ser evitado.

Realmente, o País perdeu alguma coisa. Perdeu a subserviência das minorias, que já não se calam diante dos abusos que sofrem. As minorias aprenderam os valores anglo-saxões de igualdade, individualismo e valorização do desempenho. E agora? Aprenderam esses valores e passaram a adotá-los na prática! Acreditaram naqueles que lhes diziam que "todas as pessoas são criadas com os mesmos direitos", "a liberdade é o nosso bem mais valioso" e "todos devem ter igual oportunidade para progredir no trabalho, com base no seu mérito e desempenho".

O País também tem algo a ganhar nesse processo. Pode ganhar a riqueza que a diversidade representa. Pode aproveitar os benefícios de aprender mais com pessoas diferentes de você mesmo. Pode aprender a ter respeito por todas as pessoas, inclusive por aquelas que praticam uma religião diferente ou que possuem antecedentes raciais diferentes. O País pode renovar seus valores anglo-saxões e garantir que a sociedade seja realmente igualitária e não ofereça privilégios a quem mora em determinados bairros. Pode assegurar que todas as pessoas respondam por seus atos diante da lei, mesmo que ocupem posições elevadas na hierarquia governamental. E pode reforçar o valor de que o critério para progredir no trabalho seja o mérito, ao invés de pertencer ao mesmo clube do Primeiro-ministro.

A Inglaterra do Século XXI será talvez mais equilibrada nos seus valores. Pode evoluir na direção de ser igualitária de cima até embaixo, sem a distinção entre uma "classe dominante" e uma "classe trabalhadora", embora mantendo o respeito pela autoridade. E pode moderar a orientação para o desempenho e a meritocracia com um pouco mais de qualidade de vida e consideração, de forma a melhorar o equilíbrio entre o trabalho e o lazer.

A solução para seus problemas sociais está em olhar para a frente, buscando novas soluções, ao invés de tentar retornar ao passado. Precisamos respeitar e entender o passado, para evitar repetí-lo. Precisamos criar um futuro que seja ainda melhor do que o passado.

# 17.  Democracia na China

A imprensa americana e inglesa estão sempre reclamando da falta de democracia na China e em outras partes do mundo, especialmente na África, na Ásia e no Oriente Médio. Recentemente, quando regimes autoritários (apoiados pelos Estados Unidos, vale lembrar) foram derrubados na Tunísia, no Egito e na Líbia, a imprensa se apressou em chamar esses movimentos de "primavera árabe" e saudou a chegada de uma nova era de democracia na África do Norte. Ao surgirem revoltas populares semelhantes no Bahrain, no Iêmen e na Síria, mais uma vez a mídia interpretou isso tudo como sendo movimentos pedindo democracia. Em seguida surgiram artigos perguntando se a próxima "bola da vez" seria a China, se haveria uma "primavera chinesa" ou simplesmente se isso era apenas uma questão de tempo para que o povo exigisse democracia na China.

Nenhum dos autores dessas matérias pareceu perceber que existe um fator que é o mais importante de todos em todas essas situações: a cultura. Cada um desses autores olhou para as diferentes situações através de seu respectivo viés cultural, sem se dar conta disso. Todos não entenderam o que aconteceu na África do Norte, assim como continuam sem entender o que acontece na China.

Apesar do Professor Geert Hofstede ter publicado seu primeiro estudo de pesquisa ainda nos anos 70, muitas pessoas seguem sem entender as implicações das dimensões culturais na política e na maneira como diferentes sociedades são organizadas. Parece que esses autores ainda se mostram surpresos ao descobrir que outras culturas NÃO possuem os mesmos valores que a Inglaterra e os Estados Unidos.

### Culturas de alta Distância De Poder (DIP)

Há alguns anos atrás eu estava conduzindo um seminário sobre gestão intercultural para um grupo de pessoas vindas de várias culturas diferentes. Estávamos já bastante avançados na discussão das cinco dimensões culturais identificadas nas pesquisas de Hofstede e estávamos aprofundando a discussão da "Distância De Poder". Uma participante americana perguntou o que se poderia fazer para remover os atuais governantes da China de suas posições no poder, de modo a mudar a cultura e transformá-la numa sociedade de baixa

Distância De Poder. Ficou claro que ela não havia ainda entendido essa dimensão.

A Distância De Poder é definida como sendo "o grau em que os integrantes menos poderosos das instituições e das organizações aceitam que o poder seja distribuído na sociedade de maneira desigual." Portanto, a DIP de uma sociedade não é definida por seus dirigentes e sim pelos valores do seu povo.

Ela continuava sem entender. Ela argumentou que os dirigentes chineses, como gozavam de poder absoluto, estavam manipulando a cultura para garantir que ela continuasse sendo "de alta DIP". Esse engano é cometido com frequência por pessoas criadas numa cultura de "baixa DIP", ou melhor dizendo, se trata de uma cadeia de pressupostos errôneos que geralmente é feita:

1. A alta DIP é "má".
2. A alta DIP é criada e mantida por aqueles que detêm o poder
3. "O povo" quer mudar a sua cultura para que ela se torne uma cultura de "baixa DIP"

O que essa participante americana não conseguia aceitar é que, na realidade, a alta Distância De Poder não é, em si, uma coisa "má". Ela apenas é percebida como tal por pessoas advindas de uma cultura diferente. Da mesma maneira, alguém advindo da China (ou de qualquer outra cultura de alta DIP) poderia observar a cultura dos Estados Unidos (ou qualquer outra cultura de baixa DIP) e dizer: "Que coisa horrível! As pessoas não têm nenhum respeito pela autoridade! Que sociedade caótica e ruim!" Nosso visitante chinês poderia inclusive perguntar "como se poderia derrubar os seus líderes incompetentes e substituí-los por alguém que consiga o respeito que merece e que restitua a ordem natural das coisas?"

Parece difícil de aceitar, nas sociedades de baixa DIP, que não são os ditadores quem definem o seu poderio, mas sim a aceitação dos demais é o que o define. Entretanto, o fato de que o povo aceita um líder poderoso e forte não se significam que estejam sempre satisfeitos com o seu líder **atual**. O povo pode muito bem protestar e se revoltar contra o regime vigente e substituir uma liderança por outra. Porém o novo líder será igualmente obsequiado com uma grande dose de autoridade, exatamente como o anterior. As pessoas numa sociedade da alta DIP não estão necessariamente querendo que ela mude para baixa DIP. Na maioria dos casos, o que querem é uma mudança de liderança, mas não uma mudança de estilo de liderança.

## Para entender a mentalidade de "alta DIP"

As pessoas numa cultura de alta DIP acreditam que certas pessoas detêm muito mais poder do que outras e que isso é apenas uma realidade, a vida é assim. Essa realidade pode ser claramente observada em diversas situações, começando com a célula familiar (onde os mais velhos têm mais autoridade do que os mais jovens) e se estendendo para o trabalho, as escolas, os órgãos públicos, em toda parte. Os líderes, gestores, chefes, professores, são todos figuras de autoridade. Eles detêm "poder atribuído", através de suas posições na sociedade, que raramente é contestado, ao invés de "poder conquistado", que pode ser contestado (e frequentemente é) nas culturas de "baixa DIP".

Concomitante com esse poder atribuído, as figuras de autoridade gozam de privilégios e arcam com responsabilidades. O povo dessas culturas acredita que essas coisas estão sempre juntas: poder, privilégio e responsabilidade. As figuras de autoridade detêm poder e têm o direito a ter privilégios. Isso é uma questão de justiça, já que essas pessoas também arcam com enormes responsabilidades. Todas as decisões são tomadas pelas figuras de autoridade. Toda a responsabilidade fica depositada nessas figuras de autoridade. Elas são encarregadas também de cuidar do seu povo.

"Até amanhã, se Deus quiser... João Francisco e a mulher. E os filhos que tiver!"

Esse ditado popular no interior do Rio Grande do Sul é um exemplo interessante. O General João Francisco comandava um regimento do exército brasileiro encarregado de proteger a fronteira do Brasil com o Uruguai. Por quase trinta anos (1893 a a923) ele fez não apenas isso mas de fato governou a região exercendo poder absoluto. Foi conhecido por não fazer prisioneiros nos vários combates que aconteceram entre uruguaios e brasileiros que disputavam a demarcação da fronteira, os revolucionários que contestavam a autoridade do governador local e os ladrões de gado que contrabandeavam reses e ovelhas de um país a outro (seguidamente esses três grupos eram na verdade o mesmo grupo). Tamanho era o respeito que o povo da região nutria pelo general, que essa expressão popular se difundiu espontaneamente. Nada acontecia sem que ele assim quisesse (e também sua esposa e filhos). Nas culturas de alta DIP a autoridade é atribuída ao ocupante de uma posição e estendida aos integrantes da família à sua volta. Os familiares não precisam conquistar respeito; eles o têm como direito, simplesmente pelo fato de fazerem parte da família de quem tem o poder.

A "enorme responsabilidade" que acompanha a posição significa que tudo que aconteça de errado na comunidade será basicamente culpa do detentor do poder e ele (ou ela) terá que fazer alguma coisa. A figura de autoridade é responsável por tudo. É responsável por cuidar das pessoas que lhe prestam lealdade. Se alguém fica doente, ou tem um acidente, cabe ao detentor do poder tomar providências. Se o acidente foi causado por um motorista imprudente, cabe aos detentores do poder aplicar punições a quem provocou o acidente. Se a estrada estava em más condições, isso é da responsabilidade do detentor do poder. Se o motorista não tinha habilitação, cabe ao detentor do poder assegurar que pessoas sem habilitação sejam impedidas de dirigir. A figura de autoridade precisa garantir que haja policiamento nas ruas, constantemente fiscalizando se os motoristas estão devidamente habilitados, etc. Se um prédio cai em ruínas, é porque as autoridades deveriam ter garantido que ele tivesse sido construído adequadamente por pessoas devidamente habilitadas e licenciadas para tanto.

Essas circunstâncias acabam por criar uma situação conveniente para muita gente, o que ajuda a explicar porque essas sociedades continuam a funcionar dessa forma. As pessoas que não têm poder (ou que têm menos) também não têm responsabilidade (ou têm menor responsabilidade). Existe sempre "alguém numa posição acima da minha que e o verdadeiro responsável e não eu!" E essas pessoas "acima de mim" têm direito a certos privilégios, em linha com suas responsabilidades.

Há anos atrás eu propus um plano de saúde mais igualitário na empresa em que eu trabalhava, no Brasil. O plano de saúde vigente, que tinha cinco níveis diferentes de cobertura de acordo com a hierarquia da companhia, seria substituído por um plano com apenas dois níveis. A proposta não foi aprovada por meus colegas de diretoria. Por quê? Porque "as pessoas têm a expectativa de receber mais privilégios à medida que galgam postos mais elevados na sua carreira! Como você pode querer tirar isso delas? Essa é a motivação do pessoal para crescer dentro da empresa!" Ter menos privilégios na hierarquia foi considerado um fator de desmotivação.

## A China jamais irá se transformar nos Estados Unidos

Na China, uma cultura de alta DIP, as pessoas têm "poder atribuído" ao invés de "poder conquistado". O poder atribuído não se encontra apenas no topo das hierarquias: ele começa desde os primeiros degraus da estrutura, como os policiais nas ruas, os professores nas salas de aula, os supervisores de primeira linha nas fábricas e nos escritórios. Frequentemente é nesses níveis mais baixos das hierarquias que se encontram os maiores abusos de poder. Os detentores desses "pequenos poderes" são mais sensíveis a terem seu poder contestado e portanto são aqueles que com maior frequência procuram evitar qualquer contestação através do exercício abusivo do poder que detêm. Esses são os baluartes da cultura de alta DIP e não alguma figura malévola escondida num palácio, no topo da hierarquia do funcionalismo público. O poder na China não é exercido apenas por meia dúzia de oficiais do Partido Comunista no topo do governo; ele é exercido por centenas de milhões de pessoas em cada degrau da escada hierárquica social.

Se Barack Obama pudesse, num passe de mágica, tomar o lugar dos líderes do governo chinês, ele seria totalmente impotente para transformar a China numa democracia americana. O motivo da sua impotência não seria a oposição do ministério chinês; o motivo seria a oposição de centenas de milhões de chineses, de baixo para cima.

Mudar a cultura chinesa implicaria em dar responsabilidades maiores para milhões que hoje têm pouca ou nenhuma responsabilidade. Eles não teriam mais a quem culpar por seus problemas, pequenos ou grandes, além de si mesmos. Implicaria em remover os privilégios pelos quais os gerentes de nível médio tanto lutaram até conseguir. Significaria mudar o papel social de toda a população, não só no governo mas também nas empresas e nas famílias. A amplitude e a complexidade de uma transformação de tamanha envergadura chegam a ser difíceis de imaginar.

Será que algum dia a China pode se tornar uma democracia? Certamente que sim, mas nunca será uma democracia no estilo americano ou inglês, com apenas dois partidos políticos em perene conflito que se alternam no poder. Uma eventual democracia chinesa provavelmente seria mais parecida com as democracias que se vê na América Latina, na África ou em outros países da Ásia: dominada por um determinado partido político e uma coalisão que lhe dá apoio, permanecendo no poder por décadas até que um partido diferente, apoiado por outra coalisão, assume o poder e governa por uma ou duas décadas. Seria uma democracia na qual seus dirigentes têm mais poder, mais privilégios e também mais responsabilidades, do que seus equivalentes no hemisfério norte.

No momento, o paradoxal é que a China nunca atravessou uma fase de tamanha liberdade democrática, em toda a sua história (vale mencionar que a história da China é quatro vezes mais antiga do que a da Inglaterra e quarenta vezes mais antiga do que a dos Estados Unidos). Nunca antes naquele país tantas pessoas tiveram tamanha liberdade de expressão, tamanha distribuição de renda nem tamanha igualdade... A China, sem dúvida, é uma sociedade muito mais hierárquica do que os Estados Unidos, mas nunca teve tão pouca hierarquia como nos últimos dez anos.

É provável que o país continue mudando, muito lentamente, para se tornar ainda mais igualitário. Qual é exatamente o grau dessa lentidão? É uma lentidão chinesa. A perspectiva de tempo na cultura chinesa é para prazos mais longos do que qualquer outra cultura conhecida. Exige uma paciência chinesa. É notoriamente o oposto do que se observa nas culturas americana e inglesa, onde as pessoas pensam em termos de semanas e não em décadas.

Quando os chineses disseram que "o dólar americano deve ser substituído como moeda de comércio internacional por uma cesta de moedas administrada pelo FMI (Fundo Monetário Internacional), eles não pretendiam que isso acontecesse "até o fim do próximo ano". Eles imaginavam que isso aconteceria "no decorrer dos próximos vinte anos".

Quando eles dizem que "a China está preparada para ajudar a Europa a resolver suas questões financeiras" eles não têm como referencia "durante o próximo trimestre". Sua referencia é "os próximos vinte anos."

Os chineses têm, é verdade, uma certa ambição de dominar o mundo, eventualmente, algum dia. Todavia, sua intenção e de que isso aconteça pacificamente, sem que precisem disparar um único tiro. A ideia é que conseguirão esse domínio pela força da sua economia, dos seus valores, da sua cultura. Quando esperam que isso aconteça? Logo, logo: até o final deste século.

# 18.    Linguagem e cultura

Nos Estados Unidos (e também na Inglaterra, em menor grau) parece haver uma noção disseminada de que a linguagem determina a cultura e os valores, ao invés do inverso... Daí decorre uma ênfase exagerada em se expressar sempre usando somente termos "politicamente corretos", como se o fato de usar-se sempre "afro-americano" ao invés de "negro" fosse o suficiente para acabar com o preconceito e a discriminação racial.

Deveria ser óbvio para a maioria das pessoas, a essas alturas, que na verdade são os valores que estão na base da cultura e são esses valores o fator determinante das camadas culturais mais superficiais, como o comportamento explícito, os rituais, os símbolos e a linguagem.

As pesquisas pioneiras do Professor Geert Hofstede, que revelaram o papel desempenhado pelos valores na formação das culturas, já passaram do seu 40º aniversário... Entretanto, o público em geral e a maioria dos profissionais da mídia, permanecem ignorantes a respeito do tema e desconhecem também que inúmeras outras pesquisas foram conduzidas por centenas de pesquisadores ao longo dessas quatro décadas, expandindo e atualizando os conceitos inicialmente propostos.

O professor Guy Deutscher publicou recentemente um artigo no New York Times concluindo que, efetivamente, a linguagem NÃO determina a percepção da realidade, mas o autor pouco mais concluiu do que "as culturas são diferentes". Dechter explorou a noção de que a linguagem limita a expressão de certos conceitos e certos sentimentos, mencionando alguns exemplos que ilustravam como cada cultura desenvolve determinados termos que são difíceis de traduzir para outros idiomas e outras culturas.

Talvez a maior dificuldade, que ele deveria ter mencionado, se refere ao fato de que ele escreveu esse artigo em inglês, um idioma que impõe diversas limitações de expressão, em comparação a outros. (vide Deutscher, Guy – "Through the Looking Glass - Why the World Looks Different in Other Languages" Londres: Picador, 2011).

A língua inglesa se tornou o idioma de negócios mais disseminado no mundo inteiro, a "língua franca" usada para fazer negócios em toda parte, cruzando fronteiras. No entanto, esse idioma tem uma série de limitações quando comparado a outros, como o português, que possui um vocabulário muito mais extenso para comunicar nuances com mais precisão.

Algumas dessas limitações são bem conhecidas e mencionadas amiúde, como a falta de uma palavra para traduzir "saudade" (da língua portuguesa) ou "gezelig" (da língua holandesa; significa uma atmosfera psicológica de "estar junto com outros", de sentir aconchego ao lado de amigos e/ou parentes). Outros exemplos se referem ao idioma alemão e à falta de termos em inglês para traduzir "Weltanschauung" (uma perspectiva ou maneira de ver o mundo) ou "Schadenfreude" (sentir-se feliz com a desgraça alheia).

Entretanto as limitações do idioma inglês são ainda mais básicas, tais como o fato de haver apenas um verbo auxiliar ("to be") para traduzir dois verbos importantemente diferentes em português: "ser" e "estar".

A importância dessa diferença foi ilustrada brilhantemente pelo professor Eduardo Mattos Portella, quando foi Ministro da Educação (março de 1979 a novembro de 1980) no governo João Figueiredo e famosamente declarou: "não sou ministro; estou ministro". Com isso, enfatizou o caráter transitório de seu cargo político. Como explicar essa frase em inglês? Não há como fazer uma tradução simples, é preciso uma longa explicação para que se entenda o sentido daquilo que ocorreu.

O idioma português tem também os verbos auxiliares "ter" e "haver", que em inglês são traduzidos, mais uma vez, por um único verbo: to have.

Essa maior simplicidade da língua inglesa é um fator importante para entender a disseminação do inglês como linguagem de negócios. É muito mais fácil aprender expressões simplificadas em inglês do que aprender as muitas nuances complexas da língua portuguesa.

O fator econômico, é claro, é o outro fator, talvez mais importante: o idioma inglês era utilizado pelos britânicos quando disseminaram sua cultura por todo um império de alcance global, e o mesmo idioma (ou algo muito parecido) foi a linguagem empregada no domínio econômico americano durante a segunda metade do século passado.

A questão, agora, se refere ao futuro: à medida em que a China aumenta sua influência na economia mundial, será que veremos o idioma mandarim substituindo a língua inglesa como linguagem internacional de negócios? Provavelmente não. Parece muito mais fácil para os chineses aprenderem inglês (e eles já estão fazendo isso, aos milhões) do que para os povos ditos ocidentais aprenderem chinês.

O que é realmente importante é entender os valores culturais subjacentes, que permanecem influenciando as culturas debaixo da superfície, sem serem vistos. Esses valores determinam o comportamento na prática, as políticas e os procedimentos, não é a linguagem que faz isso. A cultura americana evitou a discussão sobre os valores básicos da sua cultura durante os anos 70 e 80, quando as pesquisas culturais começavam a ter impacto em outras partes do mundo. Ao mesmo tempo, nos Estados Unidos, disseminou-se a ideia de que "nossa linguagem determina nossa maneira de pensar" e passou-se a enfatizar de forma exagerada o uso de termos "politicamente corretos", na ilusão de que isso, por si só, levaria a mudar a atitude das pessoas em relação às questões de diversidade.

Nessa época foi cunhada a expressão "politicamente correto" e começou o "patrulhamento ideológico" que censurava certos termos e promovia o uso de outros. Passou a ser "incorreto" falar nos Estados Unidos sobre "os negros"; passou-se a usar a expressão "afro-americanos" e surgiram todos os americanos hifenados: sino-americanos, ítalo-americanos, nativo-americanos e assim por diante.

Também se passou a considerar pejorativo o uso das expressões "garotas" ou "meninas" (*girls*) para mulheres adultas. No resto do mundo, essa politização da linguagem nos Estados Unidos era ridicularizada; nos EUA ela é levada a sério até hoje.

Entretanto, a questão central dos valores básicos estava sendo tangenciada ao se colocar ênfase num aspecto mais superficial da cultura (a linguagem).

É como a antiga piada sobre o marido que chega em casa e surpreende sua esposa transando com o vizinho no sofá da sala e resolve tomar uma atitude: troca o sofá por um novo...

Ao invés de enfrentar a questão realmente importante (a infidelidade da esposa e o seu relacionamento), o marido abordou o aspecto acessório (os móveis da sala).

De maneira semelhante, a cultura só pode ser entendida (e eventualmente modificada, o que é um processo muito difícil e demorado) se examinarmos os valores subjacentes que sustentam o comportamento observado na superfície.

Hofstede definiu esses valores simplesmente como sendo "preferencias amplas sobre um estado de coisas em relação a outro estado, em relação aos quais estão ligadas emoções fortes." Suas pesquisas identificaram inicialmente quatro dimensões de valores culturais; posteriormente uma quinta dimensão foi identificada pelo Professor Harris Bond no início dos anos 90 e mais recentemente uma sexta dimensão foi identificada pelo professor Michael Minkov em 2010.

Essas dimensões de valores refletem a maneira pela qual diferentes culturas resolveram inconscientemente seis dilemas básicos inerentes à vida em comunidade:

1. Distância De Poder – O grau em que as pessoas que detêm menos poder numa sociedade aceitam que o poder seja distribuído nessa sociedade de maneira desigual.
2. Individualismo – Se as pessoas devem se sentir responsáveis por si mesmas e por sua família imediata ou se as pessoas devem ser leais e determinados grupos, que cuidam delas em troca dessa lealdade.
3. Desempenho (Hofstede chamou essa dimensão de "Masculinidade", mas essa denominação leva a uma outra discussão) – Se uma sociedade valoriza mais o desempenho e atribui prestígio a quem desempenha bem, ao invés de valorizar a qualidade de vida e o cuidado para com os outros.
4. Controle Da Incerteza – O grau em que as pessoas se sentem ameaçadas pela ambiguidade e desenvolvem mecanismos inconscientes para evita-la.
5. Orientação de Longo Prazo – Se uma sociedade adota uma abordagem mais pragmática e de longo prazo em detrimento de uma abordagem mais normativa e orientada para o curto prazo.
6. Hedonismo – Se uma sociedade fomenta aproveitar os prazeres naturais da vida ou se restringe isso a determinados locais e horas.

As questões essenciais da cultura americana estão ligadas aos seus valores básicos: a crença de que o poder deve ser distribuído de maneira igualitária; o incentivo para que as pessoas se sintam responsáveis por si mesmas e por sua família imediata, ao invés de serem leais a um grupo; a ênfase no desempenho em detrimento da qualidade de vida; a preocupação relativamente baixa com a ambiguidade; a orientação normativa e voltada para o curto prazo; e a preferencia pelo hedonismo em detrimento da auto restrição.

É importante destacar que essas características foram pesquisadas com dezenas de milhares de americanos, muitas vezes, em muitas amostras, comparadas com amostras recolhidas em outras culturas. Elas não são o produto de alguma opinião formulada por uma pessoa qualquer: elas são produto de muitas diferentes pesquisas.

Mais importante ainda é a combinação dessas características básicas, não a análise de cada dimensão em separado. Por exemplo: a combinação do Individualismo com a orientação para o Desempenho diz mais sobre a cultura americana do que olhar para cada uma delas em separado. Ao examinar os resultados de pesquisa cuidadosamente, se pode entender melhor os Estados Unidos e participar de uma discussão mais inteligente sobre onde está e para onde vai a cultura americana. Ignorar essas pesquisas é mais uma forma de evitar as questões mais importantes a serem discutidas.

# 19. Guerras culturais

Não passa um dia sem que se leia sobre algum conflito acontecendo nos Estados Unidos: o movimento "Tea Party" contra os democratas liberais, os que defendem o controle das armas contra os integrantes da NRA (Associação Nacional de Rifles), pessoas pró-abortos contra pessoas que são anti-abortos, WASP's (Brancos Protestantes Anglo-Saxões) contra imigrantes ilegais, cristãos contra muçulmanos, etc. Parecem persistir profundas divisões em relação a certos valores nos EUA: Se poderia dizer que a Guerra Civil americana (1861-1865) na verdade ainda não terminou e que os Estados Unidos na verdade não são tão unidos assim...

Uma parte dessa impressão se deve a uma certa amplificação feita pela mídia: os conflitos vendem mais jornais e em função disso a imprensa identifica essas matérias e magnifica seu conteúdo para chamar a atenção dos leitores. Entretanto, parece que os Estados Unidos tem uma parcela maior de histórias de conflito do que seria a sua quota na comparação com outras partes do mundo. A explicação está na cultura americana.

Não estou falando em cinema de Hollywood e hambúrguer. Esses são aspectos superficiais da cultura, facilmente visíveis à tona como a parte de cima de um iceberg, visível acima da linha d'água. Incluem os símbolos (tais como as bandeiras), os rituais e os heróis. Estou falando daquilo que existe abaixo da superfície e não pode ser visto com facilidade, embora seja o aspecto mais importante da cultura: os valores básicos subjacentes.

### Fique na superfície para não se afogar

É muito mais fácil discutir o que está na superfície: são os aspectos que qualquer um pode enxergar e medir, enquanto que "valores" são alguma coisa mais difícil de considerar. Hofstede afirmou que os valores estão ligados a fortes emoções. Essa propriedade é importante: ao se discutirem os temas mencionados anteriormente, como abortos e controle de armas, as emoções se inflamam com grande rapidez e, devido às características da cultura americana, os conflitos podem facilmente se tornar violentos.

Por esse motivo, os políticos costumam evitar esses temas controversos, para evitar perderem votos. Essa foi a estratégia de Obama nas suas campanhas eleitorais: tentou posicionar-se "acima das disputas partidárias" (muitas vezes sem sucesso). Todavia, ele também foi muito criticado por seus próprios partidários por "não ser combativo suficiente" com a oposição, ou por "não se identificar com o povo americano". O que acontece é que as pessoas se envolvem discutindo coisas mais superficiais, como a política partidária, e acabam não examinando seus próprios valores e crenças, que são os determinantes das suas posições políticas.

As questões que realmente precisam ser discutidas são relativas aos valores básicos de cada cultura. São esses valores básicos que determinam o comportamento das pessoas, as políticas e as práticas do dia-a-dia. Os valores da cultura americana são o que lhe dão sua singularidade. Se quisermos fazer da cultura americana uma cultura ainda melhor, precisamos entender e discutir esses valores e ajudar sua evolução e contínuo desenvolvimento. É isso que irá levar a cultura americana ao século 21 e manterá sua posição de destaque num mundo cada vez mais complexo.

**Questões americanas, não universais**

Existe uma tendência nos Estados Unidos em pensar que as questões que se discutem são questões universais, que estão na cabeça das pessoas no mundo inteiro. Isso não é verdade. As questões prioritárias sendo discutidas na África, na Europa ou na Ásia são todas bem diferentes. Cada comunidade discute assuntos relevantes para sua cultura e cada cultura é singular e diferente das demais. Portanto, as questões discutidas são diferentes em cada cultura e até a maneira de conduzir as discussões é diferente.

Pergunte a um americano qualquer como é essa tal de "American Way" e ele ou ela provavelmente mencionarão coisas como "liberdade" e "o sonho americano". Como é esse sonho? Do que se trata?

Se trata do sentimento de liberdade, de ter a oportunidade de ficar rico independente dos seus antecedentes sociais. Igualdade de oportunidade: todo mundo começa com as mesmas chances de vitória, competindo de igual para igual, de modo que qualquer pode ganhar a competição.

E quem vencerá essa "corrida"? Não necessariamente o mais forte, mas o mais competente. Pode ser que seja o mais esperto, o mais rápido ou o mais forte, ou quem tiver a melhor combinação disso tudo. Para que a competição seja justa, ninguém deve começar tendo alguma vantagem prévia sobre os demais.

E o que acontece em termos de "jogar limpo" depois que a competição começou? Bom, é aí que as coisas começam a ficar complicadas... O que se considera "trapaça" e o que se considera "esperteza" começa a ficar mais difícil de distinguir, por causa dos valores culturais discutidos no capítulo anterior.

A combinação de "baixa Distância De Poder" (o que significa que há menos respeito por figuras de autoridade), com "alto Individualismo" (significa que todo mundo costuma expressar fortes opiniões sobre tudo) e uma preferencia pelo desempenho em detrimento de "cuidado com os outros" e qualidade de vida (o que significa que "vencer" é muito importante) e "baixo Controle Da Incerteza" (o que significa poucas regras, sem muitos detalhes) constitui na verdade uma bela receita para conflitos frequentes.

Na sociedade americana o conflito não é evitado: ele é aceito e considerado como sendo algo a ser administrado. A habilidade de confrontação é uma qualidade desejada. A quarta e a quinta dimensões botam mais lenha na fogueira: "baixo Controle Da Incerteza" significa que há uma tendência a correr riscos e "baixa Orientação de Longo Prazo" significa que a cultura é bastante "normativa" (existe uma única maneira "certa" de fazer as coisas, as outras são erradas) e orientada para o curto prazo (precisamos de resultados AGORA!).

Não é de admirar que, nas pistas de atletismo, os americanos colocam mais ênfase nas provas de 100 metros rasos do que na maratona...

Finalmente, a 6ª dimensão (Hedonismo) significa que os americanos tendem a não se restringir; portanto, restringir o prazer associado com a vitória (a euforia da vitória) não é algo valorizado. Ao invés disso, a euforia da vitória é valorizada.

A questão da posse de armas é tão tipicamente americana que se tornou um estereótipo. Nos outros países, as pessoas têm a impressão de que "todos os americanos têm armas" e "gostam de atirar". Se fazem piadas sobre isso na televisão, na Europa e na

América Latina. A questão das armas está profundamente arraigada nos mesmos valores recém mencionados: por causa da "baixa Distância De Poder", as pessoas tendem a perceber a autoridade do governo como sendo uma interferência no conceito da igualdade e na liberdade individual (alto Individualismo); portanto, a ideia de um governo que controla ou proíbe a posse de armas para os indivíduos é considerada "uma invasão da privacidade" e "uma restrição à liberdade de cada um". Ambos esses argumentos são ridicularizados em outras culturas, onde a privacidade não é um problema porque o povo é mais coletivista e a autoridade do governo é mais do que respeitada, ela é solicitada devido à "alta Distância De Poder" (DIP).

Nos Estados Unidos, todo mundo é encorajado a ser assertivo desde a infância e "não aceitar um 'não' como resposta". Por isso, tanto aqueles que defendem a liberação das armas como aqueles que defendem maior controle, expressam suas posições com alto volume e eloquência.

Nos EUA a ênfase no desempenho (em detrimento de "cuidar dos outros") significa que uma pessoa armada está mais preocupada em atirar com rapidez e precisão, e menos preocupada se vai machucar alguém. Em outras culturas, nas quais a ênfase está colocada no cuidado com os outros, mais do que no desempenho, simplesmente as pessoas em geral não possuem armas e não há muita discussão a respeito. Isso não é considerado uma questão importante. A ideia de que a violência é inaceitável se sobrepôs à ideia do desempenho.

O "baixo Controle Da Incerteza" (CDI) significa que existem menos normas e elas têm caráter mais amplo: a "Lei dos Direitos do Povo" (um conjunto de dez emendas constitucionais de 1789) é a referencia, ao invés de uma constituição extensa e detalhada como as que se vêem em certas partes da Europa e na América Latina. Os litígios são resolvidos por jurisprudência, mais do que pela interpretação da lei. Leis adicionais são difíceis de aprovar no Congresso, devido à falta de consenso. Em termos do controle de armas, se evitam novas leis a respeito e se discute a própria Lei dos Direitos que se mantém inalterada.

A "baixa OLP" significa que ambas as partes (pró e contra as armas) demonstram pouca aceitação de um ponto de vista divergente do seu e as discussões tendem a ser focadas no curto prazo, ao invés de nas suas consequências no longo prazo.

Finalmente, o Hedonismo mais uma vez reforça o prazer decorrente de disparar uma arma (a sensação de poderio, de bom desempenho, de vencer uma confrontação) ao invés de priorizar a restrição.

## O resultado final

Todas as questões americanas podem ser depuradas e conectadas com os valores básicos da sua cultura. A *"bottom line"* (uma expressão típica americana, que se refere à linha de baixo num demonstrativo contábil de lucros e perdas, onde a última linha apresenta o lucro ou o prejuízo auferido no período; muito usada para significar o resultado final de uma discussão sobre qualquer assunto, sem levar em conta o processo ou os sentimentos das pessoas) é que para resolver essas questões será preciso discutir também os valores subjacentes e os dilemas que eles encerram.

O controle das armas não é a questão fundamental. A questão fundamental é não haver respeito pela autoridade do governo, ênfase excessiva no Individualismo (em detrimento do bem comum), ênfase demasiada no desempenho (em detrimento do cuidado com o próximo), excesso de riscos; pouca flexibilidade na busca de objetivos de longo prazo como maior estabilidade social; e hedonismo demasiado.

Como mudar a cultura? A resposta curta e simples é: com grande dificuldade e muita paciência (pode levar décadas ou séculos).

Os valores básicos de uma cultura, a noção do que é considerado "certo" ou "errado", se formam na infância, antes dos dez anos de idade. Muitos psicólogos diriam que o limite se dá ainda antes, por volta dos sete ou oito anos. É nessa idade que os americanos aprendem a ser americanos, os franceses aprendem a ser franceses e assim por diante.

Portanto, qualquer esforço para mudar a cultura precisa começar com uma mudança na maneira como as crianças daquela cultura são educadas, na família, na escola, na comunidade. Como disse Hillary Clinton, "it takes a village" (é preciso toda uma vila). Acho que ela pode estar errada sobre muita coisa, mas sem dúvida nessa questão ela tinha toda a razão!

Existe a possibilidade de mudar, mas a mudança tem que incluir a maneira como se criam as crianças em cada comunidade e esse é um processo difícil de ser administrado. A internet e os meios

155

de comunicação de massa, como a televisão, podem ser usados como instrumentos para atingir todas as pessoas de uma mesma cultura, mas fazer mudanças em todo o conteúdo disponível já é algo bastante complicado.

De acordo com certas análises, o Conselho de Educação dos Estados Unidos, que controla as mudanças no currículo da escola primária, é dominado pelos representantes do Texas... (que não chegam a ser os campeões das mudanças!). 46 estados sempre acompanham o voto do Texas em todas as questões de conteúdo. Se isso é realmente verdade, é melhor nos prepararmos para uma longa jornada!

E quem determina o conteúdo disponível na internet? Considerando as características da cultura americana recém descritas acima (Individualismo, baixa DIP, orientação para Desempenho, etc.) não vejo a possibilidade de ocorrer uma mudança planejada nos próximos duzentos anos...

Talvez a única mudança que se pode prever atualmente é a mudança "não planejada". Ela pode surgir do aumento da imigração e da maior exposição a diferentes conjuntos de valores advindos de outras culturas, diferentes do estereótipo WASP (anglo-saxões brancos protestantes).

Se a imigração de mexicanos e de outros povos do mundo continuar aumentando, trazendo consigo cada vez mais conteúdos de fontes não-WASP, talvez comece a se desenvolver uma nova cultura que seja visível por volta de 2200.

Como será essa nova cultura? Isso é muito difícil de prever. Espero que seja uma cultura na qual mais pessoas possam ser feliz e saudáveis, mais do que na atualidade. Isso seria, em si, já uma melhora significativa para nossos tataranetos!

# 20.    Meu vizinho para Presidente

O que é que George W. Bush, Luís Inácio Lula da Silva, Evo Morales e Hugo Chávez tinham em comum? Escolha a alternativa correta:

a.  eram todos idiotas
b.  eram todos perigosos
c.  eram todos incompetentes
d.  eram todos "gente como a gente"
e.  todas as respostas acima

A resposta correta é "d"; eles eram todos "gente como a gente". Mas se você escolheu "todas as respostas acima", não vou discutir.

Acho curioso e também preocupante, que alguns dos líderes democraticamente eleitos mais populares das américas (norte e sul) foram ao mesmo tempo bastante despreparados para as funções importantes que desempenharam. Pode-se argumentar que Bush terminou seu mandato com a popularidade em baixa (o New York Times disse que 61% dos americanos o consideravam "o pior Presidente de todos os tempos"), mas não devemos esquecer que ele ganhou duas eleições em quatro anos...!

Lula, por outro lado, também foi reeleito e bateu todos os recordes de popularidade de Presidentes brasileiros. No entanto, ele mal conseguia se expressar corretamente em português, não tinha um nível educacional adequado e constantemente envergonhava seus assessores com expressões do tipo "minha mãe nasceu analfabeta"... Foi um concorrente duro contra Bush em matéria de gafes de linguagem.

Acho que um dos paradoxos da democracia é que o candidato com mais votos é o escolhido, mas isso não significa que seja o mais preparado para governar. O padrão preocupante que emerge dessas escolhas feitas nos últimos dez anos nos Estados Unidos, Brasil, Venezuela e Bolívia (fique à vontade para acrescentar outros países a essa lista) é que as pessoas apoiam alguém com quem podem se identificar, ao invés de alguém que considerem melhor preparado para governar o país.

Eu voto no "José Vizinho", não porque ele seja, na minha opinião, o melhor candidato, mas porque ele é o mais parecido comigo. Vide a popularidade nos Estados Unidos de Sarah Palin e de muitos outros políticos regionais em vários outros lugares do mundo. O "vizinho" é um tipo de candidato que sempre é um contendor de respeito em qualquer eleição.

Entendo que isso é um sintoma de que a democracia está em crise; uma crise profunda, que tem implicações mais importantes do que qualquer das crises econômicas que a mídia adora analisar. O povo está se sentindo distanciado dos seus líderes e mudaram sua preferencia, abandonando os candidatos que consideravam "melhor do que eu" (mas talvez demasiado "diferente de mim" ou distante demais para representar meus interesses e necessidades) na direção de pessoas "mais parecidas comigo" (e portanto mais passíveis de entender o que eu preciso).

Talvez a democracia tenha se tornado vítima do seu próprio sucesso e vítima do fato que os eleitores de hoje têm acesso a mais informação e educação do que os de 50 anos atrás. As pessoas estão menos inclinadas a "delegar para cima" cegamente, deixando de participar nas decisões políticas, confiando totalmente seus destinos a representantes "mais capazes" que dirigem o País. Hoje em dia os povos começam a duvidar se seus líderes são, realmente, "mais capazes" e principalmente se estão agindo para o bem de toda a população (ou privilegiando apenas um segmento em detrimento de outros). Se os seus líderes parecem desconectados ou distantes, então o povo prefere escolher alguém que pareça estar mais próximo, mesmo que seja menos qualificado do que os candidatos "mais distantes".

O perigo está em acabar escolhendo alguém que seja tão burro e incompetente quanto eu mesmo... Escolher alguém que é "meu amigo" ao invés de escolher alguém que seja capaz de dirigir o meu país. Eu sacrifico a competência, em prol da amizade. Eu acabo escolhendo a "Miss Simpatia" num concurso de beleza, ao invés da "Miss Universo", confundindo os critérios desses dois títulos..

Para ganhar as eleições, os candidatos precisam equilibrar seu apelo entre demonstrar competência e demonstrar que estão "próximos" dos eleitores. Isso aconteceu nos Estados Unidos desde o tempo de Nixon, que cunhou o termo "guerra de culturas" (entre os eleitores das grandes cidades e aqueles do interior), mas se verifica em várias partes do mundo e também, é claro, no Brasil, embora nunca se tenha usado o mesmo rótulo por aqui. Antigamente, os candidatos brasileiros faziam campanhas usando terno e gravata, para mostrar que eram "doutores" bem preparados para liderar. Hoje em dia, fazem campanha em mangas de camisa para mostrar que estão próximos do povo. Um candidato que demonstra ser competente não vai muito longe se não puder demonstrar também que é "gente como a gente". Por outro lado, os candidatos ditos "populares" conseguem fazer de tudo sem serem condenados... No Brasil essa é uma triste realidade.

"O problema é complexo e como tal comporta várias soluções..." De um lado , os candidatos precisam fazer equilibrismo para demonstrar competência e "proximidade". Por outro lado, os eleitores precisam continuar melhorando seu nível educacional e seu acesso a informação, de forma dramática. Precisam se tornar ainda mais exigentes, ao ponto de exigirem candidatos realmente competentes sem se sentirem distantes de um candidato simplesmente porque o candidato gosta de rúcula (isso aconteceu nos EUA com Obama em 2007).

O nível educacional de um país tem tudo a ver com a qualidade dos políticos que são eleitos. Ou seja, em outras palavras, "cada país tem o Presidente que merece". Pessoas com melhor nível educacional tendem a votar em candidatos mais qualificados. O perigo nesse aspecto está no que faz um candidato incompetente (mas próximo do povo ignorante) quando se elege e assume o poder: provavelmente não investe na educação, pois um povo mais educado tende a não votar na sua reeleição ou na eleição de alguém com o mesmo perfil. Isso nos leva a um outro paradoxo da democracia: os líderes que foram eleitos por um povo ignorante tentarão manter o povo na ignorância para aumentar suas chances de reeleição. Somente um verdadeiro estadista investe pesadamente na educação, também pelo motivo de que a educação é um investimento de longo prazo, que não dá resultados imediatos claramente visíveis.

Qualquer imbecil enxerga uma estrada ou uma ponte nova, mesmo que seja uma ponte inútil, feita onde não é realmente necessária. Os imbecis não percebem as mudanças no sistema educacional; mesmo quando percebem essas mudanças, não conseguem entende-las e portanto não sabem avaliar seu valor. Um dos aspectos mais trágicos da educação brasileira é que, segundo uma pesquisa do MEC, mais de 70% dos pais estão satisfeitos com a qualidade da educação que seus filhos recebem... O nível de exigência dos pais é tão baixo, que não há pressão popular para melhorar a qualidade da educação no Brasil.

O que fazer para salvar a democracia da sua contínua decadência? Como evitar a repetição de seus fracassos dos últimos dez anos, no mundo inteiro?

No Brasil continuamos a eleger um governo corrupto atrás de outro... O PT chegou ao poder com a promessa de moralizar o governo, mas transformou-se numa gigantesca desilusão.

Nos Estados Unidos elegeram um Presidente (Bush) que tentou impor a democracia no Iraque e no Afeganistão à força (com tropas e tanques, uma estratégia não muito democrática...). Obama se elegeu duas vezes com pequena margem e tem sido muito criticado; o que virá depois dele?

Na Europa se discute há anos a aprovação de uma constituição para a União Europeia, um documento que ninguém leu mas todo mundo é contra... Parece cada vez mais difícil progredir.

Em todo o mundo, a democracia precisa voltar às suas origens: a verdadeira representação da vontade do povo, participando diretamente na construção do futuro de cada comunidade. A verdade é que acabamos nos desviando dos princípios fundamentais da democracia grega da era clássica, onde:

a. pequenas comunidades (cidades) se autogovernavam;
b. o Congresso não era constituído por cargos eletivos e sim por pessoas que eram convocadas por dois anos e depois substituídas;
c. referendos eram feitos com frequência (várias vezes por ano) para que as pessoas aprovassem ou rejeitassem os projetos de lei, por voto direto.

Os políticos costumam argumentar que o crescimento populacional das cidades (e províncias e países) tornou inviável fazer-se referendos frequentes (pelo custo e pela logística) ou manter o sistema grego de convocação para servir no parlamento. Eu argumento o contrário, atualmente: no século 21 a tecnologia voltou a viabilizar os referendos frequentes e também o sistema de convocação rotativa para servir no parlamento.

O problema é que nossas instituições políticas continuam utilizando modelos desenvolvidos no século XVIII... Esses modelos já não funcionam mais! Não é de admirar! Já é tempo de redesenhar a democracia representativa, de modo a fazer pleno uso da tecnologia do século XXI. Precisamos construir uma nova tecnologia SOCIAL que seja mais coerente com o tempo que vivemos.

O "Zé Encanador" não vai nos levar nessa direção (nem tampouco o Evo Morales, o Lula ou o sucessor do Chávez, muito menos a Sarah Palin). Precisamos de líderes com uma mentalidade mais moderna do que isso. (Eu sei, o termo "moderno" já deixou de sê-lo, mas por favor vamos adiante). A eleição de Obama nos EUA parecia ser um passo na direção certa, não apenas pelo seu perfil (multiétnico, educado em Harvard) mas porque o uso da internet foi fundamental em ambas suas campanhas eleitorais. Todavia, sua equipe não conseguiu transferir as mesmas práticas para o exercício da presidência. O governo americano está demorando a aprender como usar a internet para governar, não apenas para fazer campanhas eleitorais.

As ONG's (no sentido amplo, não apenas aquelas dedicadas ao meio ambiente) são as sementes de um novo desenho da democracia. Precisamos de milhares de grupos fomentando debates e participação para melhor educar e informar a população, para difundir a consciência política, a cidadania e a responsabilidade. Precisamos de redes sociais semelhantes ao Facebook para promover discussões, colher opiniões e até para contar votos e decidir sobre legislaçãoo nova em todos os níveis (comunidades, vilas, cidades, províncias, nações, blocos regionais como a União Europeia, o Mercosul, o NAFTA, a Liga Árabe, etc.).

A democracia não é um sistema político perfeito, mas talvez seja o melhor (mais justo) modo de governo. Todavia, não no seu formato atual, que vemos nos Estados Unidos, na Europa, no Brasil. A democracia precisa ser redesenhada para recuperar sua verdadeira essência e seu valor para a sociedade. Precisa ser reinventada e se distanciar das verdadeiras piadas de mau gosto que vemos à nossa volta; se as coisas continuarem como estão, estaremos apenas contribuindo para o aumento da criminalidade, do terrorismo e de uma volta ao totalitarismo. Melhor inovar para uma democracia melhor, do que retroceder para modelos autoritários.

# 21.     A escolha do comandante americano

Eis um estudo de caso interessante. Parece ter sido inspirado pela obra de O. J.Simpson, que costumava misturar a realidade com a ficção, até que se tornava impossível distinguir uma coisa da outra.

O local é o Afeganistão, perto das colinas de Tora Bora e a história se passa no princípio de dezembro, em 2001.

**Capitão Kirk:** (entrando no gabinete do comandante) Senhor! Acabo de receber a informação de que localizamos Bin Laden não muito longe daqui! Ele está escondido numa dessas cavernas em Tora Bora com alguns poucos militantes de confiança.

**Comandante Gallic:** Tem certeza? Dá para confiar nessa informação?

**Assessor Heedlock:** Pode ser uma armadilha, uma emboscada...

**Kirk:** Positivo, senhor. Temos um informante que acaba de chegar. Podemos captura-lo se agirmos imediatamente, senhor. Ele deve mudar para outro esconderijo amanhã ou depois.

**Gallic:** Obrigado, Capitão. Pode sair.

**Kirk:** Preparo um pelotão e peço reforços?

**Gallic:** Ainda não. Eu disse que você está dispensado, pode sair. Preciso pensar um pouco na situação, em meia hora você terá as suas ordens. Espere minha decisão e não comunique nada mais a ninguém. Isso é confidencial.

**Kirk:** Sim senhor! (bate continência e sai do recinto)

**Gallic:** (se dirigindo a Heedlock) Então? Parece que chegamos ao final! O que você acha?

**Heedlock:** Não é tão simples, Tim. O furo é mais em cima.

**Gallic:** Você acha mesmo que pode ser uma armadilha?

**Heedlock:** Nunca se sabe.

**Gallic:** Podemos cercar essa área em 24 horas, ou até em 12 horas. Podemos começar pelo lado leste, para cortar a sua saída para o Paquistão. Podemos ter 2.000 soldados aqui de madrugada. Depois vamos apertando o cerco até que ele não tenha mais por onde sair.

**Heedlock:** Tenho certeza que você consegue fazer isso tudo. Não acho que o problema seja uma emboscada, ou que a informação seja falsa. Ele deve estar por ali mesmo, simplesmente porque não tem mais para onde ir. O problema não é esse.

**Gallic:** OK, já vi porque você está assim: Você não quer que isso tudo acabe tão rápido. Acabamos de assinar aquele contrato de um bilhão de dólares para sua empresa nos fornecer as armas nos próximos três anos e em seguida vêm os outros contratos para o exército local. Se a gente captura o Bin Laden e vai embora, você fica sem os contratos... Você preferia que essa operação toda esticasse por mais uns dez anos!

**Heedlock:** Tim, você tem que enxergar o quadro todo, eu já disse que o furo é mais em cima... E você tem que enxergar na frente, uma ou duas jogadas na frente. Vamos dizer que você vai e captura o cara daqui a uma semana. Você cerca a área toda e vai passando o pente fino. Vai levar uns dois dias até achar a caverna certa e é claro que ele não vai ficar lá esperando por vocês tomando chá de mate, não é mesmo? Ele vai se esconder mais ainda, mas digamos que em mais dois dias de buscas vocês acabam abrindo um buraco no chão e achando ele, escondido como uma criança embaixo da cama. O que é que você vai fazer então? Matá-lo? Ele vira um mártir e inspira milhões para continuar lutando contra nós no mundo inteiro. Você leva ele pros Estados Unidos para um julgamento? Ele vai ser adorado pela mídia, no mundo inteiro. Você está dando uma plataforma para os seus discursos, de mão beijada. Milhares de jihadistas no mundo inteiro vão sair a sequestrar gente importante para trocar prisioneiros e libertar o Bin Laden, sem falar nos atentados terroristas como vingança. O que você faz então?

**Gallic:** Esse problema não é meu. Me mandaram para cá para capturar o Bin Laden e agora é isso que eu vou fazer. Missão cumprida. Deixa o Ginfeld tratar do resto. Você só está preocupado com a porcaria dos seus contratos! Se dependesse de você essa guerra contra o terror ia durar  no mínimo dez anos. Você só quer ver a operação toda aumentando de escala e se estendendo por mais tempo, quanto mais tempo a gente ficar aqui, mais dinheiro você ganha.

Heedlock: Eu não sou o único beneficiado, Comandante! Você também tem uma renda garantida, sem imposto, depositada no exterior com toda a discrição. Quem mais perde se for transferido de volta para a base é você. Eu? Eu vou tratar de outros contratos, demanda não falta, vou para a África. Vou continuar ganhando bônus e comissão, só muda a geografia. Você é quem vai acabar num escritório militar atrás de uma mesa. Eu vou ter um futuro melhor com outro comandante em outro lugar.

**Gallic:** Não interessa. Vão me dar uma caixa cheia de medalhas com essa. Vou ser um herói. Vou ser promovido. Vou ser "o cara que pegou o Bin Laden"!

**Heedlock:** Isso é exatamente o que eu dizia quando falei em pensar na frente! Você volta para casa como herói, você é o cara que pegou o Bin Laden. O que acontece então?

**Gallic:** Talvez eu entre na política, posso concorrer a Senador, Presidente, sei lá...

**Heedlock:** Ô cara, você é coronel mas tem burrice de general!... Você não vai conseguir viver para aproveitar a fama! Tudo que é terrorista jihadista vai quere pegar "o cara que pegou o Bin Laden!" Os mais sacanas vão pegar primeiro a sua família e deixar você pro final. Depois do que eles fizeram com as torres do World Trade Center, pegar você é fichinha! E eles não se importam de morrer tentando, são todos suicidas. Vão pegar você a qualquer custo!

**Gallic:** Não tenho medo de morrer. Por isso vim para cá!

**Heedlock:** Claro, mas e a sua mulher e os seus filhos? É justo que eles sejam torturados só porque você resolveu ser burro e virar herói? Não seja egoísta, Tim. Além disso, essa coisa pode levar meses, anos a fio... Anos vivendo com medo, sem confiar em ninguém, com medo de deixar seus filhos saírem na rua. Você quer ver suas filhas vivendo assim? Elas nunca vão te perdoar, Tim. Você vai estragar a vida delas para sempre.

**Gallic:** Eu não tenho escolha, pô! Não tem como voltar atrás. O capitão está esperando a minha ordem!

**Heedlock:** É claro que você tem escolha. Diga para o capitão que você precisa confirmar com Washington. O Don sabe o que fazer. Ele não vai dar a ordem de captura. Você fica de fora. A decisão não é sua.

**Gallic:** E se isso tudo vazar? Como é que eu fico?

**Heedlock:** Isso eu garanto, não vai vazar nada. Deixa que eu falo com o Kirk. Não se preocupe, não vai acontecer nada com ele, mas pode confiar em mim, ele não vai falar nada.

**Gallic:** Mas se o Bin Laden cruzar a fronteira para o Paquistão, ele desaparece! Dali ele pode ir para qualquer lugar. Vai simplesmente sumir, não tem mais como ser encontrado... Vão dizer que fomos incompetentes.

**Heedlock:** Não exagere. Ninguém vai dizer isso, nem os democratas. Hoje em dia, todos estão nos apoiando. Daqui a uns oito anos, com outro Presidente, talvez surja alguma crítica. E daí? Talvez algum comitê faça um relatório. Ninguém se importa. Daqui a oito anos eu e você estaremos noutra e não vamos estar nem aí para isso tudo.

**Gallic:** Não sei não, isso não está certo...

**Heedlock:** Olha, vou facilitar as coisas para você: você tem duas opções. A opção um é a opção egoísta, a opção covarde. Você vai lá e captura o Bin Laden, você leva ele para ser julgado e todo mundo acha que você é um herói. Daqui a um ano eles ainda estão discutindo onde deve ser o julgamento, se deve ser aqui, se deve ser nos Estados Unidos, se deve ser no tribunal de Haia, sem falar nas provas, que tipo de provas vão poder usar num tribunal. Quem vai saber? Ele pode até ser libertado ou morrer na prisão aguardando um julgamento que nunca acontece. A essa altura, todo mundo já esqueceu de você, exceto os jihadistas. A sua vida virou um inferno. A sua mulher pediu divórcio, suas filhas te detestam, você não vai a lugar nenhum sem guarda-costas. Sua vida já era.

**Gallic:** Merda...

**Heedlock:** A opção dois exige coragem e sabedoria. A sabedoria de entender que essa questão tem que ser decidida por alguém acima da sua posição e a coragem de reconhecer isso. Você liga para o Don e explica a situação. Ele vai assumir a questão e a bola não está mais com você. Ele vai dizer que "a informação que nos foi passada era inconsistente" ou coisa parecida. Você diz para o Kirk que recebeu instruções de Washington, mas que são secretas e você não pode revelar. Só pode dizer que mandaram aguardar novas ordens. Eu consigo com o Don que transfiram você para outro lugar, daqui a uns seis meses; vai ser na época de você ser transferido mesmo, nada de mais. Nossa empresa nunca vai deixar você "na mão"; vamos garantir a sua renda, não importa o que aconteça. Você merece, Tim. Você sempre foi honesto e dedicado. Você serviu à Pátria durante anos e nunca teve o reconhecimento merecido. Nós vamos te dar esse reconhecimento, já fizemos isso com outros que tinham menos mérito do que você tem. E o dia que você quiser sair do exército, tem um posto de diretoria esperando. Com tudo isso você também garante para a sua família o padrão de vida que eles merecem. A escolha é sua.

Nessa situação fictícia, o Comandante americano teve de fazer uma escolha. O que você acha que ele escolheu? O que você escolheria se estivesse no lugar dele?

Nota de realidade: Em 30 de novembro de 2009 o Comitê de Relações Exteriores do Congresso americano publicou um relatório dizendo que "em dezembro de 2001 Bin Laden escapou de um cerco nas colinas de Tora Bora, fugindo para o Paquistão. O pedido de reforços para fechar o cerco foi negado pelo alto comando militar em Washington."

Em 2 de maio de 2011, Bin Laden foi capturado e morto no Paquistão.

## 22.      Fobia de Freud

Sempre que eu leio "The Economist" (uma revista inglesa) me chama a atenção o quanto suas análises de questões políticas e econômicas são invariavelmente "estupidamente racionais".

Imagino que isso aconteça porque quem escreve esses artigos são economistas—pessoas que estudaram a "ciência desanimadora" e a escolheram como profissão. Parece que a maioria dos economistas têm um severo problema de nascença: eles não têm o lado direito do cérebro, que lida com as emoções.

Infelizmente, eles só possuem o lado esquerdo do cérebro, o lado racional. Portanto, têm grande dificuldade em compreender a economia, a política e a vida em geral.

Adam Smith, um escocês considerado por muitos como sendo "o pai da economia", glorificou a noção errônea de que "as pessoas são racionais e movidas pelo interesse próprio". Smith pode ser perdoado por ser um produto da sua época, o Século XVIII. Naqueles tempos toda a ciência era ainda rudimentar. Entretanto, continuar acreditando que "as pessoas são racionais" 100 anos depois de Sigmund Freud ter demonstrado o contrário já é uma questão de simples estupidez...

A verdade é que a Economia é um ramo da Psicologia. Ela lida com o comportamento humano, que como tal é influenciado não apenas pela razão, mas igualmente pelas emoções e pelos valores.

Deveria se exigir que os economistas estudassem primeiro a Psicologia, como pré-requisito, fazendo posteriormente um curso de Economia como especialização ou pós-graduação. E porque os economistas não fazem exatamente isso? Devido a uma síndrome endêmica que denomino de "fobia de Freud" e que afeta especialmente as pessoas criadas nas culturas anglo-saxônicas (embora a síndrome seja encontrada também, em menor frequência, em outras culturas).

### A síndrome

Esse mal pode ser facilmente identificado pelos seguintes sintomas:
1.   Medo das emoções; tanto das suas próprias emoções como das emoções de outras pessoas

2. Medo de expressar suas emoções e medo de lidar com pessoas que expressam emoções
3. Incapacidade de expressar emoções e de lidar com situações em que outros expressam emoções
4. Profunda necessidade de se sentir como tendo tudo "sob controle" em qualquer situação
5. Crença que toda a ciência é sempre racional e que questões não racionais não podem ser objeto de "ciência"
6. Crença que a razão é de alguma forma "superior" às emoções e aos valores
7. Negação da razão ter a mesma importância dos valores e das emoções na determinação do comportamento humano.

Esse mal é muito difundido nas culturas anglo-saxônicas, embora na minha experiência eu já tenha encontrado a mesma síndrome na Escandinávia, em partes da Holanda e também em algumas culturas germânicas. Os povos da América Latina, da África e da Ásia parecem ter uma certa imunidade natural contra a síndrome, a menos que tenham estudado no exterior.

As principais consequências da síndrome são que as pessoas afetadas chegam a conclusões erradas sobre todo o tipo de questões, quer seja de gestão de negócios, de política ou de economia. Isso leva a debacles financeiros, impasses políticos e rompimentos sócio econômicos, em termos macro. Leva a gestão incompetente, ineficiência e falências no nível micro.

Basicamente o que acontece é que as pessoas insistem em procurar explicações racionais para questões que são essencialmente emocionais ou éticas. Elas não conseguem encontrar soluções para essas questões, simplesmente porque estão procurando no lugar errado.

As emoções e os valores fazem parte do que todos nós somos, tanto quanto a razão. Todos os três têm a mesma importância em definir nossas ações, o que fazemos, como nos comportamos. Fingir que as emoções e os valores não são importantes é uma forma de negar nossa realidade. Precisamos reconhecer sua existência, sua importância e aprender a lidar com essas dimensões do nosso ser.

Talvez esteja aqui a dificuldade e a razão pela qual negamos e diminuímos a importância dos valores e das emoções: achamos que são mais difíceis de lidar. A razão é simples e direta: é lógica, mensurável, quantificável, demonstrável. As emoções e os valores não são tão precisos; são coisas mais nebulosas e fugidias, que confundem nosso pensamento.

No entanto, isso não lhes tira a importância; simplesmente exige de nós mais esforço, o que poderia inclusive aumentar a importância atribuída. É preciso fazer mais nas escolas e nas famílias para ensinar as crianças desde cedo a aceitar e expressar suas emoções. É preciso fazer mais para ensinar a todos sobre o profundo significado dos valores, ao invés de pedir às pessoas que repitam sem pensar as cantilenas impostas pela Igreja e pelo Estado.

### Porque tanto medo do Freud, afinal?

Freud começou a publicar suas obras no final da era vitoriana, na virada do século XX (1890-1910). Nessa época as emoções eram muito reprimidas, muitas vezes negadas totalmente. A supremacia da razão estava na moda. Era a época do positivismo, a época de "Ordem e Progresso" como lema. As pessoas que expressavam suas emoções eram consideradas doentes mentais, ou pior: despidas de virtude. Essas atitudes emanavam da Inglaterra, mas eram aceitas como sendo "a verdade" em toda a Europa e na América do Norte.

Então surgiu Freud dizendo que as pessoas, na verdade, eram motivadas por emoções, localizadas principalmente numa zona inconsciente da mente humana, que ele chamou de "Id". Essas emoções eram realmente inconscientes, ou seja: as pessoas não tinham consciência de que elas existiam, em que pese o fato de serem fatores determinantes do comportamento. Freud explicou que a repressão das emoções, mais do que a sua expressão, era o que causava doenças mentais.

As emoções eram trancafiadas no inconsciente por uma outra parte da mente humana: o Superego, que abrigava os valores e a noção de "certo" e "errado", daquilo que é considerado "adequado" ou "inadequado".

Freud descreveu como basicamente todas as pessoas possuem impulsos emocionais vindos do Id, por um lado, que se chocam contra a noção daquilo que é adequado ou inadequado (o Superego). O Ego é a terceira parte da mente humana, uma parte que é mais consciente e racional e que age como um mediador nas situações práticas, decidindo se é adequado ou não deixar que as emoções e desejos sejam expressos naquela situação.

Na prática, entretanto, muitas vezes o Ego está distraído (ele tem uma agenda muito cheia) e são o Id (emoções) e o Superego (valores) que acabam definindo o comportamento. As nossas chamadas "decisões racionais" são tudo menos racionais; na verdade elas são determinadas por nossas emoções ou por nossos valores, sendo que temos uma semiconsciência de ambos, na maioria dos casos.

O que faz os conceitos Freudianos tão ameaçadores é que basicamente eles estão afirmando: "você pensa que controla a sua vida, mas na verdade isso não acontece... seu comportamento é determinado por emoções e valores que você nem sabia estavam dentro de você!"

Isso, é claro, contestava totalmente o pensamento dominante da época. E era ainda pior: Freud disse que a maioria das nossas emoções e desejos estavam ligados ao sexo e à violência.. A "libido", ou impulso da vida e "thanatos", o impulso da morte. Tanto um como o outro eram fortemente reprimidos naquela época. Imagino que em 2013 Freud está rindo sozinho no seu túmulo, vendo o que se vê no cinema e na TV de hoje em dia: só dá sexo e violência, noite e dia!

Porém no começo do século XX as ideias de Freud eram tão ameaçadoras para os valores vigentes que ele foi amplamente criticado, não apenas pelo público em geral, que sequer conseguia entender o que ele dizia, mas também pela dita "comunidade científica". De certa forma, isso tudo reforçava seus argumentos: ele era criticado por razões emocionais ligadas a valores. Poucos conseguiam argumentar racionalmente contra as ideias de Freud.

Freud também foi um produto da sua cultura (austríaca/alemã) e como tal ele era bastante consistente. O que ele fez, em última análise, foi explicar de maneira estruturada quais eram as forças que atuavam na psique humana. Ele trouxe ordem para organizar o caos até então existente. Mesmo assim, esses fenômenos eram tão ameaçadores à mentalidade da época, que a maioria das pessoas não conseguia aceitar essa "nova ordem" explicando a verdadeira natureza humana. O povo preferia se apegar a noções ultrapassadas, assim como anteriormente muitos se recusavam a aceitar que a Terra não fosse o centro do universo.

Um dos argumentos mais frequentes usados contra Freud era o de que suas conclusões "não eram científicas", uma vez que não eram resultado de testes feitos em laboratórios e não podiam ser reproduzidas em condições de laboratório. Esta crítica vem de uma noção equivocada, reforçada culturalmente, de que a "ciência" só pode ser considerada como tal se estiver sujeita à mensuração quantificada e à reprodução num ambiente controlado.

Na verdade, a palavra "ciência" vem do latim, da expressão "estar ciente de", significa "conhecimento" e "conhecer". Em algum momento ao longo da história, alguma coisa se perdeu na tradução... A palavra "ciência" foi sequestrada pelo racionalismo dominante nos séculos 18 e 19, de modo que passou a se referir não mais a todo tipo de conhecimento válido (inclusive o conhecimento a respeito de assuntos que não são passíveis de quantificação); se adotou um sentido mais bitolado, restrito às chamadas "ciências exatas", que se referiam a tudo o que pode ser quantificado. Hoje em dia sabemos que essa distorção foi determinada por um viés cultural, embora muitas pessoas ainda acreditem nisso como se fosse uma verdade absoluta. Entre estes estão os economistas...

**O viés cultural**

Nossas noções do que seja "certo" ou "errado", nossos valores, nossos Superegos, são determinados pela maneira como somos educados na infância antes de atingirmos os dez anos de idade. Isso é determinado por cada cultura e foi mensurado e quantificado por vários pesquisadores nos últimos 40 anos. Hofstede foi o pioneiro, seguido de muitos outros.

O que essas pesquisas revelaram é que as culturas anglo-saxônicas (ou "culturas de competição" na descrição feita por Huib Wursten) possuem um viés a favor da racionalidade e contrário à expressão das emoções. Essas culturas são basicamente as da Inglaterra, Estados Unidos, Canadá, Austrália e Nova Zelândia. Essas culturas também são as que mais produzem literatura técnica sobre gestão e economia.

Não é de admirar, portanto, que a maioria dos economistas insista na ideia de um "homem racional" nas suas análises. Eles não se dão conta do seu próprio viés cultural, do seu próprio inconsciente coletivo, para usar a expressão de Jung: eles não estão conscientes do seu próprio Superego.

Também não é de admirar que a maioria dos economistas não conseguiu prever a crise financeira internacional de 2008; até hoje eles não entenderam o que aconteceu... Também não entendem o que acontece com o Euro e nem com a recuperação econômica dos

Estados Unidos, que é muito lenta. Ainda estão procurando argumentos racionais para explicar tudo isso; continuam minimizando as questões éticas e emocionais, que são as forças mais influentes na economia e no comportamento das pessoas.

Talvez tenhamos que colocar os economistas no divã, para fazerem psicanálise, na linha do que Manfred Kiets de Vrees fez com gestores e organizações nas suas obras. Os primeiros da fila deveriam ser os editores da revista "The Economist". Eles exercem uma influência negativa ao disseminar conceitos ultrapassados para um público internacional espalhado pelo mundo. Eles perpetuam a noção equivocada de que as pessoas são racionais. Eles subestimam a importância dos valores e das emoções.

O nosso mundo está precisando de publicações que sejam mais holísticas e imparciais na sua linha editorial. Com isso teríamos também publicações mais éticas, mais verdadeiras e mais úteis.

## 23.     Piratas de talento cruzando culturas

A guerra pelos profissionais de talento no mercado global virou uma guerra nuclear. Embora haja desemprego elevado na Europa e nos Estados Unidos, esse desemprego não facilitou a caça aos talentos que as grandes empresas precisam adquirir para assegurar sua competitividade num mundo global.

Quanto mais as grandes empresas se tornam mais eficientes, mais competitivas, mais elas precisam de profissionais de talento para manter e desenvolver essa eficiência. Elas demitem os outros, aqueles que não tem a capacidade de serem excelentes. Como sociedade global, estamos nos vendo diante de alguns dilemas bastante complexos: quanto mais nos tornamos eficientes, numa escala global, mais acabamos diferenciando entre "quem tem talento" e "quem não tem" (ou tem menos). Ganhamos em eficiência organizacional, mas geramos desemprego ao extinguir postos de trabalho e demitir os ocupantes menos talentosos desses postos.

Se essas questões forem analisadas sob uma perspectiva local, pensando no seu próprio país como sendo "o seu mundo" ou o seu mercado, talvez a equação pareça enganadoramente mais simples. Pelo menos o tamanho dos mercados de consumo e de trabalho terão a aparência de serem mais administráveis, contados em milhões, e os limites desses mercados parecem mais claros.

Se você olhar o problema com uma perspectiva global, todavia, os limites desaparecem e a questão toda se multiplica em tamanho e em complexidade. A questão moral entre a eficiência e o desemprego se torna ainda mais difícil de resolver, só em considerar a população total do planeta, que passa dos sete bilhões de pessoas.

Se você é um homem (ou mulher) de negócios, um dirigente de políticas públicas ou apenas um educador, o fato é que você não pode se queixar de tédio... Mas o que fazer, na prática, para ajudar sua organização a sobreviver em águas de tamanha turbulência, evitando que sua própria posição também afunde num mar cheio de piratas e tubarões?

## A maldição das pérolas negras

Como empresa, seus talentos são verdadeiros tesouros, dos quais depende o futuro da sua organização. Esse tesouro, contudo, é um tesouro vivo. Ele precisa ser cuidado e nutrido, pois é feito de criaturas vivas e não de objetos inanimados como jóias ou metais preciosos. Todas as noites o seu tesouro sai da empresa e vai embora; você reza para que todos voltem no dia seguinte de manhã.

Você pode desenvolver esse tesouro e fazê-lo crescer em qualidade e valor. Quanto mais valioso, mais você precisará protege-lo dos avanços de piratas, os caçadores de talentos a serviço de outras empresas concorrentes, exatamente como você protegeria suas jóias e seu ouro. Talvez você possa pensar nos seus profissionais de talento como se fossem pérolas: podem ser cultivados e também podem ser extraídos já prontos de outros locais. Algumas dessas pessoas são muito especiais, muito raras e valiosas: vamos chama-las de "pérolas negras".

Se você é o responsável por gestão de talentos na sua organização, qualquer que seja o setor da economia, você precisa encarar algumas questões básicas, em relação às quais você precisará tomar certas decisões, fazendo determinadas escolhas. Esse será o seu porto de partida antes de sair pelo mundo atrás de pérolas negras que assegurem a sobrevivência da sua organização.

Você pretende ter pérolas cultivadas ou vai busca-las no oceano (mercado)? Existem prós e contras em relação a ambas essas estratégias; para fazer a sua escolha, é bom examinar sua cultura organizacional e sua estratégia de negócios, para garantir que sua estratégia de gestão de talentos esteja alinhada.

Em termos de culturas corporativas, existem seus tipos básicos de culturas. A sua organização específica pode se enquadrar claramente num desses seis tipos básicos, ou ela pode ser uma combinação de dois tipos ou mais. Os tipos são baseados nas pesquisas pioneiras de Hofstede sobre cultura e na evolução dessas pesquisas nos últimos 40 anos (vide "Cultures and Organizations" de Hofstede at al., 3rd Edition, 2010).

A "Cultura de Competição" é típica das empresas originadas nos Estados Unidos e na Inglaterra. Essa cultura enfatiza a competição, interna e externamente, coloca atenção no desempenho individual, em resultados mensuráveis, nos desafios como forma de motivar as pessoas, e nas recompensas financeiras e de prestígio ligadas ao desempenho individual. É uma clara meritocracia. Uma vez que dois terços de todos os livros do mundo especializados em gestão são escritos e publicados na América do Norte e na Inglaterra, a maioria das pessoas acredita que essa é a melhor maneira de administrar qualquer organização em qualquer lugar do mundo e que essa é a cultura desejada por todos. Isso não é verdade. As práticas de gestão inglesas e americanas são ótimas nos seus respectivos mercados, mas podem ser desastrosas em outros lugares.

A "Engrenagem" é uma cultura típica das organizações germânicas (Alemanha, Áustria, Suíça e outras). Enfatiza as estruturas, a organização de processos, a ordem e os procedimentos. O pressuposto básico é o de que deva existir um processo bem planejado e comunicado com toda a clareza; sendo assim, a organização terá um bom desempenho e será bem sucedida. Essas organizações dependem muito dos especialistas em desenhar, comunicar e controlar os seus processos, mas depois que isso esteja bem feito e implantado, o sistema funciona que é uma beleza.

A cultura "de Rede" é geralmente encontrada nas empresas escandinavas e holandesas. Essas organizações enfatizam a satisfação de todos seus interlocutores. Isso significa não apenas os seus acionistas (retorno sobre o investimento) e clientes (fatia de mercado) mas são considerados igualmente importantes: os funcionários, os fornecedores, os reguladores governamentais, a comunidade em geral. Manter esse equilíbrio é algo bem complicado, mas as organizações que possuem esse tipo de cultura se tornaram competentes em fazê-lo. A ênfase não é tão grande no desempenho, tanto individual quanto em equipe, mas na gestão dos "stakeholders". Isso traz enormes consequências para as práticas de gestão, que podem ser muito contrastantes com as culturas organizacionais do tipo "Competição".

O quarto tipo é a "Pirâmide Social", muito comum nas empresas da América Latina, da África e do Oriente Médio (e também na Rússia e outros países do leste europeu. Essas empresas são mais hierárquicas na maneira de operar suas estruturas. As linhas de comando são claras e a comunicação é principalmente de cima para baixo. Os negócios priorizam os relacionamentos, mais do que as tarefas, tanto interna quanto externamente. A lealdade é muito valorizada. Os líderes, cada um no seu nível, determinam o sucesso ou o fracasso da empresa, muito mais do que a qualidade dos seus técnicos ou do equipamento utilizado. Mais uma vez, isso acarreta grandes implicações para as práticas de gestão, que são bem diferentes do que se vê nas três outras culturas corporativas recém descritas.

O quinto estilo é o da cultura "Família", muito encontrado nas empresas da China, de países vizinhos e da Índia (as empresas japonesas são um pouco diferentes). É muito semelhante ao estilo Pirâmide, mas se diferencia por ter uma organização informal mais forte do que a estrutura formal. As empresas "Família" também costumam ser mais flexíveis e orientadas para objetivos mais amplos ou de longo prazo. O posicionamento no mercado é mais valorizado do que os lucros no curto prazo e os planos quantitativos.

O tipo "Sistema Solar" é o quinto tipo básico e é caracterizado por uma tensão significativa entre uma hierarquia centralizadora e a autonomia dos gestores da média gerência. De um lado o "sol" (a presidência ou a diretoria) do sistema puxa os planetas para seguirem objetivos e diretrizes definidos de maneira centralizada e comunicados de cima para baixo. De outro lado, os "planetas" (gerentes de nível médio) reinterpretam essas diretrizes e mantêm seus próprios "satélites" em órbita à sua volta, cada um deles agindo como senhor do seu próprio feudo. Esse tipo de cultura se encontra amiúde nas empresas francesas, italianas e espanholas, e também nas empresas belgas e polonesas.

Portanto, como gerente de talentos, as respostas às questões formuladas inicialmente sobre a sua estratégia funcional serão influenciadas pela cultura da sua organização.

Se a sua empresa tem uma cultura de Competição, você deve procurar identificar o mais cedo possível aqueles talentos que apresentam o melhor desempenho mensurável no curto prazo e que são também os indivíduos mais ambiciosos e autoconfiantes, interessados em crescer na empresa e assumir funções de maior destaque. Deve ser relativamente fácil selecionar um subgrupo de talentos identificados no seu quadro de pessoal, cerca de 5 a 10 por cento do quadro total e dar-lhes toda a sua atenção. Outros funcionários talvez queiram fazer parte desse grupo seleto, mas eles devem saber que terão oportunidades de serem incluídos, desde que se mostrem comprometidos a melhorar seu desempenho e vencer a competição interna para serem selecionados.

Se você estiver numa cultura corporativa do tipo "Pirâmide" numa empresa brasileira, por exemplo, a situação é diferente e pode exigir uma abordagem estratégica também diferente. Os critérios de seleção podem estar influenciados tanto por desempenho como por relacionamentos. A capacidade de se relacionar com clientes e com colegas de trabalho pode ser mais valorizada como parte do que é considerado "bom desempenho", do que apenas o resultado financeiro e a ênfase em números que é típica de uma cultura de Competição. Talvez você acabe colocando mais peso no potencial do que no desempenho, na hora de avaliar seus talentos. A sua própria definição do que seja "talento" pode ser diferente, para princípio de conversa.

Se você estiver numa empresa do tipo "Rede" e você tentar selecionar apenas 5% do quadro para fazer parte do subgrupo de talento identificado, terá de enfrentar grandes dificuldades. As organizações do tipo "Rede" são muito igualitárias. Elas rejeitam a noção de selecionar um grupo reduzido e dar-lhes tratamento diferenciado. Elas rejeitam a simples noção de ter "pérolas negras" como mais valiosas do que as "pérolas comuns" e não encorajam ninguém a buscar um destaque individual. As suas "pérolas negras" serão amaldiçoadas pelos seus colegas invejosos, ao invés de serem admiradas e provavelmente sofrerão sabotagens e cairão no ostracismo.

Estou apenas alertando para o seguinte: conheça a cultura da sua organização ao começar a efetiva gestão dos seus talentos. Esteja ciente do viés cultural que pode existir inerente a cada instrumento e prática de gestão que você pensa utilizar. Evite usar ferramentas que podem entrar em choque com sua cultura organizacional. Se você decidir por enfrentar esse conflito, esteja preparado para dedicar bastante tempo e energia para administrar esses choques.

### Gestão de talentos 2: o baú da morte

À medida que você vai progredindo nos seus programas de gestão de talentos, você precisa também perguntar como você planeja desenvolver seus talentos e até mesmo antes disso, para que fins você vai desenvolvê-los. Quero dizer: quais posições futuras serão preenchidas por essas "pérolas negras" (independente de você cultivá-las ou se decidiu buscá-las no fundo do oceano, quero dizer, "no mercado").

Você precisa fazer um plano de sucessão, em termos de identificar posições-chave, para as quais você deverá contratar talentos no mercado ou desenvolvê-los internamente para que estejam preparados quando chegar o momento de preencher posições vagas, num futuro próximo ou distante. Pense em cada posição chave como uma função cujo atual ocupante irá eventualmente "morrer", ou melhor: o ocupante vai deixar essa posição, quer seja para ocupar outra posição na empresa ou em outra empresa, ou se aposentar. Para cada pessoa que "morre" em relação a uma posição, você precisa ter um baú com candidatos potenciais, identificados como sendo capazes (ou quase) de preencher aquela posição. Para cada posição chave você precisa ter um "baú da morte" preparado com candidatos, possivelmente com algumas pérolas negras entre esses candidatos.

Se você não puder colocar suas pérolas nas suas vagas abertas, você corre o risco de perde-las para os piratas da concorrência. Seus talentos podem deixar a organização para trabalhar noutro lugar, se eles concluírem que não terão acesso às oportunidades que acreditam merecer.

Quais são as características dessas posições? Elas exigem que seus ocupantes sejam generalistas ou especialistas? Como você vai desenvolver seus talentos em termos de especialização versus formação de generalistas?

Mais uma vez, a cultura corporativa determina que hajam abordagens diferentes para o planejamento sucessório, para o desenvolvimento de carreiras e para colocar as pessoas certas nas posições certas. Nas culturas de Competição você pode manter as pessoas motivadas engajando-as em projetos desafiadores, oferecendo reconhecimento pelo desempenho individual, administrando planos de bônus ligados ao desempenho. As pessoas podem permanecer no mesmo nível hierárquico por bastante tempo (a hierarquia não é tão importante) desde que se sintam recompensadas e reconhecidas por seu desempenho de maneira a se sentirem valorizadas.

Numa cultura do tipo Pirâmide a motivação está mais vinculada à hierarquia e à amplitude (grau de responsabilidade) da posição, inclusive quantas pessoas se reportam à sua posição. A motivação está também ligada à sua importância percebida na organização informal, não só à posição formal que você ocupa. Isso pode ser bem mais complexo.

Numa Pirâmide o "baú da morte" pode ser definido com clareza e transparência para as partes envolvidas. As posições-chave estão mais claramente definidas na estrutura. Numa estrutura

"Família" a estrutura formal pode ser menos relevante. Pode ser mais importante ser um assessor de um cargo importante do que ser diretor de uma área com pouca autonomia ou autoridade. A gestão de talentos nas empresas do tipo Família exigem estratégias cheias de nuances, que podem ser bastante difíceis para quem não se sente à vontade com essas situações.

É mais fácil desenvolver generalistas nas culturas de Competição. O bom desempenho é valorizado em função de resultados, portanto um bom gestor não precisa ser necessariamente um profundo conhecedor de determinada área, desde que ele (ou ela) consiga gerar os resultados esperados. Nas culturas do tipo Pirâmide é mais importante que um gestor demonstre conhecer muito bem o assunto da área que está liderando, pois muitas vezes o modo de funcionamento da sua área é mais importante do que seus resultados.

### No fim do mundo

Quando sua organização opera no mercado global, a coisa fica mais complexa e mais difícil. Você terá posições espalhadas em diferentes cantos do mundo. Elas serão ocupadas por pessoas bastante diferentes; talvez pessoas que venham de um país diferente daquele no qual a posição se localiza. Os critérios para medir o sucesso podem ser diferentes; os critérios para atrair e para reter talentos também poderão ser diferentes. As empresas de sucesso são aquelas que são capazes de adaptar as suas práticas de gestão às diferentes localidades onde operam.

Historicamente, as culturas do tipo Rede, Engrenagem e Sistema Solar têm se dado melhor na adaptação de suas práticas em lugares distantes espalhados pelo mundo. Os holandeses costumam se sair muito bem fazendo isso, talvez porque venham de um país pequeno e aprenderam a fazer negócios "no fim do mundo" há séculos atrás. Alguns argumentam que a "Cia. Das índias Orientais" foi a primeira multinacional, estabelecida em 1602. Outros assinalam que na Idade Média a própria Holanda era considerada "o fim do mundo", pois ficava no extremo noroeste da Europa continental. Groningen, na época uma vila no extremo norte da Holanda, era referida pelos holandeses como sendo "o fim do mundo". O pessoal daquela região costumava contestar esse ponto de vista, dizendo que, na verdade, não era bem assim; mas que de Groningen se podia enxergar o fim do mundo, no horizonte...

O fato é que, por contraste, empresas com culturas de Competição têm tido resultados distintos a esse respeito. Algumas se deram muito bem como empresas globais, outras apanharam feio e tiveram de voltar para casa, de volta a seus mercados domésticos. Hoje em dia, as empresas de Competição estão aprendendo cada vez mais a serem mais adaptáveis às circunstâncias locais. Até o McDonald's, antes orgulhoso de servir exatamente os mesmos produtos no mundo inteiro, nos anos recentes tem feito adaptações ao seu cardápio para atender aos gostos diferentes de países diferentes.

Quando você gerencia talentos "no fim do mundo" você precisa adaptar as suas práticas e talvez usar a seu favor o fato de que os jovens estão cada vez mais interessados em oportunidades no exterior. Os europeus e os americanos gostam de viajar, ter uma vivencia internacional e depois voltar a seus países com essa experiência adicional no seu currículo.

Entretanto, quando você gerencia talentos originários de um mercado emergente (como o Paraguai ou o Paquistão), muitas vezes as pessoas preferem continuar suas carreiras nos Estados Unidos ou na Europa, ao invés de retornar ao seu país de origem. Isso pode ser um problema para as empresas baseadas em mercados emergentes e que talvez financiaram os custos do desenvolvimento de suas "pérolas", apenas para perde-las antes de poder colher os benefícios do investimento feito.

### Navegando em águas misteriosas

As águas do mercado estão ficando mais estranhas e misteriosas atualmente, devido ao crescimento maior dos mercados emergentes como o Brasil, a Índia e a China, que estão aumentando sua participação no comércio internacional, no mercado global de consumo e também no mercado internacional de trabalho. A Europa e a América do Norte ainda estão lutando com os efeitos da crise de 2008, sendo que o desemprego tem sido o indicador que mais demora para retornar aos níveis pré-crise. A Ásia, a América Latina e a África estão crescendo mais rápido e liderando a recuperação ainda titubeante da economia mundial. Até há poucos anos atrás, os jovens de todo o mundo se dirigiam à Europa e aos Estados Unidos em busca de melhor educação e de melhores oportunidades de carreira. Agora essa maré está mudando.

Os empregos na Europa e na América do Norte estão escassos. As barreiras contra a imigração estão aumentando, cada vez mais altas. As oportunidades nos mercados emergentes estão se tornando mais abundantes e melhor remuneradas, mais competitivas do que nunca. Existem também melhores oportunidades de educação superior, de qualidade comparável, com muitas universidades americanas e europeias estabelecendo campi na Ásia, por exemplo. As maiores empresas dos mercados emergentes também estão se tornando organizações globais, competindo pela liderança nos seus ramos de negócio. Não importa que suas sedes mundiais sejam em São Paulo, Nova Iorque ou Kuala Lumpur. Essas empresas tendem a ter culturas organizacionais do tipo Pirâmide ou Família e são tão eficazes no mercado global quanto qualquer outra. Suas práticas de gestão de talentos são diferentes, mas igualmente eficazes, desde que estejam alinhadas com as respectivas culturas corporativas e estratégias de negócios.

Para o gestor de talentos, gerenciar talentos nessas novas águas misteriosas significa que você terá de buscar talentos nos sete mares e lutar contra os piratas em todos eles também. As empresas estão recrutando engenheiros vietnamitas para trabalhar na África para companhias brasileiras. Como você gerencia profissionais de determinada cultura, trabalhando num ambiente cultural diferente do seu, para uma empresa baseada num terceiro ambiente cultural?

Se você está no Brasil, uma nação que combina várias culturas organizacionais pela influência de empresas vindas do exterior, cada uma com seu estilo, como você decide a sua estratégia de gestão de talentos? A sua empresa tem uma cultura de Competição, no estilo típico das corporações americanas e inglesas, ou tem um estilo mais Pirâmide, típico das organizações tradicionais brasileiras? Ou será (provavelmente) uma mistura dos dois?

Você precisa desenvolver um modelo próprio, consistente com sua cultura organizacional e sua estratégia de negócios. Não se sinta compelido a seguir um modelo "de livro", principalmente de um livro escrito numa outra cultura. Desenhe seus próprios modelos e adapte-os quando for implantá-los em outros países.

# 24.  Seis Visões Diferentes

**Seis pessoas num bar**

Joe: O mundo é uma competição. Existem sempre duas forças opostas chocando-se uma contra a outra e o resultado dessa confrontação determina o que acontece daí em diante.

Jan Kees: Não, espere. Essa visão é simplista demais. O mundo são várias forças ao mesmo tempo se chocando, não apenas duas. Essas forças todas precisam encontrar alguma forma de equilíbrio, são pessoas com interesses distintos mas que de alguma forma precisam coexistir e colaborar, embora estejam sempre em conflito.

Heinz: Hmmm... Isso me parece muito confuso. O mundo precisa é de ordem, organização. Na verdade, existe uma certa ordem em tudo, nós precisamos é descobrir essa ordem, descobrir os padrões existentes e melhorá-los para que sejam mais eficientes, mais claros. É assim que conseguimos fazer do mundo um lugar melhor para todos, mais organizado.

Jean Pierre: Desculpe, mas essa visão é mecanicista demais para o meu gosto... Eu penso que para entender o mundo, precisamos olhar para o cosmos. Os planetas girando em torno do sol, por exemplo. Esse é um padrão que se vê em tudo, das estrelas até os átomos, com elétrons girando em volta do núcleo. A sociedade tem o mesmo padrão, com algumas pessoas sendo um sol e outras sendo planetas, luas, satélites... A astronomia tem conceitos que ajudam a entender o mundo.

Zé Pedro: Meus amigos, o furo é mais em baixo... O que interessa no mundo são as pessoas e os seus relacionamentos. Esquece os planetas, as forças, esses conceitos esotéricos... O mundo é feito de gente! Existem padrões de relacionamento e interação, sim. Existe sempre uma hierarquia, onde alguns têm mais poder do que outros; e existem grupos. Todo mundo pertence a um grupo e dentro desse grupo sempre tem uma hierarquia. Você tem que saber o seu lugar na hierarquia do grupo e aí, tudo bem.

Hu Tan: É verdade o que você está dizendo, mas isso parece um pouco burocrático, essa hierarquia dentro do grupo, como se fosse uma pirâmide construída por algum tecnocrata que não tinha o que fazer. Se olharmos à nossa volta, vemos pessoas, é verdade, mas qual é o primeiro grupo, o grupo primordial? É a família. Essa é a unidade básica da sociedade. Toda a humanidade é formada por famílias: pais, filhos, irmãos, pessoas que crescem e se tornam pais de outros filhos, e assim vai eternamente. Sempre foi assim, desde o começo da raça humana, sempre será assim. Nós fazemos parte de uma grande família, composta por bilhões de famílias.

### Qual é a sua visão preferida?

A seção anterior delineou (muito superficialmente) seis "visões do mundo", seis perspectivas diferentes que foram identificadas com base nas pesquisas pioneiras de Hofstede. Essas seis sínteses não são muito difundidas, mas agora estão começando a ser discutidas de forma mais ampla. Qual dessas perspectivas parece mais adequada à sua própria visão pessoal sobre o mundo? Será o mundo uma grande competição? Uma rede de interações complexas? Uma engrenagem sofisticada? Um sistema solar? Uma pirâmide? Uma grande família?

Os nomes dados a essas seis perspectivas podem ser discutíveis (como todos os rótulos), mas elas são baseadas nos valores subjacentes identificados nas pesquisas de Hofstede. Ele identificou cinco dimensões da cultura e mediu sua intensidade em mais de cem países. As cinco dimensões são Distância De Poder (DIP), Individualismo (IDV), Desempenho (DES), Controle da Incerteza (CDI) e Orientação de Longo Prazo (OLP). Existe extensa literatura a respeito.

Posteriormente, Huib Wursten verificou que as combinações dessas cinco dimensões formavam determinados padrões. Ele notou que era possível agrupar certas culturas que tinham uma certa semelhança entre si. Assim nasceram seis agrupamentos, chamados por Wursten simplesmente de "Mental Images" (imagens mentais) e denominados de "culture clusters" pelo ITIM (Institute for Training Intercultural Management).

Essas seis "imagens mentais" são bastante úteis para descrever culturas organizacionais e culturas nacionais, em linhas gerais. Ao nos aprofundarmos no exame de cada cultura descobrimos uma série de idiossincrasias que tornam cada cultura singular, da mesma forma que a personalidade faz de cada pessoa um ente sem igual. As seis imagens, no entanto, são conceitos que facilitam o entendimento das diferenças culturais e as implicações que acarretam, em termos amplos. Também ajudam a entender melhor as confusões que se vêem espalhadas pelo mundo de hoje: na sua maioria, estão relacionadas com pressupostos culturais.

### Competição

As culturas que têm em comum esses valores (baixa DIP, alto IDV, alta ODP, baixo CDI, baixa OLP) são basicamente as culturas anglo-saxônicas (ex: Reino Unido, Estados Unidos, Canadá, Austrália). Nessas culturas, o mundo é visto como um eterno choque entre duas forças opostas que competem entre si (tese e antítese), sendo que desse choque resulta uma terceira força (síntese). O aspecto mais interessante, na minha opinião, é perceber como essa imagem descreve a forma como essas culturas visualizam o mundo inteiro e não apenas o que ocorre nos seus próprios países. É como usar óculos de lentes coloridas: você acha que o mundo inteiro tem aquela cor, mas a cor está nos seus óculos!

Nas culturas de Competição costuma haver dois partidos políticos (Trabalhistas e Conservadores na Inglaterra, Democratas e Republicanos, nos Estados Unidos), o que espelha essa visão polarizada do mundo. O problema acontece quando essa visão é empregada (como lentes coloridas) para observar realidades muito diferentes pelo mundo afora. Você acaba ouvindo pessoas falarem coisas estranhas como: "O Afeganistão só vai ser pacificado quando desenvolver um sistema político democrático baseado em dois partidos". Por que dois partidos? Tire os óculos, cara! Você não precisa organizar todas as tribos do Afeganistão em torno de dois partidos políticos para conseguir estabilidade naquele país...

### Rede

Esse é o agrupamento que reúne as culturas da Escandinávia e da Holanda. Todas essas culturas têm escores baixos em DIP e CDI, altos em IDV, o que as aproxima dos anglo-saxões, porém essas culturas têm Orientação Para o Desempenho (DES) bastante menor. As culturas de rede percebem o mundo como sendo uma série de relacionamentos multilaterais em que muitas forças distintas precisam de alguma forma serem acomodadas para coexistirem. É preciso chegar a um consenso, de um jeito ou de outro, e esse consenso precisa ser continuamente monitorado, pois o processo nunca termina.

Esses países tipicamente possuem vários partidos políticos e para governar é necessário formar uma coalisão entre dois, três ou mais partidos. Quando culturas de Rede enviam tropas para lugares como o Afeganistão, elas adotam táticas diferentes para tentar resolver a situação. Um exemplo recente foi a abordagem holandesa como parte das tropas para lá enviadas: os holandeses procuraram se aproximar dos líderes tribais e trabalharam em conjunto com os mesmos para desenvolver a governança local e discutir aspectos da economia, ao invés de lutar abertamente contra o Taliban. Os americanos, é claro, criticaram duramente essa tática holandesa, pois ela carecia de combatividade direta contra os guerrilheiros e enfrentar o conflito é a essência da cultura americana. Olhando para a situação com as lentes americanas, lutar contra a guerrilha era o mais importante; sob as lentes holandesas, a prioridade era chegar a um consenso entre todas as forças envolvidas na situação.

Qual seria a melhor tática? Na verdade a cultura afgã não é nem Competição e nem tampouco Rede, portanto a melhor tática provavelmente seria uma terceira, mais coerente com o estilo Pirâmide, que mais se aproxima da realidade local... Não se deve tentar governar o Afeganistão como se fosse os Estados Unidos e nem tampouco governa-lo como se fosse a Holanda!

### Pirâmide

Esses países apresentam escores elevados em DIP e baixo IDV. São hierárquicos e mais coletivistas ao invés de individualistas. Consideram que é natural que numa sociedade o poder esteja distribuído de maneira desigual. Algumas pessoas têm muito mais poder do que outras. Nas culturas de Pirâmide a Orientação Para o Desempenho (DES) não é tão relevante (geralmente não é nem muito alto e nem muito baixo). Os escores de CDI são altos e portanto essas culturas tendem a ser mais religiosas, mais supersticiosas e expressam emoções com mais frequência. Essa é provavelmente a cultura do Afeganistão (eu digo "provavelmente" porque ainda não houve ainda pesquisa específica feita naquele país. NOTA para a ONU: não custaria muito financiar uma pesquisa de cultura no Afeganistão, provavelmente bem menos do que uma única missão de bombardeio... e os resultados de tal pesquisa ajudaria a melhorar a eficácia dos diversos programas em andamento para estabilizar o país!). Existem dados de pesquisa disponíveis sobre os vizinhos Paquistão e Rússia, que são ambas culturas do tipo Pirâmide.

Nessas culturas, os detentores do poder (os líderes tribais), os grupos aos quais as pessoas pertencem (as tribos) e as relações entre essas forças são de importância crucial. Esqueça a igualdade. É preciso engajar os líderes tribais. Esqueça a "responsabilidade individual" (este é um aspecto no qual o modelo holandês também não funciona no Afeganistão). As pessoas têm a expectativa de que os líderes tribais assumem mais responsabilidades e estão dispostas a segui-los e serem leais a eles, em troca de receberem dos líderes o seu cuidado e atenção.

Esse é um outro modelo, uma outra maneira de encarar o mundo. O Afeganistão só poderá mudar se a visão de mundo lá vigente for respeitada e utilizada como propulsora de mudança. É bom conseguir uma equipe que use "lentes de Pirâmide" para trabalhar junto com os líderes tribais. Aí sim, será possível ver alguma coisa acontecendo e com um custo muito menor do que o das campanhas militares, sem falar nos custos em termos de vidas humanas, que não têm preço.

## Os outros três

O agrupamento do tipo Engrenagem é típico das culturas germânicas (Alemanha, Áustria, Suíça); o Sistema Solar é encontrado na França, Espanha, Itália; e o agrupamento Família é típico da Índia, da China e dos países que são seus "parentes próximos" próximos em termos de cultura. Não vou me aprofundar neles aqui. Só quero salientar que até que nós todos consigamos tirar nossas lentes coloridas ou usar emprestadas as lentes uns dos outros para enxergar o mundo sob uma perspectiva diferente, continuaremos a ter sérios problemas de entendimento mútuo. Os americanos vão continuar criticando a Europa por não ter unidade e demorar nas decisões. Os europeus continuarão a criticar os americanos por serem gananciosos e bitolados. Os países árabes (também são culturas de Pirâmide) continuarão a criticar "o Ocidente" por se intrometer nos seus assuntos internos e ao invés de ajudar, só piorarem as coisas.

Já está na hora das pessoas se darem conta de que não existe uma maneira única de administrar uma organização ou um país. Existem pelo menos seis maneiras diferentes (na verdade, muito mais, se você se aprofundar no assunto), todas igualmente eficazes, cada uma com seus pontos fortes e fracos. Todos nós temos nossas preferencias pessoais, é claro, dependendo dos nossos próprios antecedentes, dependendo da educação de valores que recebemos. Se pudermos nos colocar no lugar do próximo, para entender sua perspectiva, estaremos dando um passo crucial para o nosso entendimento mútuo. Isso nos ajudará na direção do segundo passo, que será o de buscarmos, juntos, soluções que façam sentido igualmente para nós dois.

# 25.     Conversa de bar – parte 2

Joe: Pessoal! Vamos fazer um desses jogos pra ver quem bebe mais!

Jan Kees: Por que você sempre tem que transformar tudo numa competição? A gente não precisa dum concurso pra começar a beber... Só precisamos dum assunto pra discutir e já estamos discutindo, então podemos começar a beber!

Heinz: Muito bem, vamos organizar esse negócio, uma vez: quem vai querer cerveja? Eu vou anotar o que cada um quer e vou fazer o pedido no bar. Na próxima rodada será a vez do Jean Pierre, que está sentado à minha esquerda e assim por diante, no sentido horário.

Zé Pedro: Meus caros, não vamos discutir entre amigos. Pode pedir cerveja pra todo mundo, Heinz. Eu tenho um assunto pra falar aqui com todos. Eu preciso da ajuda de vocês.

Jean Pierre *C'est bien*, Zé Pedro, mas eu vou querer uma Skol, e não uma Antartica, Heinz.

Hu Tan: É mesma coisa, Jean Pierre. Antártica comprou Skol e mudou a fórmula, agora elas têm todas o mesmo gosto.

Jean Pierre Pode ser a mesma coisa pra você, mas pra mim não é! Heinz, me dá uma Skol e não uma Antártica!

Zé Pedro: Chega de briga, pessoal. Me pediram pra escrever um artigo sobre liderança e eu não sei nem por onde começar... Alguma sugestão?

Jean Pierre Esse negócio de "liderança" é bobagem! Nós nem temos uma palavra pra isso em francês... Isso é mais uma besteira dos americanos. Alguém fala "liderança" e de repente o mundo inteiro está indo atrás dos americanos sem entender do que é que estão falando.

Joe: Deixa eu te dizer uma coisa sobre liderança: tem tudo a ver com fazer as coisas, entrar em ação! Você sabe por que é que não existe uma palavra em francês pra "liderança"? É porque os franceses ainda estão discutindo se deveria haver uma palavra em francês pra isso, ou não, e que tipo de definição deveria haver em francês, e será que essa palavra devia ser um verbo ou um substantivo e por aí a fora! Enquanto isso, os americanos estão liderando o mundo!

Jan Kees: Segundo eu, a liderança deve ser uma função rotativa num grupo. Todos devem ter a sua vez como líder, dependendo da situação. O líder não deve ser sempre a mesma pessoa.

Jean Pierre: Como assim, "segundo eu"? O que é isso, você está misturando holandês com português de novo? Diga o você quer dizer, diga "Eu acho..." e daí diga o que você quer dizer!

Jan Kees: Eu paro de misturar holandês com português quando você largar esse seu sotaque carregado, tá bom? Hu, o que é que você acha disso tudo? Fala da perspectiva oriental.

Hu Tan: Lao Tse disse: "Para liderar um povo, caminhe atrás dele!"

Joe: Essa não!... Como é que você vai liderar alguém se não estiver na linha de frente? Você tem que estar lá na frente para enfrentar os desafios, agüentar as conseqüências, tomar as decisões, mostrar o caminho! Você não pode fazer nada disso se estiver na retaguarda...

Hu Tan: Essas duas posições estão corretas... Elas não são mutuamente exclusivas.

Jan Kees: Hmmm... Sei não... Elas parecem mutuamente exclusivas, na minha opinião. Ou você lidera na frente ou lidera atrás, qual é a sua posição, afinal? Isso me parece um dilema. Cadê o Heinz? Ele ainda não deu a opinião...

Zé Pedro: Ele ainda está pegando as cervejas... Acho que ele precisa de ajuda. Eu vou até lá. (vai até o bar)

Jean Pierre: A gente estava discutindo isso porque ele pediu e agora o cara vai embora...

Jan Kees: Eu acho que um líder tem que entender três coisas: que numa equipe nós estamos todos no mesmo barco, que você precisa ser sempre franco e honesto consigo mesmo e com os outros, e que...

Heinz: (interrompendo) Aqui está, seis cervejas! Eles não tinham Skol e nem Antártica, então eu trouxe Brahma Extra pra todo mundo.

Zé Pedro: Essa Brahma Extra não é ruim, não, é a cerveja favorita do meu chefe.

Heinz: Agora podemos começar a discussão.

Joe: Nós já começamos faz tempo! Você está atrasado...

Jan Kees: Eu não terminei o que estava falando! Eu acho que um líder tem que entender três coisas: que nós estamos todos juntos numa mesma situação, que você tem que ser franco e honesto consigo e com os outros, e que você precisa comunicar a sua visão.

Jean Pierre: Isso está me parecendo muito holandês...

Jan Kees: Pode ser muito holandês e pode ser também muito certo!

Heinz: É melhor que cada um de nós dê a sua definição de liderança, falando um de cada vez, sem ser interrompido. Os outros devem só escutar, até que todos tenham falado e agente faça a volta completa na mesa.

Zé Pedro: Por mim tudo bem. Eu topo tudo.

Joe: Qualquer coisa, desde que a gente vá adiante. Vamos lá!

Heinz: Esperem! Vamos fazer uma coisa criativa, agora: vamos seguir no sentido anti-horário!

Jean Pierre: (revirando os olhos) Maravilha, Heinz! OK: Hu, você começa. O que é liderança?

Hu Tan: Talvez a pergunta devesse ser: "Como é a liderança?..."

Joe: (irônico) Ah, beleza! Responde a pergunta com uma outra pergunta!...

Heinz: Sem interromper! Sr. Tan, o senhor quer falar mais alguma coisa?

Hu Tan: O pior surdo é o que se recusa a escutar...

Heinz: Obrigado. Sr. Poireau, agora é a sua vez.

Jean Pierre: O conceito de liderança, na verdade, vem da Idade Média, quando carruagens puxadas a cavalo faziam viagens pelo interior da Bretanha e de outras partes da França, numa época em que uma parte da França havia sido invadida e ocupada pelos ingleses, até que Joana D'Arc os derrotou na Batalha de Orleães e depois ajudou o Delfin a se tornar o rei legítimo da França. Naquela época...

Joe: Você está desviando do assunto!

Heinz: Sem interromper!

Jean Pierre: (revirando os olhos de novo) ... Naquela época era costume que a carroça fosse dirigida por alguém que era chamada de "manager" (em Frances arcaico), pois sua função era, em francês, "manager les chevaux", ou seja: manusear os cavalos. Ele conduzia os cavalos, cuidava deles quando a carruagem parava para um pernoite numa estalagem à beira da estrada, alimentava os animais, escovava o seu pelo, preparava os cavalos na manhã seguinte para continuar a viagem, etc. Esse verbo Frances *"manager"* (em português: manusear) foi de maneira errada adotado ou adaptado pelos ingleses como um substantivo, com o significado de "administrador", ou "manager" (em inglês). A pessoa encarregada de tratar dos cavalos e assegurar que a carruagem está seguindo pela estrada como devia.

Joe: O que é que isso tem a ver com liderança? Volte pro assunto da discussão!

Heinz: Sr Peartree, sem interromper! Pode continuar, Sr. Poireau.

Jean Pierre: (revirando os olhos e suspirando profundamente)... *D'abord,* normalmente a carruagem não viajava sozinha, apenas com seus passageiros. Em geral havia mais um ou dois cavaleiros, às vezes mais, que viajavam junto com a carruagem. Eles deviam proteger os passageiros dos assaltantes de beira de estrada, buscar socorro se a carruagem quebrasse uma roda, essas coisas.

(Joe fica tamborilando com os dedos na mesa, impaciente; Heinz lhe dá um olhar irritado; Jean Pierre finge que não notou; Zé Pedro se segura para não rir)

Jean Pierre: Um desses cavaleiros adicionais tinha a função de mostrar o caminho a seguir, era uma espécie de guia. Como vocês bem podem imaginar, as estradas naquela época nem sempre estavam bem demarcadas. Eles nem sempre tinham um mapa, e não havia GPS... Os holandeses ainda não tinham inventado o Tom-Tom...

(Jean Pierre sorri para Jan Kees, que finge ficar humildemente encabulado, mas se sente orgulhoso secretamente)

Jean Pierre: De modo que um desses cavaleiros seguia um pouco adiante, como um escoteiro, para ter certeza de que êles ainda estavam no caminho certo. Sua função era mostrar o caminho, ou guiar o caminho. Este ato é traduzido em inglês arcaico como "to leaden" e a função foi chamada pelos ingleses de "leader" (líder).

Heinz: OK, muito bem. Mais alguma coisa?

Jean Pierre: Eu só quero enfatizar que esse termo "liderança" na verdade é uma distorção, pois a palavra nunca existiu em Frances... Isso é um termo que os americanos inventaram depois da Segunda Guerra, mas na verdade não faz sentido, do ponto de vista conceitual. Bom, eu vou ficar por aqui porque o Joe está ficando bravo, então podemos voltar a este assunto mais tarde, depois que todos falaram.

Heinz: *Gut!* Sr. Peartree, agora o senhor pode falar.

Joe: Bem, como eu já disse, liderança é uma questão de agir, de fazer acontecer. Quando as pessoas estão meio perdidas, o líder é a pessoa que assume a situação, toma decisões e leva o grupo pra fora da floresta, pra vitória! O líder não apenas mostra a saída do problema, ele também serve de exemplo, ele é um modelo pra tudo que precisa ser feito! Ele tem de ser corajoso, focado, comprometido com o resultado. Porque no final das contas o que vale é o resultado e o líder vai levar o time pra vencer todos os obstáculos e atingir o objetivo, chegar no resultado e vencer!

Jean Pierre: Isso aí tudo vem com o Sylvester Stallone, com o Bruce Willis ou vem com os dois?...

Heinz: Por favor, Sr. Poireau, deixe ele terminar de falar.

Joe: Já acabei. Próximo.

Heinz: É a sua vez, Meneer Peerboom.

Jan Kees: Eu já falei antes. O Zé Pedro é o próximo.

Heinz: Por favor, Sr. Pereira. Qual é a sua definição de liderança?

Zé Pedro: Bom, não sei, na verdade eu comecei pedindo ajuda a todos vocês... Eu acho que eu penso que um líder é alguém que tem que assumir a responsabilidade pelo grupo, mostrar o caminho que eles devem seguir, mas deve também verificar se eles continuam seguindo ele e continuam trabalhando como equipe. Quer dizer, se as pessoas acabam se dispersando pelo caminho, então esse líder não é um bom líder. Ele tem que manter todo mundo junto, e eles tem que ter confiança uns nos outros e ter confiança nele como líder. Se não confiarem nele ninguém vai seguir esse líder pra lugar nenhum e o líder também tem que ser respeitado pra ser seguido.

Heinz: *Gut!* Mais alguma coisa?

Zé Pedro: Não, tudo bem, por enquanto é isso. Diga você então, Doutor Birnbaum, qual é a sua opinião como especialista no assunto?

Heinz: (limpa a garganta, senta mais ereto na cadeira) O lideranza pode ser uma coisa bem simples, desde que tenha uma estrutura e um processo. O líder deve ser um especialista no assunto do grupo, mas se ele não é, então ele precisa ouvir os especialistas e depois tomar uma decisão bem informada. É só isso!

Zé Pedro: Obrigado a todos pela ajuda. Quem vai querer outra cerveja?

Jean Pierre: Acho que agora vou querer um *Cognac*...

Joe: Pra mim um *whiskey*. Com gelo. "Sobre as rochas", como vocês dizem...

Jan Kees: Eu agora vou querer uma cerveja "bock", se tiver.

Heinz: Eu vou tomar um *schnapps*!

Hu Tan: Acho que vou querer qualquer cerveja feita pela Inbev, sabe? Aqueles caras que compraram a AmBev e a Budweiser, são a maior cervejaria do mundo... pode ser uma Budweiser, mesmo, ou uma Stella Artois, Brahma, Beck's, Quilmes...

Zé Pedro: Por que tem que ser uma cerveja da Inbev?

Hu Tan: É que nós estamos comprando a empresa, sabe? Então é melhor eu ir experimentando os produtos deles...

## 26.    Paraninfos

Logo estaremos no final do ano, época em que milhões de jovens passam pelos ritos de passagem que são as cerimônias de formatura, tanto no Segundo Grau como na Universidade. Invariavelmente essas cerimônias incluem um belo discurso, proferido por um "paraninfo" convidado pela turma de formandos. Cabe ao paraninfo inspirar aos formandos (e a seus parentes e amigos da plateia), espelhando o júbilo da comunidade com o acontecimento e oferecendo sábios conselhos para que os jovens enfrentem a vida que têm pela frente. Estive na plateia várias vezes, assistindo às formaturas das minhas filhas (tenho quatro filhas, duas formadas na Universidade, uma no Segundo Grau, uma a caminho).

A maioria dos discursos que assisti (ao vivo ou em vídeo) são realmente inspiradores e oferecem grande valor  moral, tanto para os jovens quanto para os velhinhos da plateia (como eu). Suas palavras reforçam nossos valores éticos coletivos e expressam a esperança de que as novas gerações levarão adiante esses valores e alcançarão novos patamares, criando um mundo melhor e uma sociedade mais justa para as gerações seguintes. Infelizmente, nem todos os discursos que assisti foram assim. Na verdade, alguns deles eram "uma cerda", como diria o "Cillôr Fernandes"...

Permita-me explicar. Existem alguns mitos na nossa sociedade, que são justamente aquelas noções que me fazem ter vergonha desse mundo, que fazem nossa sociedade ser ainda muito injusta e precisando de grandes mudanças. Esses mitos precisam ser denunciados e destruídos. Precisamos todos lutar contra eles e especialmente os jovens precisam evitar que se propaguem e perpetuem. A última coisa de que precisamos é ver esses mitos exaltados e recomendados num discurso de formatura... Nesse "rito de passagem", os jovens precisam ser inspirados a mudar o "status quo" e não a manter uma sociedade tão necessitada de mudança.

Portanto, ofereço a seguir meus comentários com o objetivo de desmantelar alguns desses mitos. Espero com isso ajudar os jovens a manter seu espírito crítico diante de algumas bobagens às quais serão submetidos no final de ano. Peço perdão pela minha eventual falta de moderação. Faço exageros de propósito, para contrabalançar a exaltação desses mitos que precisam ser destruídos.

### Mitos a Destruir

Em muitos discursos se ouvem exaltações ao Trabalho, à Disciplina, ao Foco. As pessoas recomendam aos jovens que estudem com afinco e que desenvolvam sua capacidade de Raciocínio e sua Força de Vontade. Na verdade, essas noções foram desenvolvidas nas culturas dos anglo-saxões e dos germânicos e são noções que alimentam uma atitude de que "só existe um determinado jeito certo de fazer as coisas, os outros estão todos errados". Essa atitude inclui uma tendência a tentar impor esses valores sobre todo o planeta, até ,mesmo pela força. Exemplos disso foram as invasões do Iraque e do Afeganistão, bem como as operações da OTAN no leste europeu, tentando impor uma "democracia" à força, mesmo que milhares de pessoas tenham que morrer no processo. Um pouco na linha do "prendo e arrebento quem for contra a abertura", para não ir muito longe. Está na hora de acabarmos com essas coisas.

O **Foco** pode ser uma coisa boa, mas também é fácil "passar do ponto" e acabar transformando uma coisa boa num desastre. É como "o lado negro da Força", para quem foi fã de "Guerra nas Estrelas". Uma virtude levada ao exagero logo se transforma em defeito. O Foco se transforma em bitolamento. Ele leva você a ficar alienado do que está acontecendo à sua volta. O excesso de foco leva à irresponsabilidade ambiental (falta de responsa-habilidade, ou seja, capacidade de responder adequadamente ao que acontece no ambiente).

Margaret Wheatley chama nossa atenção ao fato de que os animais não são "focados". Pelo contrário, os animais dedicam atenção igual ao que estão fazendo (comendo, bebendo, caçando, brincando, acasalando, alimentando os filhotes) e ao que está se passando à sua volta. Por isso, são capazes de fugir dos seus predadores (como o "Homem") quando surge uma ameaça. Os animais podem dedicar metade de sua atenção ao que estão fazendo, mas sempre reservam uma outra metade para o que se passa a seu redor. Ao exaltarmos a necessidade de "focar", estamos nos distanciando do nosso meio-ambiente e nos tornando mais vulneráveis a ameaças.

Não estou falando apenas do nosso ambiente físico. Isso se aplica também a nossas relações interpessoais e à economia. Os executivos dos bancos de investimento que criaram a "bolha" do mercado imobiliário americano e a posterior crise de crédito no Mercado internacional estavam todos muito bem focados! Estavam focados em ganhar dinheiro e ganhar bônus espetaculares. Perderam o contato com o impacto que estavam provocando na economia e na sociedade como um todo. Não perceberam os sinais de que a bolha estava prestes a estourar, mas os sinais estavam lá, por toda parte. Muitos inclusive viram os sinais anunciando o desastre iminente, mas preferiram ignorá-los. Estavam focados demais em salvar seus traseiros e resolveram deixar que o Mercado "se exploda", como dizia a Rita Lee.

Portanto, ao invés de aconselhar os formandos a "manter o foco", prefiro dizer "percam o foco!" Jamais percam sua capacidade de perceber o que está acontecendo à sua volta. Jamais percam sua noção do que as pessoas à sua volta estão fazendo, pensando e sentindo. Estejam sempre dispostos a largar o que estão fazendo para interagir com outras pessoas. Jorge Luis Borges disse que, no seu leito de morte, as pessoas não se arrependem de não ter passado mais tempo no escritório. Elas não desejam ter focado mais tempo nas suas carreiras. Pelo contrário, se arrependem de não ter feito o oposto. Se arrependem de ter colocado foco demasiado no seu trabalho e não terem dedicado tempo suficiente aos relacionamentos com outras pessoas e com o mundo ao seu redor. Se arrependem de não ter passado mais tempo em contato com a natureza, caminhando de pés descalços no barro ou sentindo a chuva batendo no rosto.

A **Disciplina** é exaltada de tal forma que até parece que penitência é coisa boa. A autolimitação é uma forma de disciplina e ela também é exaltada. Os conselhos dados incluem que devemos resistir à tentação de aproveitar a vida e nos sentirmos livres para fazer o que quisermos. Ao invés disso, devemos "ter disciplina", ao ponto de sacrificar seus próprios juízos e sentimentos em prol de executar o que algum maluco mandou fazer. Essa é a justificativa de todos os crimes de guerra, dos nazistas aos torturadores da CIA. "Estávamos cumprindo ordens". De novo, o "lado negro da Força". A disciplina levada ao exagero leva à irresponsabilidade.

Na verdade, a disciplina deve vir de dentro de cada um, e não imposta de fora para dentro. A disciplina vinda de dentro tem mais a ver com engajamento, ao invés de comprometimento (a diferença pode ser sutil, mas é muito importante). O engajamento tem a ver com inspiração e não com seguir ordens de terceiros. Tem origem na paixão, nas emoções, e não na obediência a normas externas.

Caros integrantes da Turma de 2009: (todos que estão se formando este ano, quer seja no Segundo Grau ou na Universidade), quero exortá-los a serem mais engajados e menos disciplinados. Sejam fiéis ao seu coração, mais do que à sua cabeça. Estejam conscientes do que estão sentindo, não só do que estão pensando. Decidam o seu próprio caminho, ao invés de seguir cegamente o caminho de outros. Escutem seu corpo e seu coração tanto quanto sua mente.

O **trabalho duro** pode às vezes ser sinal de burrice, portanto não deve ser exaltado "per se". Você pode acabar se matando ou provocando acidentes que matam as pessoas à sua volta se você trabalhar sem pensar. Trabalhar duro só pelo esforço exigido pode ser uma forma de autopunição. Pense no que você está tentando realizar, ao invés de simplesmente se esforçar ao ponto de exaustão. Você não está fazendo penitência. Você deve estar tentando conseguir algum resultado com o seu trabalho, alguma coisa que vai gerar valor para outras pessoas. O trabalho é um meio, não uma finalidade em si. A finalidade última do trabalho é fazer desse mundo um lugar melhor para todos. Se você pensar no trabalho como um fim em si mesmo, você vai acabar ficando doente ou maluco e vai levar os outros à sua volta também à loucura. E se estiver trabalhando na coisa errada, pode gerar dano ao invés de benefício. Uma explosão acidental pode matar a você e aos seus colegas. É o mesmo que atirar nos seus aliados ao invés de nos seus inimigos. Um exemplo terrível, dentre vários acontecidos na Segunda Guerra Mundial: houve mais civis franceses mortos sem querer pelos próprios Aliados durante a invasão da Normandia do que vítimas civis inglesas durante toda a Guerra. E depois criticam-se os franceses por não demonstrarem gratidão aos ingleses e americanos que os "liberaram"...

Trabalhar com a cabeça é melhor do que trabalhar sem pensar. Descobrir um jeito melhor de se fazer as coisas é melhor do que repetir as coisas do mesmo jeito, cada vez com mais esforço. Trabalhar com a cabeça evita acidentes. E não esqueçam também de amar, além de trabalhar.

Ao ser perguntado por um jornalista sobre qual seria o critério para definir se alguém é doente mental ou é sadio, Sigmund Freud deu uma resposta simples: "amar e trabalhar". Uma pessoa sadia é capaz de amar e trabalhar. Expressar carinho pelos outros e produzir algo de valor. Este é o melhor conselho para os formandos: amem e trabalhem. Pessoalmente, eu manteria inclusive esta ordem de importância, embora não saiba se essa era a intenção de Freud.

**Estudar com afinco**, para mim, também é um mito, baseado nos mitos da supremacia do pensamento racional e da força de vontade e da disciplina. Não me entendam mal, não estou dizendo que ninguém deva estudar. O que estou dizendo é que estudar, para mim, é aprender alguma coisa pela qual você tem interesse. Você não precisa estudar "duro". Se você não tem interesse por um assunto, não vai aprender esse assunto gastando horas e horas lendo e relendo textos quando você preferia estar fazendo outra coisa. Ficar sentado recitando páginas e páginas para si próprio não leva à aprendizagem. A aprendizagem só acontece quando envolve suas emoções. Não se trata de raciocínio, nem de força de vontade para forçar-se a fazer alguma coisa pela qual você não tem nenhum interesse genuíno.

A aprendizagem tem mais a ver com o engajamento e o talento natural e não com o comprometimento e a força de vontade. Se você tiver interesse, vai aprender qualquer coisa, por pior que seja o professor. Um bom professor é aquele que desperta o interesse dos alunos, ao invés de tentar impor "disciplina". Os melhores aprendizes e alunos são os que se apaixonam pelo assunto. Aprender se torna mais fácil e fonte de prazer. O segredo está em estar em sintonia com suas emoções e sentimentos, sentir-se "completo" e não um escravo da sua mente racional. Assim fazendo, você descobrirá as coisas que despertam sua paixão e terá muito prazer em aprender cada vez mais sobre elas.

### Conclusão

Meus caros integrantes da classe de 2009, procurem descobrir qual é o seu jeito individual preferido de aprender, como pessoa. O processo de aprendizagem é singular, diferente para cada um. Cada pessoa aprende de uma forma ligeiramente diferente de outra. Isso sempre envolve mais o seu lado emocional do que o seu lado racional. Tem mais a ver com o seu talento do que com a sua força de vontade. Conheça a si mesmo (Sócrates já disse isso, não é novidade). Procure tornar-se "completo", plenamente consciente das suas emoções, pensamentos e sensações. Deixe seu talento natural desabrochar. Isso vai lhe ajudar a encontrar seu próprio caminho. Continue aprendendo sempre. Sofrer como um mártir não é pré-requisito para ser feliz ou bem sucedido.

O melhor discurso de formatura que vi neste ano foi o do Prof. Tweedie, um professor do Segundo Grau na Escola Internacional de Amsterdam. Não falou em "vencer", nem em "foco", "disciplina" ou qualquer dessas bobagens. Falou sobre o que ele observava olhando pela janela do seu escritório na escola, vendo as crianças do jardim de infância brincando no pátio, na hora do recreio. Ele percebeu que ás vezes uma criança caía de algum brinquedo e esfolava um braço ou um joelho. Ele notou que sempre surgia um coleguinha para ajudar o outro a levantar do chão, dando um tapinha nas costas, oferecendo um gesto de apoio ou uma palavra de consolo. Este foi o conselho do Prof. Tweedie aos formandos: ofereçam apoio, ajuda e consolo quando alguém cair. Isso vai fazer do nosso mundo um lugar melhor para todos. Foi uma lição aprendida das crianças e não de algum "guru" consagrado. Concordo cem por cento com a sua mensagem. E acho que temos muito mais a aprender com nossos filhos do que com alguns "gurus" que andam por aí.

## 27.     Gerando empregos

O desemprego continua elevado nos Estados Unidos e mais alto ainda em certas partes da Europa, notadamente na Espanha e em Portugal. Isso tudo ainda é efeito da crise financeira de 2008, que começou nos Estados Unidos e se espalhou pelo mundo inteiro, de Nova Iorque a Nova Iguaçu. Para gerar mais empregos em meio a essa situação, precisaríamos nos livrar (pelo menos temporariamente) de um viés profundamente arraigado que todos temos, em todas as culturas, a favor da eficiência. A eficiência agrega valor no curto prazo, mas destrói valor no longo prazo, a menos que administremos a situação com uma perspectiva de longo prazo. A maioria das empresas e dos governos, entretanto, carecem muito de perspectiva de longo prazo. Isso não ajuda a criar empregos.

### Latindo para a árvore errada

Um dos efeitos retardados da crise de 2008 foi a crise erroneamente denominada de "crise do Euro", começada por volta de 2011, que se tratava na verdade de uma queda de braço entre especuladores (bancos de investimento e fundos de "hedge") de um lado (que gostam de referir a si próprios como "investidores") e os governos da União Europeia. Enquanto durou essa queda de braço, alguns especuladores ganharam milhões; outros perderam milhões (como o JP Morgan Chase). Nesse meio tempo, alguns políticos perderam eleições para outros e milhões de trabalhadores engrossaram as estatísticas de desemprego, nos Estados Unidos e na Europa.

As intervenções dos governos europeus e norte-americanos para resolver a crise tiveram pouco sucesso (para usar um eufemismo). Alguns argumentam que essas intervenções apenas agravaram a crise: o remédio utilizado foi pior do que a doença que pretendia curar.

Foram tomadas decisões em vários países para reduzir o déficit público através da contenção de despesas públicas. Por sua vez, essas políticas de contenção afetaram negativamente o crescimento da economia; e o resultado final foi de que os déficits públicos aumentaram, porque diminuíram os PIB's dos respectivos países devido às políticas de austeridade. As empresas pararam de investir, com receio de um futuro incerto. As políticas de austeridade não conseguiram aumentar a confiança dos agentes econômicos em geral; pelo contrário, parecem ter diminuído a confiança de todas as partes envolvidas, gerando menos investimento e menos empregos. Formou-se uma espiral descendente, que só beneficia os partidos de oposição em qualquer país e os corretores do mercado que ganham mais dinheiro quando o mercado está instável.

## Achando a árvore certa

Por acaso, me dei conta de uma abordagem diferente, que poderia ser útil nesse contexto. Como tantas outras pessoas no lado mais afluente da economia, estou tentando adotar um estilo de vida mais saudável. Isso inclui praticar mais atividades físicas, ao invés de passar o dia em cima de um computador escrevendo este livro... Os especialistas da saúde dizem que é preciso ser mais ativo.

Fazer exercícios quatro vezes por semana não é suficiente, se entre esses espasmos curtos de atividade eu continuar passando a maior parte do meu tempo sentado atrás de uma mesa. Portanto, comecei a deliberadamente mudar minha rotina habitual, de modo a levantar da cadeira com mais frequência e caminhar pela casa, subindo ou descendo escadas para ir a outro piso, para fazer as coisas mais simples. Por exemplo: ao invés de descer para a cozinha e pegar uma garrafa d'água, trazendo-a para meu escritório no segundo andar e bebendo da mesma garrafa durante toda a manhã, decidi deixar a garrafa na geladeira. Cada vez que tenho sede, caminho até o andar de baixo, vou até a geladeira e encho apenas um copo d'água, que levo comigo de volta ao escritório enquanto continuo a escrever. Depois de alguns minutos, esvaziei meu copo e volto então a repetir a caminhada até a cozinha.

Observando o que eu fazia, minha filha perguntou: "Pai, por que você não leva a garrafa d'água para o escritório? É mais eficiente!" Então me dei conta que todo mundo tem essa propensão em ser mais eficiente, em seguir a lei do menor esforço para fazer alguma coisa, qualquer coisa. Entretanto, se quisermos **deliberadamente** fazer mais esforço (para queimar mais calorias), precisamos lutar contra essa propensão em prol da eficiência.

## Gerar empregos é fácil

...se realmente quisermos gerar empregos! Será que queremos mesmo fazer isso?

A dificuldade encontrada por todos os governos nesse processo me faz duvidar de suas reais intenções... Existem tantos interesses em jogo nessas questões, que me parece que alguém leva vantagem quando o desemprego permanece elevado. É possível, sem muito esforço, identificar alguns beneficiários dessa situação:

- partidos de oposição aos governos atuais
- comentaristas da mídia que adoram más notícias, pois elas dão mais audiência e vendem mais jornais e revistas
- pessoas de negócios que gostariam de ver seus custos com a folha de pagamento diminuindo
- especuladores que apostaram grandes quantias na subida ou descida das cotações de câmbio de certas moedas

Fique à vontade para acrescentar nomes a essa lista, usando o espaço fornecido a seguir. Use folhas de papel suplementares se precisar de mais espaço...

O maior obstáculo à geração de mais empregos não é macroeconômico, é algo muito mais básico e mais importante do que isso: é o nosso viés cultural em favor da eficiência. Nós todos aprendemos a buscar a eficiência, desde crianças. Todos os bebês de todas as culturas querem gratificação instantânea com o mínimo de esforço. Essa parte não é cultural, faz parte da natureza humana.

À medida que crescemos e nos tornamos garotos ou garotas, o aspecto cultural, que é aprendido e não inato, começa a tomar forma.

Algumas culturas colocam mais ênfase no desempenho, recompensando-o de forma mais intensa e clara, em detrimento da valorização da qualidade de vida e do cuidado com os outros. Hofstede pesquisou esse aspecto e identificou-o como sendo a terceira dentre cinco dimensões de valores culturais. Eu chamo essa dimensão de Orientação Para o Desempenho (DES).

Em cada cultura existe um grau menor ou maior de DES. Todos nós queremos desempenhar bem, só varia o grau em que valorizamos isso. Naquelas situações nas quais temos que fazer uma escolha entre desempenho e qualidade de vida, algumas culturas valorizam um aspecto em detrimento do outro. Em certas culturas, o desempenho é algo primordial e prioritário; em outras, nem tanto.

A relevância disso tudo em relação à criação de empregos está no seguinte: quanto mais eficiente for um indivíduo (ou uma equipe) na execução de determinada tarefa, por mais simples que seja, menor será o esforço exigido. Em termos de tarefas mais complexas, que constituem o conteúdo de um emprego ou função, quanto maior a eficiência, menor será o esforço exigido e menor será a necessidade de mobilizar várias pessoas para executar a tarefa.

**Para trocar a lâmpada**

Vejamos a velha piada que começa perguntando "quantos "brasilianos" são necessários para trocar uma lâmpada?" (Substitua a nacionalidade fictícia de "brasilianos" por qualquer nacionalidade da sua preferencia, empregada em piadas dessa natureza).

A resposta clássica é: "Cinco: um para segurar a lâmpada e quatro para girar o banquinho no qual o primeiro subiu para alcançar a lâmpada!"

Todo mundo ri, porque a situação parece ridícula.

Mas... espere um pouco! Considere essa piada como uma metáfora para a economia e o mercado de trabalho. Ao empregar cinco pessoas para trocar lâmpadas, temos cinco pessoas empregadas. Quando preferimos a eficiência, usamos apenas uma pessoa (provavelmente escolheríamos o que desempenha melhor dentre os cinco) e deixamos quatro trabalhadores desempregados. Isso dá um índice de desemprego de 80%!

A maioria dos economistas diria que esses quatro trabalhadores na verdade foram "liberados" de fazer tarefas repetitivas, tediosas. Eles devem estar felizes de estarem agora livres para procurar atividades mais interessantes e poderem realizar todo o seu potencial...

Sinto estragar essa visão açucarada, mas eles não irão encontrar "atividades mais interessantes"... Não irão encontrar **nenhuma** atividade, simplesmente porque todas as empresas estão buscando maior eficiência e estão eliminando funções redundantes!

Quando isso acontece numa recessão, com a economia encolhendo, fica muito difícil conseguir qualquer emprego.

O problema maior é que esses quatro trabalhadores se tornam parte de um passivo social. Ficar desempregado durante meses é uma das piores coisas que pode acontecer a qualquer pessoa. O problema não está em ser demitido; o problema está em não conseguir uma outra ocupação. Nas nossas sociedades orientadas para o desempenho, as pessoas se sentem inúteis, desmoralizadas. Como disse Gonzaguinha na sua linda canção "Guerreiro menino":

"E sem o seu trabalho
O homem não tem honra
E sem a sua honra
Se morre, se mata
Não dá pra ser feliz"

Esses sentimentos logo levam à depressão e a doenças; ou então levam à raiva e à agressão à sociedade. Nossos quatro se juntarão às multidões que protestam, que saqueiam, que fazem arruaças, na primeira oportunidade. Eles se envolverão em crimes, para não ficar sem nada para fazer. Nada é pior do que se sentir inútil.

Enquanto isso, nosso último trocador de lâmpadas também se tornou redundante e foi demitido. Foi substituído por um robô, ou sua função acabou sendo terceirizada para outro país (a Brasilina Continental) onde um outro trabalhador faz a mesma coisa pela metade do salario.

Os economistas saúdam com alegria o que aconteceu. Mais um trabalhador foi liberado! Ele agora pode ser reeducado para se tornar um "web designer" ou fazer outra coisa bacana.

Reveja seus conceitos: nosso trocador de lâmpada é totalmente incapaz de aprender a fazer coisas "bacanas" como "web design"... Ele é gente simples, mal sabe ler e escrever, e gosta de trabalho físico como trocar lâmpadas. Como ele, existem milhões de outros, todos procurando trabalho.

### Uma abordagem diferente

O que seria possível fazer, se a nossa prioridade fosse diferente? Se o nosso principal objetivo não fosse aumentar a eficiência, aumentar o lucro, fazendo menos esforço? Se, ao invés disso, nossa prioridade (pelo menos temporariamente), fosse arranjar uma atividade produtiva para os nossos cinco trocadores de lâmpada, evitando que se sentissem inúteis e desmoralizados, evitando um problema social?

Esse deveria ser o foco das frentes de trabalho. O mais triste é saber que nada disso é novidade...

No seu livro maravilhoso "Small Is Beautiful", E. F. Schumacher fez propostas semelhantes, já em 1973. Por falar nisso, o subtítulo do seu livro é "um estudo de economia como se as pessoas fossem algo a considerar importante". No entanto, suas ideias logo foram esquecidas.

Existem ainda outros mecanismos simples que inclusive já foram utilizados pelos Estados Unidos no passado, embora de forma limitada, como "job sharing" (compartilhar uma função entre duas pessoas). Por que esses mecanismos não voltam a ser utilizados mais extensivamente?

Ao olharmos para a Europa, vemos que os índices de desemprego são muito menores na Holanda e na Escandinávia do que em outras partes da União Europeia.

Pode ser que hajam razões macroeconômicas para tanto, mas existe também uma razão cultural muito importante: esses países têm os escores mais baixos do mundo em termos de Orientação Para o Desempenho. Uma das consequências disso é que mais pessoas (mais do que em qualquer outro país do mundo) escolhem trabalhar menos horas por dia ou menos dias por semana. Eles acabam utilizando uma forma de "job sharing" embora essa denominação não seja utilizada.

O resultado é que existem mais pessoas trabalhando, se sentindo incluídas e sendo produtivas, mesmo que o desempenho não seja considerado algo prioritário. Os problemas sociais são menores do que em qualquer outro lugar e o desemprego é menor.

Os Estados Unidos e a Inglaterra, além da Espanha e de Portugal, poderiam criar programas de emprego e frentes de trabalho com facilidade, que possibilitassem a muitas pessoas fazer alguma coisa e tirá-las das ruas. Além de "job sharing", de reduzir a jornada diária ou semanal, existem centenas de funções que consistem em tarefas simples como varrer os passeios públicos, cuidar de praças e jardins, carga e descarga, que poderiam empregar literalmente milhões de pessoas.

A maioria dessas atividades foi mecanizada nos últimos 30 anos, de tal forma que hoje em dia nem lembramos mais como eram feitas antes disso. Empilhadeiras fazem a carga e descarga; caminhões com braços robotizados recolhem o lixo; outros caminhões mecanizados varrem as ruas. Todas essas máquinas reduziram a quantidade de pessoas antes empregadas para executar essas tarefas, de modo a aumentar a eficiência. Talvez devêssemos suspender a mecanização temporariamente e criar funções de mão-de-obra intensiva, deliberadamente, para empregar mais gente.

Esses programas poderiam ser temporários, durando apenas alguns anos, e serem paulatinamente desativados à medida que a economia retoma o seu crescimento. Todavia, isso requer que os governos consigam "pensar fora da caixinha". Isso exige rever conceitos antigos, pensar em novos paradigmas. É preciso deixar a eficiência de lado e dar prioridade (mesmo!) à geração de empregos.

# 28.    O sentido da vida

**Pupilo:** Oh Master Khard, eu vim de muito longe no American Express até o Monte Visa em busca de aprender qual é o sentido da vida. Eu suplico, me aponte o caminho a seguir! Me diga, qual é o sentido da vida?

**Khard:** O sentido da vida é a vida.

**P:** Não entendi...

**MK:** Não fui muito claro, né? Deixa explicar. A finalidade da vida é viver. Todos os seres vivos têm essa mesma finalidade, inclusive os seres humanos, que muitas vezes são desprezíveis, têm uma reputação de destruir egoistamente tudo que encontram à sua volta (inclusive outros seres humanos) no seu esforço de sobreviver, de continuar vivendo.

**P:** Tem que haver uma resposta melhor do que isso. Por que a gente vive?

**MK:** Talvez não haja um porquê. Por que você precisa de um porquê? Você não consegue aceitar simplesmente que a vida é o que é e tentar aproveitar enquanto ainda pode, satisfazendo assim a sua finalidade? Por que não focar o "como", ao invés do porquê?

**P:** OK, vamos deixar o porquê de lado, por enquanto e retomar o assunto mais adiante. E o "como"?

**MK:** A finalidade da vida é perpetuar a vida. A finalidade da minha vida, da sua vida, das nossas vidas, é fazer desse mundo um lugar melhor para todos viverem.

**P:** Tá bom, mas então como? Como posso fazer deste lugar um lugar melhor?

**MK:** Amar e trabalhar. É só o que você precisa fazer. Ame a si mesmo. Ame o próximo ( mas não a mulher do próximo; depois a gente fala disso). Ame a vida em si mesma. Faça amor (mas aprecie com moderação). Faça filhos. Com isto você estará fazendo mais vidas e perpetuando a vida através dos seus descendentes.

**P:** E o casamento gay?

**MK:** É a segunda melhor opção. O amor homossexual ganha do ódio heterossexual, sempre. Se as pessoas descobrissem que Jesus na verdade nunca teve um caso com a Maria Madalena; que na verdade ele tinha um caso era com o Judas e depois largou o Judas para ficar com o Pedro (por isso o Judas se sentiu traído), nada disso devia fazer diferença em relação aos ensinamentos de Jesus. As pessoas deviam ter menos "grilos" com sexo. Relaxa e aproveita.

**P:** Parece divertido. E o trabalho?

**MK:** Trabalhe para produzir alguma coisa que vá beneficiar os outros. O seu trabalho é a sua contribuição para as pessoas à sua volta. Misture o amor e o trabalho. Não estou falando de transar no escritório. Estou falando de amar o seu trabalho, amar o que você faz e fazer o seu trabalho como um ato de amor para promover a vida dos outros. Também estou falando de amar de forma produtiva. O amor deve ser expresso de maneira a ajudar os outros, o amor também é uma contribuição. Em última instância, o amor e o trabalho podem ser facetas diferentes do mesmo fenômeno. Eles andam juntos.

**P:** E a morte?

**MK:** Ás vezes, dá merda. Só tem duas coisas inevitáveis na vida: a morte e os impostos. Desculpe, essa piada era para os auditores. Na verdade, pagar imposto é um ato de amor, pois o imposto é uma contribuição para o bem comum, para a comunidade em que se vive. Mas eu concordo que muita coisa precisa melhorar para que o imposto tenha o destino final que devia ter; muita coisa precisa mudar.

**P:** Você está desviando da pergunta sobre a morte...

**MK**: A morte parece ser o final da vida, mas ela é o final da consciência que nós conhecemos nesta dimensão, neste mundo. Nosso corpo continua tendo vida depois que a nossa consciência foi embora, na forma de vermes e bactérias e aquilo que chamamos "decomposição". Essas são outras formas diferentes de vida que continuam vivendo e consomem o nosso corpo quando nossa "alma" não está mais lá.

**P:** Mas o que vem depois da morte? O que acontece com a alma?

**MK:** Nós não sabemos. Se fazem pressuposições, adivinhações. De fato, mesmo, ninguém sabe. Esse não saber o que realmente acontece incomoda muito, deixa muita gente ansiosa.

**P:** E o céu, e o inferno? As almas não vão para um lugar ou para o outro?

**MK:** Nós não sabemos. Como ninguém sabe, se inventam coisas para preencher a lacuna da ignorância, do não saber. Nós pensamos: "deve haver alguma coisa", então imaginamos o que isso poderia ser, um lugar maravilhoso como recompensa para todo mundo que se comportou bem e um lugar tenebroso como castigo para todo mundo que se portou mal. Nós chamamos esses lugares de "céu" e "inferno" e inventamos toda sorte de estórias sobre esses lugares imaginários. Alguns acreditam que existe ainda um lugar intermediário entre os dois, um lugar onde você sofre algum castigo, mas não para sempre, e você pode um dia fazer a transição e passar para o Paraíso. Alguns chamam isso de "purgatório", outros chamam isso de "reprises na Sessão da Tarde".

**P:** Mas com certeza isso tudo tem que ter sido criado e organizado por alguém, por um Deus, um Ser Supremo que fez o mundo.

**MK:** Não necessariamente. Nós simplesmente não sabemos. Preenchemos a lacuna da nossa ignorância, mais uma vez, inventando a existência de um "Deus" ou de vários "deuses". Não conseguimos compreender um mundo que não foi criado por alguém, então inventamos um personagem. Dizemos que "Deus criou o Homem à sua imagem", quando na verdade parece mais que houve o contrário: o Homem criou Deus à sua imagem. O fato é que pessoas diferentes acreditam em deuses diferentes. Talvez "Deus" seja, na verdade, a vida, ao invés de alguém que criou a vida. O fato é que não temos como provar nem uma coisa nem outra. Acreditar em Deus é um ato de fé, como torcer pelo Corinthians. Não tem lógica, mas muitas pessoas continuam acreditando.

**P:** Mas o que dizer da arte sacra, de todos aqueles quadros e imagens nas igrejas?

**MK:** Aquilo tudo são retratos de como as pessoas acham que Deus deve parecer. Na religião islâmica não há retratos de Deus. Na religião hinduísta existem muitos retratos de muitos deuses. Quem está com a razão?

**P:** Boa pergunta. Eu ia mesmo fazer essa pergunta.

**MK:** As pessoas estão certas quando escolhem acreditar em alguma coisa. Quem escolhe acreditar que Deus não existe também está certo. O que está errado é rejeitar outras pessoas e inclusive mata-las só porque elas acreditam numa coisa diferente daquilo em que você acredita. Levada ao extremo, essa noção significa que todo mundo deveria estar matando todos que acreditam num Deus "diferente". Ora, acreditar em Deus é uma experiência muito pessoal, muito individual. Mesmo todos que frequentam o mesmo templo, que professam a mesma religião, cada um tem uma interpretação muito pessoal e diferente sobre Deus, o que é Deus, como é Deus.

**P:** Eu sinto que estou perdendo a minha religião...

**MK:** A verdade e que todas as religiões são criadas e desenvolvidas, sem a menor dúvida, por pessoas; e a maioria das religiões é usada por certas pessoas para manipular outras pessoas. A maioria das religiões também distorcem os princípios enunciados por seus criadores e usam o nome de seus criadores em vão, com a finalidade de promover seus próprios interesses. Jesus e Maomé ficariam chocados se vissem a quantidade de besteiras que acontecem hoje em dia e que são atribuídas a eles. Talvez o Buda fosse o mais chocado de todos, pois ele falou com toda a clareza possível que ele havia encontrado o seu próprio caminho para se tornar iluminado e queria ajudar os outros a encontrarem cada qual o seu próprio caminho e ele pediu especificamente: "não façam disso uma religião".

**P:** E foi exatamente isso que fizeram.

**MK:** Para mostrar que não se pode confiar nem nos seus discípulos. É melhor contratar um advogado para escrever os seus textos e um relações públicas para ser seu porta-voz. Mesmo assim, eles vão acabar pisando na bola e as pessoas vão acabar interpretando as coisas de acordo com seus próprios interesses, independente do que você estava querendo dizer.

**P:** Parece que o mundo tá meio fodido, né?

**MK:** Faça a seguinte pergunta para si mesmo: você está ajudando a foder com tudo ainda mais, ou está tentando "disfoder" as coisas? Você faz parte da solução ou faz parte do problema?

**P:** A vida é foda...

**MK:** Por falar nisso, vamos voltar àquela história da "mulher do próximo".

**P:** O que que ela tem a ver com tudo isso? Eu juro que eu só bati lá para pedir um pouco de açúcar emprestado!

**MK:** Estou falando em sentido figurado. A sua finalidade na vida, o seu propósito, é o de amar aos outros e trabalhar de forma produtiva, contribuindo para todos e isso inclui respeitando os outros também. Na prática, a vida é complicada. A sua liberdade termina onde começa o direito à liberdade do próximo. A interpretação desse conceito é o que gera toda a confusão. Gente demais interpreta isso como lhes dando licença para foder com todo mundo (de várias maneiras). É por isso que precisamos de leis que sejam obedecidas.

**P:** Agora sujou tudo. Não mete advogado no meio dessa conversa!

**MK:** Obedecer à lei significa que um grupo de pessoas concorda com um conjunto de regras que servirão de guia para o seu comportamento e que todos irão obedecer. Essas regras servem de interpretação para certas situações e têm a finalidade de facilitar a vida para todo mundo, para que não seja preciso entrar numa discussão filosófica interminável cada vez que você sai de casa para comprar pão.

**P:** Imagino que isso devia fazer sentido, mas na prática a teoria é outra.

**MK:** Exatamente. Rousseau chamou isso de "Pacto Social": todo mundo se reúne e concorda com um conjunto de regras e distribuição de tarefas, para evitar ter que discutir tudo de novo a cada dia. Não admira que ele fosse francês. O problema é que as pessoas logo se envolvem em interpretações diferentes sobre a mesma lei, tanto faz se estão discutindo a compra de uma "baguette" ou a invasão da Síria. Como regra geral, que fique acima de todas as outras, nunca devemos esquecer que as nossas ações devem sempre promover a vida.

**P:** E as guerras?

**MK:** É feio. Não se faz.

**P:** Mesmo as guerras santas?

**MK:** Especialmente as "guerras santas". Por definição, uma guerra nunca é santa. Ir à guerra "em nome de Deus" é negar Deus, é negar a vida.

**P:** Mas como fica a legítima defesa? E a "ação preventiva" na invasão do Iraque?

**MK:** Não se aplica: Jesus nunca disse "o Afeganistão deve ser invadido!" Maomé nunca ordenou "matem aqueles Americanos imperialistas!". Essas são interpretações distorcidas daquilo que se atribuiu aos fundadores de movimentos religiosos. As pessoas tomam as coisas fora do seu contexto e torcem tudo para servir aos seus interesses. Qualquer encontra o que quiser na Bíblia ou no Khoran para justificar o que quer que seja, inclusive a compra de um Playstation 3, mas a verdade é que tudo isso é distorção. "Ação preventiva" é um conceito muito perigoso, pois você pode começar a imaginar um monte de coisas ruins sobre o seu vizinho, apenas para justificar o ato de ir até lá e dar-lhe um tiro na cara e ainda se sentir cheio de razão. É por isso que existem tribunais e cortes de justiça e cortes internacionais e a ONU. A finalidade é resolver interpretações dissidentes.

**P:** Mas a ONU não funciona! É uma burocracia gigantesca! E os judiciários de todos os países estão comprometidos.

**MK:** Então faça alguma coisa para descomprometê-los. Faça mudanças no sistema. Faça a ONU funcionar. Renove o "Pacto Social". Pergunte a si mesmo: estou ajudando a resolver o problema ou estou aumentando o problema?

**P:** Ás vezes a única maneira de mudar as coisas é com uma revolução.

**MK:** Esperar não é saber; quem sabe faz a hora, não espera acontecer. Mas pode ser uma revolução pacífica, como Gandhi fez.

**P:** Tem os que ainda fazem da flor seu mais nobre refrão e acreditam nas flores vencendo o canhão.

**MK:** Para defender e promover a vida, você tem que fazer alguma coisa, agir. Mas a sua ação tem que ser de amor e trabalho e não de ódio e destruição.

**P:** Por que tem tanta gente nesse mundo envolvida em guerras, em ódio e violência? Se isso não fosse parte da natureza humana, a gente podia viver em paz.

**MK:** Disse bem. Amor e ódio, vida e morte, ambos fazem parte de nós, como Yin e Yang, Grêmio e Internacional. Um não pode existir sem o outro.

**P:** Não vai me dizer que todo gremista tem uma "porção colorada" dentro de si?

**MK:** E vice-versa. A questão é que, para preservar a vida, também é preciso matar. Esse é o paradoxo. Cada vez que comemos, estamos destruindo uma outra forma de vida, mesmo os vegetarianos. Nós incorporamos a vida de animais e plantas em prol da nossa própria nutrição. Isso não nos autoriza a matar outras pessoas para a nossa alimentação, nem nos autoriza a matar animais apenas por prazer ou por esporte, nem tampouco nos autoriza a destruir árvores para fazer figuras de cartolina do Justin Bieber. Precisamos manter um certo equilíbrio. Todos fazemos parte do círculo da vida. Precisamos de nutrição, mas quando abusamos disso e vamos além da necessidade, não estamos mais promovendo o círculo da vida, estamos perturbando esse ciclo. Esse equilíbrio é delicado e muitas vezes as pessoas nem se dão conta da sua existência; por isso mesmo acaba sendo fácil demais perturbá-lo sem notar.

**P:** Pode ser, mas o Homem é o ser mais superior na cadeia de alimentação; portanto, os seres humanos são quem decide sobre o que comer e o que mudar no meio-ambiente para sobreviver.

**MK:** Cuidado. Esses conceitos são típicos do hemisfério norte. No interior da selva amazônica existem ainda muitas tribos que nunca tiveram contato com europeus ou asiáticos. A cultura desses povos ainda está intacta. Há alguns anos atrás uma expedição de brancos fez contato com uma dessas tribos, tomando muito cuidado para não perturbar sua cultura. Desta vez os brancos não mataram nem escravizaram os índios, tampouco trataram de lhes fazer lavagem cerebral para força-los a se comportar como "civilizados". Apenas se limitaram a observar seus rituais e aprenderam umas coisas interessantes.

**P:** Como por exemplo?...

**MK:** Os índios chamavam a si mesmos de "Mestres do Universo", apesar de nunca terem ouvido falar em Wall Street. Se auto intitulavam "Senhores da Floresta", o centro do mundo. No entanto, diziam que um grande poder vem sempre acompanhado de grande responsabilidade. Eles cantavam numa roda de ciranda que, como Senhores da Floresta, eles eram responsáveis por manter a harmonia da floresta. Eles caçavam e pescavam, mas só o suficiente para seu consumo; com isso, mantinham o equilíbrio do círculo da vida. Nunca caçavam nem pescavam por esporte, apenas para alimentação. Não se engajavam em nenhuma "ação preventiva" contra as onças, os jacarés ou as jiboias. Apenas tratavam de manter esses predadores longe das suas aldeias. Eles se sentiam responsáveis por manter o equilíbrio, não só em relação às suas próprias interações com os animais, mas inclusive em relação às interações dos animais entre si e entre animais e plantas. Eles sabiam, por exemplo, que as frutas existiam para dar alimento também para os pássaros e macacos, portanto eles não tinham o direito de colher mais do que a sua quota se isso deixaria os animais passando fome. Esses índios respeitam esses princípios há séculos, muito antes da ecologia virar moda na civilização dos brancos modernos. Deveríamos pensar duas vezes antes de chamar essas tribos de "primitivas" e nos considerarmos civilizados. Eles podem ser "primitivos", mas não são inferiores às nossas sociedades modernas.

**P:** Você até parece do Greenpeace. Você faz parte?

**MK:** Já fiz parte, mas saí quando eles se transformaram numa empresa multinacional. A lição a aprender aqui é a de manter o equilíbrio e manter a humildade. Quando começamos a nos sentir muito arrogantes, acabamos abusando da nossa liberdade. O Pacto Social precisa ser ampliado para incluir outras espécies, respeitando seus direitos e mantendo o equilíbrio.

**P:** Não me diga que essa conversa vai acabar numa discussão sobre o clima da Terra.

**MK:** O clima está mudando, não tem discussão. O que ainda se discute é sobre qual é a influência da humanidade nesse processo. Talvez a gente nunca tenha feito nada para acelerar o aquecimento global, ou talvez não se possa fazer nada para retardar esse aquecimento. Não sei. O que eu sei é que, no passado, mesmo no passado recente, quando se descobriu que alguma coisa fazia mal para as pessoas ou para o ambiente, como o uso de chumbo na fórmula química das tintas, inicialmente isso foi negado veementemente. Levou anos, décadas, mesmo, de discussões até que se aceitou esse fato e se parou de usar chumbo na fabricação das tintas. Sempre tem alguém interessado em manter o status quo por motivos econômicos. A discussão sobre o impacto da civilização no aquecimento global provavelmente ainda vai durar alguns anos, mas a preocupação com o meio ambiente vai muito além disso. Mesmo que a gente chegue à conclusão de que a humanidade não tem qualquer impacto no aquecimento do planeta, devemos evitar de jogar lixo plástico no mar e reciclar esses materiais. Devemos moderar a pesca indiscriminada de salmão, não porque queremos ser "bonzinhos" com o salmão, mas porque se a gente não parar com isso, não vai ter mais salmão para se comer! O aquecimento global é uma coisa. Manter o equilíbrio no ciclo da vida é outra coisa, independente do aquecimento. Precisamos recuperar o equilíbrio (que perdemos, isso ninguém discute) para assegurar nossa sobrevivência no longo prazo. O aquecimento global é só uma parte disso tudo. Em qualquer circunstância, a poluição faz mal para a saúde.

**P:** É que é um saco ter que reciclar, tomar cuidado para não perturbar o equilíbrio... Era muito melhor viver despreocupado disso, sem medo...

**MK:** Claro. Também era mais fácil atravessar a rua sem olhar para os lados, quando só havia pessoas e cavalos na estrada. Quanto mais tecnologia a gente acrescenta no nosso modo de vida, mais salvaguardas a gente precisa, para manter o equilíbrio e continuar promovendo a vida. A questão não é evitar o progresso. A questão é assegurar que o progresso aconteça de forma a realmente beneficiar as pessoas e não apenas para beneficiar os fabricantes de um produto danoso. Por exemplo, precisamos continuar viajando e fazendo viagens de férias. Essas viagens todas ajudam a promover o entendimento entre os povos e a paz mundial. Se os aviões poluem a atmosfera, precisamos desenvolver a tecnologia necessária para que não haja mais essa poluição, ao invés de parar com os voos e deixar de viajar.

P: A gente não devia simplesmente renegar todos os prazeres mundanos e entrar para um monastério, para desenvolver nossa espiritualidade?

MK: Você pode, se é isso que te dá tesão. Eu, por mim, prefiro comer chocolate e tomar vinho tinto enquanto ainda posso, preso nessa dimensão material. Quero aproveitar essas coisas mantendo um certo equilíbrio, até que chegue a minha hora (de partir para outra dimensão ou simplesmente de desaparecer dessa existência atual). Quero aproveitar a vida e fazer tudo para que outros possam aproveitá-la também, ao meu redor e nas próximas gerações depois de mim. Não vou abusar da minha liberdade. Me recuso a pagar uma fortuna por uma garrafa de vinho, acho que isso seria uma distorção. Estou disposto a pagar um preço justo por um vinho de qualidade. O álcool faz mal para a saúde? Álcool demais faz mal. Uma taça ou duas ajuda a manter o equilíbrio.

# 29.    Os próximos 100 anos

**O livro de George Friedman**

Esse autor escreveu um livro com esse título no final de 2008. Sempre gostei de ler obras de "futuristas" e li o livro com vontade, achando que talvez fosse tão interessante quanto as obras de outros grandes autores como Alvin Toffler, John Naisbitt, Arthur C. Clarke, Herman Kahn.

Que decepção! Descobri que Friedman é um "almirante de poltrona" que baseia todas as suas previsões em conceitos de geopolítica, uma abordagem que já havia sido denunciada por Toffler em "Powershift" como ultrapassada desde 1990, há mais de vinte anos...

Como foi que o livro de Friedman virou best-seller, então? Simplesmente porque ele diz o que muita gente quer ouvir. Ele satisfaz a todos que acham que a guerra é inevitável e até desejável para impulsionar o crescimento econômico, não importa onde e nem quando. Muita gente no Pentágono deve ter adorado o livro, além dos fabricantes e comerciantes de material bélico.

As principais previsões de Friedman se traduzem em manchetes cativantes. Elas são:

1) O conflito entre muçulmanos versus cristãos/judeus vai se esvair antes de 2020, não é preciso se preocupar com isso
2) A China não vai se tornar uma potencia mundial; ela vai se dividir em vários países menores até 2020
3) A Rússia vai tentar reativar a União Soviética, mas vai fracassar e ser mais uma vez fraccionada, perdendo territórios para seus vizinhos
4) Os Estados Unidos farão a 3ª Guerra Mundial em 2050 contra a Polônia, o Japão e a Turquia (essas serão as quatro grandes potências mundiais, na época)
5) A 3ª Guerra Mundial será feita com o lançamento de mísseis a partir de estações orbitais no espaço e bases secretas estabelecidas no lado oculto da lua

6) Os Estados Unidos continuarão dominando o mundo durante todo o Século 21 e sairão da 3ª Guerra ainda mais fortes e mais dominantes

7) A Alemanha e a França perderão sua relevância de 2020 em diante, enquanto que a América do Sul e a África permanecerão irrelevantes por pelo menos 50 anos

8) Em 2080 a hegemonia americana será contestada pelo México (tendo o Brasil como aliado) numa tentativa de dominar a América do Norte e recuperar o território perdido para os americanos em 1848.

O autor faz um trabalho de análise razoável. Ele levanta algumas questões interessantes e tenta identificar certas tendências subjacentes que norteiam suas análises. Todavia, ele fracassa totalmente ao tirar conclusões, muitas vezes inclusive contrariando suas próprias afirmações iniciais. A razão disso é que ele baseia suas conclusões em certas premissas básicas que são bastante distorcidas e erradas. Esses vieses levam a conclusões equivocadas.

A perspectiva de Friedman tem um viés anglo-saxônico muito forte. É um viés de uma cultura "de Competição", em que os valores fundamentais são o desempenho, competir para vencer, quanto maior melhor, e o uso da força é a melhor maneira de conseguir o que você quer. Ele comete o erro básico de pensar que todas as culturas têm esses mesmos valores. Este é um erro crasso. Os escandinavos não pensam como os americanos, nem tampouco os chineses, os árabes ou os indianos. Nem mesmo os russos pensam como os americanos (isso pode ser uma surpresa para certos oficiais no Pentágono...).

Friedman identifica (corretamente) certas tendências sociais importantes, embora sejam todas já amplamente conhecidas e dissecadas na mídia atual, tais como "o envelhecimento da força de trabalho", a diminuição das taxas de crescimento populacional, a maior participação das mulheres na política e na gestão de negócios, e o fato de que isso tudo afetará a estrutura da família. Um dos aspectos mais decepcionantes do livro é que o autor deixa sua análise desses fatores pela metade. Ele não faz qualquer previsão acerca de como a maior presença feminina nas lideranças políticas e de negócios no mundo inteiro poderia afetar a diplomacia e diminuir o risco de uma guerra em grande escala (excetuando a Sarah Palin). Ele não faz qualquer previsão sobre como uma população que terá uma idade média 30 anos mais elevada do que a atual poderia afetar decisões políticas ou decisões sobre se envolver ou não em guerras abertas.

O autor ainda negligencia algumas outras tendências subjacentes de grande relevância, tais como:

1. A interconectividade das novas gerações: á medida que as pessoas no mundo inteiro são capazes de se manter conectadas continuamente, vinte e quatro horas por dia, sete dias por semana, em qualquer lugar, qual será o efeito disso sobre a disposição de entrar em guerra? Quando as vítimas de guerra podem disseminar vídeos sobre os horrores da guerra, instantaneamente, ao vivo para todo o mundo, qual será o efeito disso sobre aqueles que devem apoiar ou não tais ataques?

2. O aumento na frequência das viagens: á medida que mais pessoas viajarem mais seguidamente, interagindo com outras culturas, isso não faria com que diminuísse a demonização de "tribos" distantes? Se mais iranianos visitarem os Estados Unidos (e vice-versa), isso não terminará por evidenciar que Bush e Ahmadinejad tinham mais em comum do que em contraste? (O mundo ficou melhor sem os dois...)

3. A globalização dos negócios: se um terço dos ativos nos Estados Unidos forem de propriedade dos japoneses, turcos e europeus, isso não faria com que eles tivessem menor inclinação em atacar o território americano? Se as empresas americanas têm suas fábricas na Turquia e na Polônia, qual é o interesse dessas empresas em ver suas fábricas bombardeadas?

Devido ao seu viés militarista, Friedman não se dá conta de que:

a) os generais não governam o mundo

b) as guerras, se houverem, serão feitas de maneira muito diferente no futuro (pode esquecer essa ideia de brincar de "Guerra na Estrelas" na Lua...)

Adotemos a perspectiva cínica de que "o mundo é movido a dinheiro". Os homens de negócio governam o mundo, não os generais. Os militares são manipulados pelos empresários para atender aos interesses dessas empresas. As empresas elegem os políticos. Nenhum candidato consegue se eleger sem apoio do meio empresarial. Quando um país declara guerra, tem que haver empresários em número suficiente apoiando essa decisão. Basicamente, isso significa que é preciso haver interesses comerciais suficientes na fabricação e venda de material bélico, em quantidade maior do que os interesses comerciais envolvidos na manutenção da paz. A tendência, portanto, é que os países mais pobres, com menor poder aquisitivo, são os alvos de guerras (África, Oriente Médio). Quanto mais afluente o país, mais consumidores de produtos globais ele terá, menor será o interesse das empresas em ver esses consumidores atacados, já que haverá maior oportunidade de ganhar dinheiro vendendo artigos diversos a esses consumidores, do que em vender armas para quem quiser ataca-los. O jogo mudou. Não estamos mais jogando "Batalha Naval" nem "Combate"; estamos jogando "Banco Imobiliário".

Não vou nem entrar nos aspectos éticos e morais da guerra. Tanto os generais quanto os homens de negócios tendem a encarar esses aspectos como sendo frutos da inocência e da ingenuidade.

Será então que no futuro todos vão se dar bem uns com os outros? Será que finalmente veremos realizado o desejo das misses de concurso de beleza de "paz no mundo" para todos? Será que finalmente teremos candidatas em concursos de beleza cujo QI seja maior do que a soma de suas medidas de busto, cintura e quadris (36+24+36=96)?

Infelizmente, devo dizer que a resposta a essas três perguntas é negativa.

Os países (e as empresas internacionais) continuarão competindo e lutando entre si. Entretanto, é bem provável que:

1. os países enquanto "nação-estado" terão menor relevância do que hoje, dando lugar a "blocos econômicos regionais"

2. ao invés de atirar mísseis ou raios laser uns contra os outros, os combates provavelmente terão a forma de ataques cibernéticos. O ambiente relevante será o "ciber-espaço" e não a lua ou o oceano. Friedman, sendo um oficial da Marinha aposentado, corretamente percebeu que os mares terão menor relevância nas guerras do futuro, mas ele simplesmente substituiu o oceano com o espaço, no seu pensamento militar. Ele deveria ter focado sua atenção no ciber-espaço.

3. Szun Tzu, o gênio militar chinês de outro milênio, descreveu "a arte da guerra" como sendo a arte de evitar o combate. É bem provável que essa tendência continue nos próximos cem anos. Temos maior probabilidade de ter

guerras econômicas ou guerras frias, e cada vez menor probabilidade de envolver sociedades desenvolvidas em combates abertos.

A agressão faz parte da natureza humana. Todavia, a evolução da humanidade trouxe consigo maneiras mais inteligentes de expressar essa agressão, tais como a competição nos esportes. A guerra não só é eticamente condenável, também é uma atividade muito burra. As competições e as agressões continuarão a existir, mas a tendência é que tomem cada vez mais a forma de "jogos mentais" que envolvem subjugar os outros ao invés de destruir os outros fisicamente.

Talvez a maior mudança imprevista que veremos nos próximos cem anos será um movimento em direção a novas formas de educação e uma busca mais pronunciada pelo sentido da vida, em detrimento do apego à superstição e à religião, que leva as pessoas a matarem quem acredita numa coisa diferente. Mas essa é outra história, para ser explorada em outro momento e em outro lugar.

O aspecto mais preocupante do livro de Friedman é saber que tantas pessoas ainda estão pensando como ele. Tantas pessoas ainda enxergam a realidade vista por um prisma do Século 19, baseado em nações-estado, geopolítica e em matar para sobreviver. A menos que resolvamos fazer investimentos maciços numa profunda reforma educacional, ainda corremos o risco de ver algumas das previsões tenebrosas de Friedman se tornarem realidade.

### O que veremos a seguir?

Sou totalmente favorável a fazer previsões para o futuro. Não acho que "é difícil saber o que vai acontecer no mês que vem, o que dirá daqui a cem anos!" É sempre útil discutir o que pode acontecer no futuro. Isso é especialmente importante porque essas discussões nos ajudam a definir o que realmente vai acontecer.

O futuro não é "algo que acontece para nós." Nós é que fazemos acontecer. Vivemos por escolhas e não pelo acaso, mesmo que muitas vezes não estejamos conscientes disso. Quanto mais conscientes estivermos, mais preparados estaremos para tomar decisões que nos levem ao futuro que queremos ter.

Portanto, acho ótimo continuarmos discutindo o que virá no próximo ano, na próxima década, no próximo século. Isso nos ajudará a construir um mundo melhor para nossos filhos e netos.

# 30.    Bolas de cristal

No começo de um novo ano muitas pessoas gostam de fazer previsões sobre o que irá acontecer durante aquele ano. Isso se aplica tanto aos chamados futurologistas que fazem análises científicas de tendências sociológicas, políticas e econômicas, como aos peritos um tanto menos científicos, tais como os astrólogos, adivinhos, leitores de búzios, de cartas e de bolas de cristal.

Falar sobre o futuro exige mais do que bolas de cristal. É preciso ter coragem para fazer previsões, as quais podem com o tempo se revelar totalmente erradas, deixando o seu autor com cara de bobo.

Vou me juntar a essas pessoas que têm bolas suficientes para fazer previsões e vou compartilhar com você minhas previsões para os próximos cinco anos. Escrevi essas previsões em 2010; naquela época, isso foi o que eu vi ao olhar para minhas bolas de cristal e sintonizar 2015. Talvez você já saiba, dependendo da data de hoje, com que cara de bobo eu estou, cinco anos depois...

### Europa

A União Europeia continuará avançando, um tanto hesitante, rumo à sua maior integração. Haverá medidas para alinhar políticas fiscais, planos de aposentadoria e outros temas econômicos. Os passos serão pequenos, gradativos, tomados depois de muitas discussões e barganhas, sendo que isso continuará a incomodar os americanos (mais do que todo mundo) e todos aqueles que gostariam de ver um processo mais decisivo e objetivo. A diversidade cultural da Europa determinará a longa duração das discussões e a dificuldade em chegar a uma conclusão rápida. Ao mesmo tempo, a necessidade de construir uma unificação regional em termos políticos e econômicos, embora mantendo uma enorme diversidade cultural, será em última análise o fator determinante do que vai acontecer.

Aos poucos o mundo irá compreender que a globalização (e a regionalização europeia) é desejável e inevitável em termos de questões econômicas (tais como o uso de moedas regionais) e de estruturação política (tais como o fortalecimento de parlamentos supranacionais). Isso tudo, no entanto, não significa maior integração cultural. A cultura se move na direção oposta, no sentido de uma crescente diversificação.

A maioria dos analistas não percebe que as questões culturais são diferentes das questões econômicas. Justamente por isso, a Europa continuará progredindo na sua integração política e econômica, mas continuará se diversificando cada vez mais em termos culturais. A Europa terá, eventualmente (talvez daqui a 50 anos), uma economia unificada, uma legislação unificada, estruturas unificadas. Entretanto, será mais diversificada do que nunca do ponto de vista cultural e as pessoas estarão fortemente identificadas com suas raízes locais, embora se sentindo, ao mesmo tempo, "europeus". Sentir-se europeu inclui essa identidade com suas raízes locais, inclui a rica diversidade cultural que caracteriza a Europa. A identidade europeia e as identidades locais são conceitos que não são mutuamente exclusivos.

### Globalização

Este paradoxo, entre a unificação e centralização de mecanismos políticos e econômicos, enquanto que os valores culturais se tornam cada vez mais diversificados e decentralizados, já foi identificado anteriormente por Alvin Toffler nos anos '70, quando ele expôs o mito Orwelliano de que produção em massa levaria a uma perda de diversidade. Como se viu em "Choque do Futuro" e em "A Terceira Onda", novas tecnologias possibilitam que a manufatura em larga escala seja cada vez mais personalizada. O que Toffler previu é hoje uma realidade. Os consumidores podem encomendar produtos de acordo com especificações altamente individualizadas. Ao invés de comprar seu Ford Modelo "T" na cor "preto", os compradores podem escolher a cor preferida dentre uma dúzia de opções e ainda customizar tudo o que quiserem (mais de cinquenta itens diferentes) sobre o veículo desejado, desde o tipo de motor até o tipo de porta-copos. A beleza das tecnologias modernas de produção está em que você não é obrigado a escolher entre três modelos diferentes de tênis: existem milhares de combinações possíveis e você pode realmente criar um modelo totalmente singular.

Nos anos 90 Sumantra Ghoshal assinalou que as organizações verdadeiramente globais terão a necessidade de serem excelentes, simultaneamente, em três eixos distintos: eficiência global, capacidade de resposta local, e inovação. Essas mesmas forças, descritas na chamada "matriz de Ghoshal", atuam no processo de globalização (e na regionalização da Europa). Para ganhar eficiência, é preciso implantar mecanismos econômicos como o uso de uma moeda única, a queda de barreiras alfandegárias, a liberdade de movimentação da mão de obra, o alinhamento de políticas fiscais e de aposentadoria. Isso continuará a acontecer, primeiramente na Europa e depois em outras partes do mundo. Eventualmente veremos uma unificação global, não daqui a cinco anos, mas daqui a cem anos.

Ao mesmo tempo, a capacidade de resposta local vai aumentar, dirigindo uma série de questões na direção oposta, no rumo da individualização e da descentralização. Essas questões são relativas a valores, cultura, personalização, identidade. As diferenças entre culturas locais ficarão mais pronunciadas e o mesmo acontecerá com o sentimento de identidade pessoal e com a identificação com certos grupos idiossincráticos que podem não ser exatamente "locais" no sentido geográfico, mas que são formados por pessoas que compartilham determinados valores embora estejam dispersas em termos de geografia.

Esse paradoxo será viabilizado através da inovação, o terceiro eixo. A tecnologia tornará viável a coexistência de eficiência global e capacidade de resposta local. As inovações em termos de comunicação, conectividade, produção, tornarão tudo isso possível: a personalização da educação, a produção de bens de consumo customizados, a coleta de opiniões, a votação sobre questões específicas (e não apenas nas eleições). Estamos recém começando a vivenciar os benefícios dessa tendência de customização.

### Ascensão e queda das nações-estados

Como parte desse processo todo, o conceito de "nação-estado" vai mudar gradativamente e enfraquecer, comparado ao que era no Século 20, quando teve seu auge. Já no princípio do Século 21 podemos perceber que as nações-estado estão diminuindo sua força relativa. Vale notar que o conceito de nação-estado é algo relativamente recente em termos da história das civilizações. O conceito surgiu no século 18 e atingiu seu pico cerca de 200 anos depois, no final do século 20, começando a declinar depois disso.

Em 2015 estará cada vez mais claro que as nações-estado foram apanhadas no meio de um "efeito tesoura": de um lado, a centralização das estruturas políticas e econômicas para além das nações, no nível continental, supranacional; de outro lado, a descentralização da cultura e da identificação. O paradoxo aumentará de intensidade cada vez mais.

Na política o paradoxo estará bastante evidente. De um lado, haverá maior centralização através da formação de blocos regionais como o da União Europeia. As forças propulsoras disso serão as questões econômicas e o desejo de evitar confrontos armados. Ao mesmo tempo, novas formas de representação política darão impulso a uma maior descentralização democrática. A representação local ganhará importância e haverá um fortalecimento das instituições locais, nos municípios, inclusive com maior controle local dos orçamentos, sempre que isto fizer sentido do ponto de vista econômico. Certas questões, todavia, serão levadas à centralização regional por uma questão de escala (como a construção de rodovias e de trens de alta velocidade). Já questões locais serão decididas pelas comunidades locais (tais como estacionamento, código de posturas, níveis de ruído, etc.).

## Moedas

Até 2015 o Euro não vai se desmanchar, deve até se fortalecer ainda mais. O Euro vai coexistir com o dólar americano, com o Yuan chinês e mais algumas "moedas exóticas" sobreviventes lutando para não desaparecer em diferentes cantos do planeta. Talvez já tenhamos uma cesta internacional de moedas na linha do que a China propôs ao FMI em 2009. Caso contrário, pelo menos deveremos estar rumando nessa direção, deixando para trás as "guerras cambiais" de 2010.

## Geopolítica

A aplicação do paradoxo da matriz de Ghoshal na geopolítica significa que iremos nos afastar da polarização vista no Século 20 (Aliados contra o Eixo, Estados Unidos contra União Soviética, Capitalismo contra Comunismo) e nos aproximaremos do multilateralismo. Em 2015 será mais evidente que as grandes questões político-econômicas serão definidas pela coexistência de grandes poderes mundiais: a Europa; os Estados Unidos e seus aliados geograficamente mais próximos; a China e seus respectivos aliados; e uma série de países "não-alinhados" como o Brasil, a Índia, a Indonésia e outros.

Será interessante ver que impacto isso terá na diplomacia da Inglaterra e dos Estados Unidos. Ambas essas culturas são movidas por uma visão polarizada do mundo; é de se esperar que não seja fácil para elas lidar com um mundo baseado em relações multilaterais. Isso não lhes vem naturalmente; requer, na verdade um certo esforço, um esforço maior do que aquele necessário aos escandinavos ou aos holandeses, por exemplo.

A democracia continuará a ser disseminada até 2015, embalada pela conectividade. A democracia será cada vez mais fracionada em grupos e subgrupos múltiplos, ao invés de ser polarizada. Ela será mais cheia de nuances, ao invés de "preto e branco".

A China será mais democrática do que é hoje, mais democrática do que nunca, mas ainda bastante diferente e singular no seu modelo político-econômico e cultural, incomodando cada vez mais a mídia Ocidental e os analistas que gostariam de ver os chineses se comportando como europeus. O país continuará crescendo, talvez nem sempre a taxas fantásticas como se viu na última década, mas não vejo a China afundando, nem economicamente, nem socialmente e nem politicamente.

Haverá maior democratização também em outros países da Ásia, da África e da América Latina. Todavia, cada país terá seu modelo político sintonizado com suas respectivas culturas. Isso significa, na maioria dos casos, estruturas bastante hierárquicas, quer sejam "de direita" ou "de esquerda". Também significa a existência de vários partidos políticos em cada país, ao invés do modelo de dois partidos preferido nos Estados Unidos e na Inglaterra.

Novos modelos de representação democrática surgirão no Oriente Médio, em pontos diferentes da África e na Ásia. Esses modelos irão desafiar os modelos conhecidos usados nas Américas e na Europa e serão calcados com maior intensidade em Organizações Não Governamentais e em outras formas de representação como redes sociais na internet e enquetes feitas via telefones celulares.

## Valores humanos e o mundo dos negócios

A partir de 2012 a recessão da economia mundial vai se dissipar e começará a recuperação econômica. Teremos uma fase de crescimento até 2015, puxado pela demanda crescente das economias emergentes. A lucratividade e o desemprego serão problemas decrescentes, de modo que as empresas voltarão sua atenção mais uma vez à "guerra de talentos", competindo entre si para atrair os melhores profissionais.

Esses, por sua vez, exercerão cada vez maior pressão sobre as empresas para que sejam socialmente e politicamente relevantes. As organizações que não se posicionarem sobre essas questões terão dificuldade em recrutar os melhores e mais brilhantes. Essa situação pressionará também os gestores de todos os níveis hierárquicos a se posicionarem sobre questões de valores, sobre política e sobre o equilíbrio entre necessidades individuais e objetivos organizacionais.

Todo mundo precisa de uma sensação de pertencer a algo maior e significativo; todos precisam de um sentido para o que fazem. Nos séculos passados essas coisas eram fornecidas pelas instituições políticas e religiosas. No futuro, cada vez mais elas terão de ser fornecidas pelos empregadores, tanto organizações privadas como públicas, quer sejam voltadas para o lucro ou não. Á medida que as idades mínimas para aposentadoria forem aumentando, devido ao colapso financeiro dos fundos de pensão federais e privados, as diferenças de idade (e de estilos) entre os recém-admitidos e os prestes a se aposentar, aumentarão. As dificuldades de entendimento entre essas gerações, dentro das organizações, aumentarão também, alimentadas ainda mais pela crescente velocidade das mudanças. Tudo isso contribuirá para testar os limites de adaptabilidade das pessoas no trabalho organizacional.

Em 2015 as questões intangíveis como ter um trabalho significativo, responsabilidade social corporativa, sustentabilidade, terão papel preponderante nas agendas das pessoas e das organizações. Novos rótulos e modismos substituirão os atuais, mas a essência das questões continuará a mesma. O que antigamente se chamava "cidadania" será chamado de outra coisa, talvez um novo termo em inglês ou, quem sabe, em chinês. Quaisquer que venham a ser os termos da moda na época, as questões de pertencimento e sentido para o que se faz continuarão sendo as mais importantes, permanecendo por trás de todas as discussões políticas e determinando os resultados da guerra de talentos no mundo corporativo.

A extrapolação da conectividade vai acarretar em outras questões. Todo mundo terá a possibilidade de falar com todo mundo, todo o tempo. Isso será o fim de certas separações às quais estávamos acostumados: a dicotomia entre "vida" e "trabalho", tão clara nas culturas do hemisfério norte, irá desvanecer. Cada vez mais as pessoas continuarão conectadas ao seu trabalho, durante o trajeto para casa, enquanto estão em casa, durante as férias. E as pessoas continuarão conectadas às suas atividades de lazer durante o trabalho, frustrando as tentativas das organizações de impedí-las. A maioria das culturas do hemisfério sul estão melhor equipadas para lidar com isso, uma vez que atualmente já gozam de menor distinção entre trabalho e lazer.

Outra separação que começará a desaparecer diz respeito à geografia: hoje em dia ainda é fácil as pessoas ignorarem o que está acontecendo na África se elas vivem num outro continente. Á medida que aumenta a conectividade, ninguém poderá continuar dizendo que "isso aí não tem nada a ver comigo, eu não moro lá". As questões virão até você, onde quer que você esteja, quando quer que seja. Tivemos um preâmbulo disso durante a invasão do Iraque, com transmissões ao vivo, depois mais uma vez com as revoluções no Egito e as respectivas discussões entre todas as partes envolvidas, no Twitter e no Facebook. Isso muda a cara da guerra e da interação social. Teria acontecido a II Guerra Mundial se as pessoas naquela época tivessem a conectividade que nós teremos em 2015? Provavelmente não.

A gestão e a liderança serão transformadas para sempre por causa da conectividade, tanto no setor privado quanto no setor público. Devemos começar a pensar nisso e a nos preparar para essas mudanças.

Antes que eu estoure as minhas bolas (de cristal), deixe-me parar por aqui, por enquanto. Alguém está tocando a campainha da minha porta e eu não havia previsto que teria visita hoje...

# Referências

Akerlof & Shiller – "Animal Spirits: How Human Psychology Drives the Economy", New York: Princeton University Press, 2009.

Barnes, Peter – "The Ruling Class", London: Bloomsbury Methuen Drama, 1989.

Damásio, António - "O erro de Descartes", São Paulo: Companhia das Letras, 1996.

Deutscher, Guy – "Through the Looking Glass - Why the World Looks Different in Other Languages" London: Picador, 2011.

Freud, Sigmund – "The Interpretation of Dreams", New York: Avon Books, 1965.

Friedman, George – "The Next 100 Years", New York: Anchor Books, 2009.

Ghoshal, Sumantra – "Transnational Management", New York: McGraw Hill, 1992.

Hofstede, Geert et al. – "Cultures and Organizations", New York: McGraw-Hill, 2010.

Kets De Vries, Manfred – "Organizations on the Couch", London: Jossey Bass, 1991.

Lanzer, Fernando – "Cruzando culturas sem ser atropelado" São Paulo, Évora, 2013.

Parker, Chris e Marlier, Didier - "Engaging Leadership", London, Palgrave MacMillan, 2009.

Schumacher, E. F. – "Small Is Beautiful – A study of Economics as if people mattered", New York: Harper & Row, 1975.

Toffler, Alvin – "Powershift: Knowledge, Wealth and Violence at the Edge of the 21st Century", New York: Bantam, 1990.

Toffler, Alvin – "O Choque do Futuro", São Paulo: Editora Record, 1971.

Toffler, Alvin – "A Terceira Onda", São Paulo: Editora Record, 1980.

Wursten, Huib e Lanzer, Fernando - The EU: the third great European cultural contribution to the world" artigo disponível no site www.itim.org

# Sobre o autor

Fernando Lanzer começou como consultor há mais de 30 anos e logo foi absorvido por um cliente, tornando-se gestor de Recursos Humanos num banco. Uma década mais tarde a história se repetiu e assim viveu uma carreira entre a consultoria e as funções executivas de RH. Trabalhou principalmente em Porto Alegre, São Paulo e em Amsterdã, onde mora desde 2003. Foi diretor do Banco Iochpe, do Banco Real e Executive Vice-President, Global Group Head of Leadership and Learning do ABN AMRO.

Fernando viaja com frequência a diferentes cantos do mundo ajudando empresas e profissionais a lidar com questões de gente e gestão de mudanças, principalmente em termos de gestão transcultural, desenvolvimento organizacional e desenvolvimento de lideranças. Desde 2008 integra a rede de consultores ITIM. Preside o Supervisory Group da AIESEC International, a maior entidade organizadora de estágios internacionais do mundo.

Gosta de vinho tinto, cinema, coaching, escrever, conduzir seminários, fazer palestras e escutar música.

Pode ser contatado nos seguintes endereços virtuais:

www.LCOpartners.com

Fernando@LCOpartners.com

Fernando@ITIM.org

Fernandolanzer.com

**Do mesmo autor:**

*"Cruzando culturas – sem ser atropelado: Gestão Transcultural para um mundo globalizado" São Paulo: Editora Évora, 2013.*

Lanzer aborda com humor e irreverencia as diferenças entre culturas nacionais e como essas diferenças influenciam o comportamento das pessoas na gestão de negócios e em situações de trabalho. Vai mais fundo do que as diferenças de etiqueta. Na verdade, sequer aborda essas diferenças mais superficiais, sobre apertos de mão, reverências e beijinhos no rosto. Ao invés disso, examina os valores subjacentes que determinam como os gerentes administram subordinados, como as pessoas se comunicam, o que é considerado prioridade e o que cada cultura valoriza e deixa em segundo plano.

O livro está recheado de exemplos reais, vividos e/ou colhidos pelo autor em sua longa experiência como consultor internacional. Tais exemplos referem-se a seis países representativos de diferentes tipos de cultura: os Estados Unidos e a Inglaterra (cultura anglo-saxônica), a Alemanha (cultura germânica), a Holanda (representando a cultura holando-escandinava), a China (cultura asiática) e o Brasil (cultura latino-americana).

Na última seção do livro Lanzer aborda algumas questões frequentemente levantadas nas palestras e seminários que costuma liderar, e que dizem respeito às mudanças culturais, à relação entre cultura e religião e aos grandes dilemas que cada cultura busca resolver. Esses dilemas são universais; o que os diferencia é justamente o fato de que cada cultura buscou um caminho diferente para resolve-los e, com isso, traçou suas características singulares.

www.ingramcontent.com/pod-product-compliance
Lightning Source LLC
Chambersburg PA
CBHW051639170526
45167CB00001B/257